LES
LOIX DE MINOS,
TRAGÉDIE.
AVEC LES NOTES
De Mr. de MORZA.

ET

PLUSIEURS PIECES

CURIEUSES DÉTACHÉES.

LES
LOIX DE MINOS,
TRAGÉDIE.
AVEC LES NOTES
DE
Mr. de MORZA,
ET
PLUSIEURS PIECES
CURIEUSES DÉTACHÉES.

1773.

ÉPITRE DÉDICATOIRE,

A Monseigneur le Duc de RICHELIEU, *Pair & Maréchal de France, Gouverneur de Guyenne, &c. Premier Gentil-homme de la Chambre du Roi, &c.*

MONSEIGNEUR,

IL y a plus de cinquante ans que vous daignez m'aimer. Je dirai à nôtre Doyen de l'Academie avec Varron (car il faut toujours citer quelque ancien pour en imposer aux modernes :)

Eſt aliquid ſacri in antiquis neceſſitudinibus.

Ce n'eſt pas qu'on ne ſoit auſſi très invariablement attaché à ceux qui nous ont prévenus depuis par des bienfaits, & à qui nous devons une reconnaiſſance éternelle; mais *antiqua neceſſitudo* eſt toujours la plus grande conſolation de la vie.

La nature m'a fait votre Doyen, & l'Académie vous a fait le nôtre. Permettez donc qu'à de ſi juſtes titres je vous dédie une tragédie qui ſerait moins mauvaiſe, ſi je ne l'avais pas faite loin de vous. J'atteſte tous ceux qui vivent avec moi, que le feu de ma jeuneſſe m'a fait compoſer ce petit drame en moins de huit jours pour nos amuſements de campagne; qu'il n'était point deſtiné au théâtre de Paris, & qu'il n'en eſt pas meilleur pour tout cela. Mon but était d'eſſaier encore ſi on pouvait faire réuſſir en France une tragédie profane qui ne fut pas fondée fur une intrigue d'amour, ce que j'avais tenté autrefois dans Mérope, dans Orefte, dans d'autres piéces & ce que j'aurais voulu toujours exécuter. Mais le Libraire Valade, qui eft fans doute un de vos beaux efprits de Paris, s'étant emparé, d'un manufcrit de la piéce, felon l'ufage, l'a embelli de vers compofez ou par lui ou par fes amis & a imprimé le tout fous mon nom auffi proprement que cette rapfodie méritait de l'être. Ce n'eft point la tragédie de Valade que j'ai l'honneur de vous dédier, c'eft la mienne en dépit de l'envie.

Cette envie, comme vous favez, eft l'ame du monde. Elle établit fon trône pour un jour ou deux dans le parterre à toutes les piéces nouvelles, & s'en retourne bien vîte à la Cour où elle demeure la plus grande partie de l'année.

Vous le favez, vous le digne difciple du Maréchal de Villars dans la plus brillante & la plus noble de toutes les carrières: vous vîtes ce héros qui ſauva la France, qui ſçut ſi bien faire la guerre & la paix, ne jouir de ſa réputation qu'à l'âge de quatre-vingt ans.

Il fallut qu'il enterrât ſon ſiècle pour qu'un nouveau ſiècle lui rendît pleinement juſtice. On lui reprochait juſqu'à ſes prétendues richeſſes, qui n'aprochaient pas à beaucoup près de celles des traitans de ces temps-là. Mais ceux qui étaient ſi baſſement jaloux de ſa fortune, n'oſaient pas dans le fond de leur cœur envier ſa gloire, & baiſſaient les yeux devant lui.

Quand ſon ſucceſſeur vengeait la France & l'Eſpagne dans l'île de Minorque, l'envie ne criait-elle pas qu'il ne prendrait jamais Mahon; qu'il fallait envoyer un autre Général à ſa place! Et Mahon était déjà pris.

Vous fites des jaloux dans plus d'un genre; mais ce n'eſt ni au Général, ni au plus aimable des Français que je m'adresse ici; je ne parle qu'à mon Doyen. Comme il sait le grec aussi-bien que moi, je lui citerai d'abord Hésiode, qui dans l'*erga kai imerai*, connu de tous les courtisans, dit en termes formels.

Kai keramais keramai kotei, kai tektoni tekton.
Kai ptokos ptoko phdonei, kai aeidon aeido.

Le potier est ennemi du potier, le masson du masson; le gueux même porte envie au gueux, le chanteur au chanteur.

Horace disait plus noblement à Auguste:

. . . . diram qui contudit hydram,
Comperit invidiam supremo fine domari.

Le vainqueur de l'hydre ne put vaincre l'envie qu'en mourant.

Boileau dit à Racine:

Sitôt que d'Apollon un génie inspiré
Trouve loin du vulgaire un chemin ignoré,
En cent lieux contre lui les cabales s'amassent,
Ses rivaux obscurcis autour de lui croassent,
Et son trop de lumiere importunant les yeux.

De ſes propres amis lui fait des envieux.
La mort ſeule ici-bas en terminant ſa vie,
Peut calmer ſur ſon nom l'injuſtice & l'envie
Faire au poids du bon-ſens peſer tous ſes écrits;
Et donner à ſes vers leur légitime prix.

Tout cela eſt d'un ancien uſage; & cette étiquette ſubſiſtera longtems. Vous ſavez que je commentai Corneille il y a quelques années par une déteſtable envie; & que ce commentaire, auquel vous contribuates par vos généroſités, a l'exemple du Roi, était fait pour accabler ce qui reſtait de la famille & du nom de ce grand homme. Vous pouvez voir dans ce commentaire que l'Abbé d'Aubignac, prédicateur ordinaire de la Cour qui croyait avoir fait une Pratique du théâtre, & une tragédie, appellait Corneille *Maſcarille* & le traitait comme le plus mépriſable des hommes. Il ſe mettait contre lui à la tête de toute la canaille de la littérature.

Les ci-devant ſoi-diſant Jéſuites accuſèrent Racine de cabaler pour le Janſéniſme, & le firent mourir de chagrin. Aujourd'hui, si un homme réussit un peu pour quelque temps, ses rivaux ou ceux qui prétendent l'être, disent d'abord que c'est une mode qui passera comme les pantins & les convulsions : ensuite ils prétendent qu'il n'est qu'un plagiaire. Enfin ils soupçonnent qu'il est athée. Ils en avertissent les porteurs de chaise de Versailles, afin qu'ils le disent à leurs pratiques, & que la chose revienne a quelque homme bien zèlé, bien morne & bien méchant qui en fera son profit.

Les calomnies pleuvent sur quiconque réussit. Les gens de Lettres sont assez comme Mr. Chicaneau & Me. la Comtesse de Pimbéche.

Qu'est-ce qu'on vous a fait? — On m'a dit des injures.

Il y aura toujours dans la République des Lettres un petit canton où caballera *Le pauvre Diable* (*a*) avec ses semblables.

(*a*) Voyez la petite Piéce intitulée *Le Pauvre Diable.*

Mais auſſi Monſeigneur, il ſe trouvera toujours en France des ames nobles & éclairées, qui ſauront rendre juſtice aux talens; qui pardonneront aux fautes inſéparables de l'humanité; qui encourageront tous les beaux-arts. Et à qui appartiendra-t-il plus d'en être le ſoutien, qu'au neveu de leur principal Fondateur! C'eſt un devoir attaché à votre nom. C'eſt à vous de maintenir la pureté de nôtre langue qui ſe corrompt tous les jours, c'eſt à vous de ramener la belle littérature & le bon goût dont nous avons vu les reſtes fleurir encore. Il vous apartient de protéger la véritable philoſophie, également éloignée de l'irréligion & du fanatiſme. Quelles autres mains que les vôtres ſont faites pour porter au trône les fleurs & les fruits du génie Français, & pour en écarter la calomnie qui s'en raproche toujours, quoique toujours chaſſée! A quel autre qu'à vous les Académiciens pourraient-ils avoir recours dans leurs travaux & dans leurs afflictions? Et quelle gloire pour vous dans un age où l'ambition est assouvie & où les vains plaisirs ont disparu comme un songe, d'être dans un loisir honorable le père de vos confrères! L'ame du grand Armand s'aplaudirait plus que jamais d'avoir fondé l'Académie Française.

Après avoir fait Œdipe & les Loix de Minos, à près de soixante années l'un de l'autre, & après avoir été calomnié & persécuté pendant ces soixante ans, sans en faire que rire, je sors presque octogénaire, (c'est-à-dire beaucoup trop tard) d'une carrière épineuse, dans laquelle un goût irrésistible m'engagea trop longtems.

Je souhaite que la Scène Française, élevée dans le grand siècle de Louis XIV, au-dessus du théâtre d'Athènes & de ceux de toutes les nations, reprenne la vie après moi; qu'elle se purge de tous les défauts que j'y ai portés ; & qu'elle acquierre les beautés que je n'ai pas connues.

Je ſouhaite qu'au premier pas que fera dans cette carrière un homme de génie, tous ceux qui n'en ont pas ne s'ameutent point pour le faire tomber, pour l'écraſer dans ſa chute, & pour l'opprimer par les plus abſurdes impoſtures.

Qu'il ne ſoit pas mordu par les folliculaires, comme toute chair bien ſaine l'eſt par les inſectes ; ces inſectes & ces folliculaires ne mordants que pour vivre.

Je ſouhaite que la calomnie ne députe point quelques-uns de ſes ſerpens à la Cour, pour perdre ce génie naiſſant, en cas que la Cour par hazard entende parler de ſes talens.

Puiſſent les tragédies n'être déſormais ni une longue converſation partagée en cinq actes par des violons, ni un amas de ſpectacles groteſques appellé par les Anglais *Show*, & par nous *la rareté, la curioſité* !

Puiſſe-t-on n'y plus traiter l'amour comme un amour de comédie dans le goût de Térence, avec déclaration, jalouſie, rupture, & racommodement!

Qu'on ne ſubſtitue point à ces langueurs amoureuſes des avantures incroyables & des ſentimens monſtrueux exprimés en vers plus monſtrueux encore, & remplis de maximes dignes de Cartouche & de ſon ſtile.

Que dans le déſeſpoir ſecret de ne pouvoir approcher de nos grands Maîtres, on n'aille pas emprunter des haillons affreux chez les étrangers, quand on a les plus riches étoffes dans ſon pays.

Que tous les vers ſoient harmonieux & bien faits: mérite abſolument néceſſaire, ſans lequel la poëſie n'eſt jamais qu'un monſtre: mérite auquel preſqu'aucun de nous n'a pu parvenir depuis *Athalie*.

Que cet art ne ſoit pas auſſi mépriſé qu'il eſt noble & difficile.

Que Faxhal & les Comédiens de bois ne fassent pas absolument déserter *Cinna* & *Iphigénie*.

Que personne n'ose plus se faire valoir par la témérité de condamner des spectacles approuvés, entretenus, payés par les Rois très chrétiens, par les Empereurs, par tous les Princes de l'Europe entière. Cette témérité serait aussi absurde que l'était la Bulle *In Cœnâ Domini* si sagement supprimée.

Enfin, j'ose espérer que la Nation ne sera pas toujours en contradiction avec elle-même sur ce grand art, comme sur tant d'autres choses.

Vous aurez toujours en France des esprits cultivés & des talens. Mais tout étant devenu *lieu-commun*, tout étant problématique à force d'être discuté, l'extrême abondance & la satiété ayant pris la place de l'indigence où nous étions avant le grand siècle, le dégoût du Public ſuccédant à cette ardeur qui nous animait du temps des grands hommes : la multitude des Journaux & des Brochures & des Dictionaires ſatiriques occupant le loiſir de ceux qui pourraient s'inſtruire dans quelques bons livres utiles, il eſt fort à craindre que le goût ne reſte chez un petit nombre d'eſprits éclairés, & que les arts ne tombent chez la Nation.

C'eſt ce qui arriva aux Grecs après Démoſthène, Sophocle & Euripide. Ce fut le ſort des Romains après Cicéron, Virgile & Horace ; ce ſera le nôtre. Déjà pour un homme à talens qui s'élève, dont on eſt jaloux & qu'on voudrait perdre, il ſort de deſſous terre mille demi-talens qu'on accueille pendant deux jours, qu'on précipite enſuite dans un éternel oubli, & qui ſont remplacés par d'autres éphémères. On eſt accablé ſous le nombre infini de livres faits avec d'autres livres. Et dans ces nouveaux livres inutiles, il n'y a rien de nouveau que des tiſſus de calomnies infames vomies par la baſſeſſe contre le mérite.

La tragédie, la comédie, le poëme épique, la muſique, ſont des arts véritables. On nous prodigue des leçons, des diſcuſſions ſur tous ces arts : Mais, que le grand artiſte eſt rare !

L'écrivain le plus mépriſable, & le plus bas peut dire ſon avis ſur trois ſiècles ſans en connaître aucun, & calomnier lâchement pour de l'argent ſes contemporains, qu'il connait encor moins : on le ſouffre, parce qu'on l'oublie. On laiſſe tranquillement ces colporteurs, devenus auteurs, juger les grands hommes ſur les quais de Paris, comme on laiſſe les nouveliſtes décider dans un Caffé du deſtin des Etats. Mais, ſi dans cette fange un génie s'élève, il faut tout craindre pour lui.

Pardonnez-moi, Monſeigneur, ces réflexions ; je les ſoumets à vôtre jugement

& à celui de l'Académie, dont j'eſpère que vous ſerez longtems l'ornement & le Doyen.

Recevez avec votre bonté ordinaire ce témoignage, du reſpectueux & tendre attachement d'un vieillard plus ſenſible à votre bienveillance, qu'aux maladies dont ſes derniers jours ſont tourmentez.

LES

LES
LOIX DE MINOS,
TRAGÉDIE.

PERSONNAGES.

TEUCER, Roi de Crête.

MÉRIONE, } Arcontes.
DICTIME, }

PHARÉS, grand-Sacrificateur.

AZÉMON, } guerriers de Cydonie.
DATAME, }

ASTÉRIE, captive.

UN HÉRAUT.

Plusieurs guerriers Cydoniens.

Suite, &c.

La Scène est à Gortine Ville de Crete.

LES

LES LOIX DE MINOS, TRAGÉDIE.

ACTE PREMIER.

SCENE PREMIERE.

Le Théatre représente les portiques d'un Temple, des tours sur les côtes, des cyprès sur le devant.

TEUCER, DICTIME.

TEUCER.

QUoi! toujours, cher ami, ces Arcontes, ces grands,
Feront parler les loix pour agir en tyrans!

Minos qui fut cruel a regné ſans partage;
Mais il ne m'a laiſſé qu'un pompeux eſclavage
Un titre; un vain éclat, le nom de majeſté,
L'appareil du pouvoir, & nulle autorité.
J'ai prodigué mon ſang, je regne & l'on me brave.
Ma pitié, ma bonté pour cette jeune eſclave
Semble dicter l'arret qui condamne ſes jours.
Si je l'avais proſcrite elle aurait leur ſecours.
Tel eſt l'eſprit des grands depuis que la naiſſance
A ceſſé de donner la ſuprême puiſſance.
Jaloux d'un vain honneur, mais qu'on veut partager
Ils n'ont choiſi des rois que pour les outrager. (1)

DICTIME.

Ce trône a ſes périls; je les connais ſans doute;
Je les ai vus de près; je ſais ce qu'il en coute.
J'aimais Idomenée, il mourut exilé,
(2) En pleurant ſur un fils par lui-même immolé.
Par le ſang de ce fils il crut plaire à la Crete.
Mais comment ſubjuguer la fureur inquiete
De ce peuple inconſtant, orageux, égaré;
Vive image des mers dont il eſt entouré?
Ses flots ſont élevés, mais c'eſt contre le trône;
Une ſombre tempete en tout tems l'environne.
Le ſort vous a réduit a combattre a la fois
Les durs Cydoniens & vos jaloux Crétois

Les uns dans les conseils, les autres par les armes;
Vos jours toujours troublés sont entourés d'allarmes:
Hélas! des meilleurs rois c'est souvent le destin,
Leurs pénibles travaux se succedent sans fin.
Mais que vôtre pitié pour cette infortunée;
Par le cruel Pharès à mourir condamnée,
N'ait pas à vôtre exemple attendri tous les cœurs,
Que ce saint homicide ait des approbateurs,
Qu'on ait justifie cet usage exécrable,
C'est-là ce qui m'étonne; & cette horreur m'accable.

TEUCER.

Que veux-tu! ces guerriers sous les armes blanchis,
Vieux superstitieux aux meurtres endurcis,
Destructeurs des remparts où l'on gardait Hélène,
Ont vu d'un œil tranquile égorger Polixène. †
Ils redoutaient Calcas. Ils tremblent à mes yeux
Sous un Calcas nouveau plus implacable qu'eux.
Tel est l'aveuglement dont la Grèce est frappée:
Elle est encor barbare, (3) & de son sang trempée,
A des Dieux destructeurs elle offre ses enfans:
Ses fables sont nos loix, ses Dieux sont nos tirans.
Thebes, Mycène, Argos, vivront dans la mémoire.

D'illuſtres attentats ont fait toute leur gloire.
La Grèce a des héros, mais injuſtes, cruels,
Inſolents dans le crime, & tremblants aux autels.
Ce mélange odieux m'inſpire trop de haine.
Je chéris la valeur, mais je la veux humaine.
Ce ſceptre eſt un fardeau trop peſant pour mon bras
S'il le faut ſoutenir par des aſſaſſinats.
Je ſuis né trop ſenſible; & mon ame attendrie
Se ſouleve aux dangers de la jeune Aſtérie
J'admire ſon courage, & je plains ſa beauté.
Ami, je crains les Dieux; mais dans ma piété
Je croirais outrager leur ſuprême juſtice,
Si je pouvais offrir un pareil ſacrifice.

DICTIME.

On dit que de Cydon les belliqueux enfans,
Du fond de leurs forets viendront dans peu de tems
Racheter leurs captifs, & ſurtout cette fille,
Que le ſort des combats arrache à ſa famille.
On peut traiter encor; & peut être qu'un jour
De la paix parmi nous le fortuné retour
Adoucirait nos mœurs à mes yeux plus atroces
Que ces fiers ennemis qu'on nous peint ſi féroces.
Nos Grecs ſont bien trompés; je les vois glorieux

De cultiver les arts & d'inventer des Dieux.
Cruellement séduits par leur propre imposture,
Ils ont trouvé des arts & perdu la nature.
(4) Ces durs Cydoniens dans leurs antres profonds,
Sans autels & sans trône, errants, & vagabonds,
Mais libres, mais vaillants, francs, généreux, fidèles,
Peut-être ont mérité d'etre un jour nos modeles.
La nature est leur regle, & nous la corrompons.

TEUCER.

Quand leur chef paraîtra nous les écouterons.
Les Arcontes & moi, selon nos loix antiques
Donnerons audience à ces hommes rustiques.
Reçois-les. Et surtout qu'ils puissent ignorer
Les sacrés attentats qu'on ose préparer.
Je ne te cèle point combien mon ame émue
De ces Cydoniens abhorre l'entrevue.
Puis-je voir sans frémir ces sauvages guerriers
De ma famille entiere insolents meurtriers?
J'ai peine à contenir cette horreur qu'ils m'inspirent,
Mais ils offrent la paix où tous mes vœux aspirent;
J'étoufferai la voix de mes ressentiments:
Je vaincrai mes chagrins qui résistaient au tems;
Il en coute à mon cœur; tu connais sa blessure;
Ils vont renouveller ma perte & mon injure.

Mais faut-il en punir un objet innocent?
Livrerai-je Astérie à la mort qui l'attend!
On vient. Puissent les dieux que ma justice implore,
Ces Dieux trop mal servis, ces Dieux qu'on deshonore
Inspirer la clémence, accorder à mes vœux,
Une loi moins cruelle & moins indigne d'eux.

SCENE SECONDE.

TEUCER, DICTIME: *le Pontife* PHARÈS *avance avec les Sacrificateurs à sa droite. Le Roi est a sa gauche accompagné des Arcontes de la Crête.*

PHARÈS (*au Roi & aux Arcontes.*)

PRenez place, Seigneurs, au temple de Gortine (5)
Adorez & vengez la puissance divine.
(*Ils montent sur une Estrade, & s'assaient dans le meme ordre Pharès continue.*)
Prêtres de Jupiter, organes de ses loix,
Confidens de nos Dieux. — Et vous Roi des Crétois, —
Vous, Arcontes vaillants qui marchez à la guerre
Sous les drapeaux sacrés du maître du tonnerre,

Voici le jour de ſang, ce jour ſi ſolemnel,
Où je dois immoler aux marches de l'autel
L'holocauſte attendu que nôtre loi commande.
(6) De ſept ans en ſept ans nous devons en offrande
Une jeune captive aux mânes des héros.
Ainſi dans ſes décrets nous l'ordonna Minos,
Quand lui-même il vengeait ſur les enfans d'Egée
La majeſté des Dieux & la mort d'Androgée.
Nos ſuffrages, Teucer, vous ont donné ſon rang,
Vous ne le tenez point des droits de votre ſang.
Nous vous avons choiſi quand par Idomenée
L'île de Jupiter ſe vit abandonnée.
Soyez digne du trône où vous êtes monté.
Soutenez de nos loix l'inflexible équité.
Jupiter veut le ſang de la jeune captive
Qu'en nos derniers combats on prit ſur cette rive.
On la croit de Cydon. Ces peuples odieux
Ennemis de nos loix, & proſcrits par nos Dieux
Des repaires ſanglants de leurs antres ſauvages
Ont cent fois de la Crete infeſté les rivages :
Toujours envain punis ils ont toujours briſé
Le joug de l'eſclavage à leur tete impoſé.
(*a Teucer.*)
Rempliſſez a la fin votre juſte vengeance.
Une épouſe, une fille à peine en ſon enfance

Aux champs de Bérécinthe en vos premiers combats,
Sous leurs toits embrasés mourantes dans vos bras,
Demandent à grands cris qu'on appaise leurs mânes, —
Exterminez, grands Dieux! tous ces peuples profanes!
Le vil sang d'une esclave à nos autels versé
Est d'un bien faible prix pour le ciel offensé.
C'est du moins un tribut que l'on doit à mon Temple;
Et la terre coupable a besoin d'un exemple.

TEUCER.

Vrais soutiens de l'état, guerriers victorieux,
Favoris de la gloire — & vous, prêtres des Dieux,
Dans cette longue guerre, ou la Crête est plongée,
J'ai perdu ma famille, & ce fer l'a vengée.
Je pleure encor sa perte; un coup aussi cruel
Saignera pour jamais dans ce cœur paternel.
J'ai dans les champs d'honneur immolé mes victimes,
Le meurtre & le carnage alors sont légitimes.
Nul ne m'enseignera ce que mon bras vengeur
Devait à ma famille, à l'état, à mon cœur.
Mais l'autel ruisselant du sang d'une étrangere
Peut-il servir la Crête & consoler un père?

Plut aux Dieux que Minos, ce grand Légiflateur,
De notre République augufte fondateur,
N'eut jamais commandé de pareils facrifices.
L'homicide en effet rend-il les Dieux propices?
Avons-nous plus d'états, de tréfors & d'amis
Depuis qu'Idoménée eut égorgé fon fils? —
Guerriers, c'eft par vos mains qu'aux feux vengeurs en proye
J'ai vu tomber les murs de la fuperbe Troye.
Nous répandons le fang des malheureux mortels
Mais c'eft dans les combats, & non point aux autels.
Songez que de Calcas & de la Grèce unie
Le Ciel n'accepta point le fang d'Iphigénie. (7)
Ah! fi pour nous venger le glaive eft dans nos mains
Cruels aux champs de Mars, ailleurs foyons humains.
Ne peut-on voir la Crête heureufe & floriffante
Que par l'affaffinat d'une fille innocente?
Les enfans de Cydon feront-ils plus foumis?
Sans en être plus craints nous ferons plus haïs.
Au Souverain des Dieux rendons un autre hommage.
Méritons fes bontés, mais par notre courage.
Vengeons nous, combattons, qu'il feconde nos coups.
Et vous, prêtres des Dieux, faites des vœux pour nous.

PHARÈS.

Nous les formons ces vœux ; mais ils sont inutiles
Pour les esprits altiers & les cœurs indociles.
La loi parle, il suffit. Vous n'êtes en effet
Que son premier organe & son premier sujet.
C'est Jupiter qui règne. Il veut qu'on obéisse ;
Et ce n'est pas à vous de juger sa justice.
S'il daigna devant Troye accorder un pardon
Au sang que dans l'Aulide offrait Agamemnon,
Quand il veut, il fait grace. Ecoutez en silence
La voix de sa justice ou bien de sa clémence ;
Il commande à la terre, à la nature, au sort,
Il tient entre ses mains la naissance & la mort.
Quel nouvel intérêt vous agite & vous presse ?
Nul de nous ne montra ces marques de faiblesse
Pour le dernier objet qui fut sacrifié.
Nous ne connaissons point cette fausse pitié.
Vous voulez que Cydon cede au joug de la Crète
Portez celui des Dieux dont je suis l'interprête.
Mais voici la victime.

(On amène Astérie couronnée de fleurs & enchaînée.)

SCENE

SCENE TROISIEME.

Les Perſonnages précédents, ASTÉRIE.

DICTIME.

A Son aſpect, Seigneur ;
La pitié qui vous touche a pénétré mon cœur.
Que dans la Grece encor il eſt de barbarie !
Que ma triſte raiſon gémit ſur ma patrie !

PHARÈS.

Captive des Crétois remiſe entre mes mains,
Avant d'entendre ici l'arrêt de tes deſtins,
C'eſt à toi de parler, & de faire connaître
Quel eſt ton nom, ton rang, quels mortels t'ont fait naître.

ASTÉRIE.

Je veux bien te répondre. Aſtérie eſt mon nom.
Ma mere eſt au tombeau, le vieillard Azémon,
Mon digne & tendre pere a dès mon premier âge,
Dans mon cœur qu'il forma fait paſſer ſon courage.
De rang je n'en ai point. La fiere égalité
Eſt nôtre heureux partage & fait ma dignité.

PHARÈS.

Sçais-tu que Jupiter ordonne de ta vie ?

ASTÉRIE.

Le Jupiter de Crête aux yeux de ma patrie
Eſt un fantôme vain que ton impieté
Fait ſervir de prétexte à ta férocité.

PHARÈS.

Apprend que ton trépas, qu'on doit à tes blaſphê-
mes,
Eſt déja préparé par mes ordres ſuprêmes.

ASTÉRIE.

Je le ſais, de ma mort indigne & lâche auteur,
Je le ſais inhumain; mais j'eſpere un vengeur.
Tous mes concitoyens ſont juſtes & terribles;
Tu les connais; tu ſçais s'ils furent invincibles.
Les foudres de ton Dieu par un aigle portés
Ne te ſauveront pas de leurs traits mérités.
Lui-même, s'il exiſte, & s'il régit la terre,
S'il nâquit parmi vous; s'il lance le tonnerre, (8)
Il ſaura bien ſur toi, monſtre de cruauté
Venger ſon divin nom ſi longtems inſulté.
Puiſſe tout l'appareil de ton infâme fete,
Tes couteaux, ton bucher, retomber ſur ta tête!
Puiſſe le temple horrible où mon ſang va couler
Sur ma cendre, ſur toi, ſur les tiens s'écrouler!
Périſſe ta mémoire! & s'il faut qu'elle dure
Qu'elle ſoit en horreur à toute la nature!

Qu'on abhorre ton nom, qu'on déteste tes dieux.
Voilà mes vœux, mon culte, & mes derniers adieux —.

Et toi que l'on dit Roi, toi qui passes pour juste,
Toi, dont un peuple entier chérit l'empire auguste,
Et qui du tribunal ou les loix t'ont porté
Semble tourner sur moi des yeux d'humanité,
Plain-tu mon infortune en voulant mon supplice?
Non, de mes assassins tu n'ès pas le complice.

MÉRIONE. (*Arconte à Teucer.*)

On ne peut faire grace, & vôtre autorité
Contre un usage antique, & par tout respecté
Opposerait, Seigneur, une force impuissante.

TEUCER.

Que je livre au trépas sa jeunesse innocente!...

MÉRIONE.

Il faut du sang au peuple, & vous le connaissez.
Ménagez ses abus fussent-ils insensés.
La loi qui vous révolte est injuste peut-être;
ais en Crête elle est sainte; & vous n'êtes pas maître
De sécouer un joug dont l'état est chargé.
out pouvoir à sa borne, & cède au préjugé.

TEUCER.

Quand il est trop barbare il faut qu'on l'abolisse.

MÉRIONE.

Respectons plus Minos.

TEUCER.

Aimons plus la justice.
Et pourquoi dans Minos voulez-vous révérer
Ce que dans Busiris on vous vit abhorrer ?
Oui, j'estime en Minos le guerrier politique,
Mais je déteste en lui le maître tirannique.
Il obtint dans la Crète un absolu pouvoir.
Je suis moins roi que lui ; mais je crois mieux valoir.
En un mot, à mes yeux votre offrande est un crime.
(*à Dictime.*)
Vien, suis-moi.

PHARÈS (*se lève, les sacrificateurs aussi, & descendent de l'Estrade.*)

Qu'aux autels on traine la victime.

TEUCER.

Vous osez !....

SCENE

SCENE QUATRIEME.

Les Personnages précédents. UN HÉRAUT *arrive le caducée à la main. Le Roi, les Arcontes, les Sacrificateurs sont debout.*

LE HÉRAUT.

De Cydon les nombreux députés
Ont marché vers nos murs, & s'y sont présentés.
De l'olivier sacré, les branches pacifiques.
Simbole de concorde, ornent leurs mains rustiques.
Ils disent que leur chef est parti de Cidon,
Et qu'il vient des captifs apporter la rançon.

PHARÈS.

Il n'est point de rançon quand le ciel fait connaître
Qu'il demande à nos mains un sang dont il est maître.

TEUCER.

La loi veut qu'on diffère. Elle ne souffre pas
Que l'étendart de paix & celui du trépas
Etalent à nos yeux un coupable assemblage.
Aux droits des nations nous ferions trop d'outrage.
Nous devons distinguer (si nous avons des mœurs)
Le tems de la clémence, & le tems des rigueurs

C'eſt par-là que le ciel, ſi l'on en croit nos ſages,
Des malheureux humains attira les hommages.
Ce ciel peut-être enfin lui veut ſauver le jour. —
Allez, qu'on la remène en cette même tour
Que je tiens ſous ma garde & dont on l'a tirée
Pour être en holocauſte à vos glaives livrée. —
Sénat, vous apprendrez un jour à pardonner.

ASTÉRIE.

Je te rends grace, ô roi! ſi tu veux m'épargner.
Mon ſuplice eſt injuſte autant qu'épouvantable.
Et quoique j'y portaſſe un front inaltérable,
Quoiqu'aux lieux ou le ciel a daigné me nourrir,
Nos premieres leçons ſoient d'apprendre à mourir,
Le jour m'eſt cher... hélas, mais s'il faut que je meure,
C'eſt une cruauté que d'en différer l'heure.

(On l'emmene)

TEUCER.

Le conſeil eſt rompu. — Vous braves combattans,
Croyez que de Cydon les farouches enfans
Pourront mal aiſément déſarmer ma colère.
Si je vois en pitié cette jeune étrangère
Le glaive que je porte eſt toujours ſuſpendu
Sur ce peuple ennemi par qui j'ai tout perdu.
Je ſais qu'on doit punir comme on doit faire grace,
Protéger la faibleſſe, & réprimer l'audace.

Tels ſont mes ſentiments. Vous pouvez décider
Si j'ai droit à l'honneur d'oſer vous commander,
Et ſi j'ai mérité ce trône qu'on m'envie.
Allez, blâmez le roi, mais aimez la patrie.
Servez-la. Mais ſurtout ſi vous craignez les
Dieux,
Apprenez d'un monarque à les connaître mieux.

ACTE SECOND.

SCENE PREMIERE.

DICTIME, GARDES, DATAME.
& les Cydoniens dans le fond.

DICTIME.

OU font ces députés envoyés à mon maître?
Qu'on les faffe approcher, — mais je les vois
paraître. —
Quel eft celui de vous dont Datame eft le nom?

DATAME.

C'eft moi.

DICTIME.

Quel eft celui qui porte une rançon?
Et qui croit, par des dons aux Crétois inutiles,
Racheter des captifs enfermes dans nos villes?..

DATAME.

Nous ne rougiffons pas de propofer la paix.
Je l'aime, je la veux, fans l'acheter jamais.
Le vieillard Azémon, que mon pays révère,
Qui m'inftruifit a vaincre, & qui me fert de pere,
S'eft chargé, m'a-t-il dit, de mettre un digne prix

A nos concitoyens par les vôtres surpris.
Nous venons les tirer d'une infame esclavage.
Nous venons pour traiter.

DICTIME.

Est-il ici ?

DATAME.

Son âge
A retardé sa course; & je puis en son nom
De la belle Astérie annoncer la rançon.
Du sommet des rochers, qui divisent les nues,
J'ai volé, j'ai franchi des routes inconnues:
Tandis que ce vieillard, qui nous suivra de près,
A percé les détours de nos vastes forêts;
Par le fardeau des ans sa marche est rallentie.

DICTIME.

Il apporte, dis-tu, la rançon d'Astérie ?

DATAME.

Oui. J'ignore a ton Roi ce qu'il peut présenter:
Cydon ne produit rien qui puisse vous flatter.
Vous allez ravir l'or au sein de la Colchide:
Le ciel nous a privés de ce métal perfide.
Dans nôtre pauvreté que pouvons nous offrir ?

DICTIME.

Vôtre cœur, & vos bras dignes de nous servir.

DATAME.

Il ne tiendrait qu'à vous. Longtems nos adversaires,
Si vous l'aviez voulu, nous aurions été frères.
Ne prétendez jamais parler en Souverains.
Remettez, dès ce jour, Astérie en nos mains.

DICTIME.

Sais-tu quel est son sort ?

DATAME.

Elle me fut ravie.
A peine ai-je touché cette terre ennemie.
J'arrive ; je demande Astérie à ton Roi,
A tes Dieux, à ton peuple, à tout ce que je voi.
Je viens ou la reprendre, ou périr avec elle.
Une Hélene coupable, une illustre infidelle
Arma dix ans vos Grecs indignement séduits :
Une cause plus juste ici nous a conduits.
Nous vous redemandons la vertu la plus pure.
Rendez moi mon seul bien ; réparez mon injure.
Tremblez de m'outrager. Nous avons tous promis
D'etre jusqu'au tombeau vos plus grands ennemis;
Nous mourrons dans les murs de vos cités en flammes
Sur les corps expirants de vos fils, de vos femmes.....

(*à Dictime.*)

Guerrier, qui que tu ſois, c'eſt a toi de ſavoir
Ce que peut le courage armé du déſeſpoir.
Tu nous connais : prévien le malheur de la Crête.

DICTIME.

Nous ſavons réprimer cette audace indiſcrete.
J'ai pitié de l'erreur qui paraît t'emporter.
Tu demandes la paix, & viens nous inſulter.
Calme tes vains tranſports. Apprend, jeune Barbare,
Que pour toi, pour les tiens, mon Prince ſe déclare ;
Qu'il épargne ſouvent le ſang qu'on veut verſer ;
Qu'il punit à regret ; qu'il ſait récompenſer ;
Qu'intrépide aux combats, clément dans la victoire,
Il préfere ſurtout la juſtice à la gloire.
Mérite de lui plaire.

DATAME.

Et quel eſt donc ce Roi ?
S'il eſt grand, s'il eſt bon ; que ne vient-il à moi ?
Que ne me parle-t-il ? . . . La vertu perſuade.
Je veux l'entretenir.

DICTIME.

Le chef de l'Ambaſſade
Doit paraître au Sénat avec tes compagnons.

Il faut se conformer aux loix des nations.

DATAME.

Est-ce ici son palais ?

DICTIME.

Non : ce vaste édifice
Est le Temple, où des Dieux j'ai prié la justice
De détourner de nous les fléaux destructeurs,
D'éclairer les humains, de les rendre meilleurs.
Minos bâtit ces murs fameux dans tous les âges,
Et cent villes de Crète y portent leurs hommages.

DATAME.

Qui ? Minos. Ce grand fourbe, & ce roi si cruel !
Lui, dont nous détestons & le trône & l'autel ;
Qui les teignit de sang. Lui, dont la race impure,
(9) Par des amours affreux, étonna la nature.
Lui, qui du poids des fers nous voulut écraser.
Et qui donna des loix pour nous tirannifer !
Lui, qui du plus pur sang, que votre Grèce honore,
Nourrit sept ans ce monstre appellé Minotaure !
Lui, qu'enfin vous peignez, dans vos mensonges vains,
Au bord de l'Achéron, jugeant tous les humains,
Et qui ne mérita par ses fureurs impies
Que d'éternels tourmens sous les mains des Furies !

Parle : eſt-ce là ton Sage, eſt-ce là ton Héros ?
Crois-tu nous effrayer à ce nom de Minos ?
Oh ! que la renommée eſt injuſte & trompeuſe !
Sa mémoire a la Grece eſt encor précieuſe :
Ses loix & ſes travaux ſont par nous abhorrés.
On mépriſe en Cydon ce que vous adorez.
On y voit en pitié les fables ridicules
Que l'impoſture étale à vos peuples crédules.

DICTIME.

Tout peuple a ſes abus, & les nôtres ſont grands :
Mais nous avons un Prince ennemi des Tyrans,
Ami de l'équité, dont les loix ſalutaires
Aboliront bientôt tant de loix ſanguinaires.
Prend confiance en lui. Sois ſûr de ſes bienfaits :
Je jure par les Dieux ....

DATAME.

Ne jure point ; promets ....
Promets nous que ton roi ſera juſte & ſincere ;
Qu'il rendra des ce jour Aſtérie a ſon pere ....
De ſes autres bienfaits nous pouvons le quitter.
Nous n'avons rien à craindre & rien à ſouhaiter.
La nature pour nous fut aſſez bienfaiſante :
Aux creux de nos vallons ſa main toute-puiſſante
A prodigué ſes biens pour prix de nos travaux.
Nous poſſédons les airs, & la terre & les eaux :
Que nous faut-il de plus ? Brillez dans vos cent
villes

De l'éclat fastueux de vos arts inutiles.
La culture des champs, la guerre sont nos arts;
L'enceinte des rochers a formé nos remparts.
Nous n'avons jamais eu, nous n'aurons point de maître.
Nous voulons des amis. — Méritez vous de l'etre?

DICTIME.

Oui, Teucer en est digne, Oui peut-être aujourd'hui
En le connaissant mieux vous combattrez pour lui.

DATAME.

Nous!

DICTIME.

Vous-meme. Il est temps que nos haines finissent,
Que pour leur intéret nos deux peuples s'unissent:
Je ne te réponds pas que ta dure fierté
Ne puisse de mon roi blesser la dignité;

(à sa suite)

Mais il l'estimera. — Vous; allez: qu'on prépare
Ce que les champs de Crête ont produit de plus rare.
Qu'on traite avec respect ces guerriers généreux.

(Ils sortent.)

Puissent tous les Crétois penser un jour comme eux!
Que leur franchise est noble, ainsi que leur courage!
Le lion n'est point né pour souffrir l'esclavage.
De pareils Alliés sont de mauvais Sujets,
Leur mâle liberté peut servir nos projets.
J'aime mieux leur audace & leur candeur hautaine
Que les loix de la Crete, & tous les arts d'Athène.

SCENE

SCENE SECONDE.

TEUCER, DICTIME, GARDES.

TEUCER.

IL faut prendre un parti ; ma triste nation
N'écoute que la voix de la sédition.
Ce Sénat orgueilleux contre moi se déclare.
On affecte ce zèle implacable & barbare
Que toujours les méchans feignent de posséder,
A qui souvent les rois sont contraints de céder.
J'entends de mes rivaux la funeste industrie
Crier de tous côtés religion, patrie !
Tous prets à m'accuser d'avoir trahi l'état,
Si je m'oppose encore à cet assassinat.
Le nuage grossit ; & je vois la tempête
Qui sans doute à la fin tombera sur ma tête.

DICTIME.

J'oserais proposer, dans ces extrémités,
De vous faire un appui des mêmes révoltés,
Des mêmes habitans de l'âpre Cydonie,
Dont nous pourions guider l'impétueux génie.
Fiers ennemis d'un joug qu'ils ne peuvent subir ;
Mais amis généreux, ils pouraient nous servir.
Il en est un surtout, dont l'ame noble & fière

Connait l'humanité dans ſon audace altière :
Il a pris ſur les ſiens, égaux par la valeur,
Ce ſecret aſcendant que ſe donne un grand cœur.
Et peu de nos Crétois ont connu l'avantage
D'atteindre à ſa vertu, quoique dure & ſauvage.
Si de pareils ſoldats pouvaient marcher ſous vous,
On verrait tous ſes grands ſi puiſſants, ſi jaloux,
De votre autorité qu'ils oſent méconnaître
Porter le joug paiſible, & chérir un bon maître.
Nous voulions aſſervir des peuples généreux :
Feſons mieux: gagnons les: c'eſt-là régner ſur eux.

TEUCER.

Je le ſais. Ce projet peut ſans doute être utile ;
Mais il ouvre la porte à la guerre civile.
A ce remède affreux faut-il m'abandonner ?
Faut-il perdre l'état pour le mieux gouverner ?
Je veux ſauver les jours d'une jeune Barbare.
Du ſang des citoyens Serai-je moins avare ?
Il le faut avouer : je ſuis bien malheureux !
N'ai-je donc des ſujets que pour m'armer contre eux ?
Pilote environné d'un éternel orage,
Ne pourrai-je obtenir qu'un illuſtre nauffrage ?
Ah ! je ne ſuis pas roi, ſi je ne fais le bien.

DICTIME.

Quoi donc ; contre les loix la vertu ne peut rien!

Le préjugé fait tout! Pharès impitoyable
Maintiendra, malgré vous, cette loi détestable!
Il domine au Sénat! On ne veut desormais
Ni d'offres de rançon, ni d'accord, ni de paix!

TEUCER.

Quelque soit son pouvoir, & l'orgueil qui l'anime,
Va, le cruel du moins n'aura point sa victime.
Va, dans ces memes lieux profanés si longtemps,
J'arracherai leur proie à ces monstres sanglants.

DICTIME.

Puissiez-vous accomplir cette sainte entreprise!

TEUCER.

Il faut bien qu'à la fin le ciel la favorise.
Et lorsque les Crétois, un jour plus éclairés,
Auront enfin détruit ces attentats sacrés,
(Car il faut les détruire, & j'en aurai la gloire.)
Mon nom respecté d'eux, vivra dans la mémoire.

DICTIME.

La gloire vient trop tard, & c'est un triste sort. —
Qui n'est de ses bienfaits payé qu'après la mort,
Obtint-il des autels, est encor trop à plaindre.

TEUCER.

Je connais, cher ami, tout ce que je dois craindre;
Mais il faut bien me rendre à l'ascendant vainqueur

Qui parle en sa défense & domine en mon cœur. —
Gardes, qu'en ma présence à l'instant on conduise
Cette Cydonienne entre nos mains remise. —

(Les Gardes sortent.)

Je prétends lui parler, avant que dans ce jour
On ose l'arracher du fond de cette Tour,
Et la rendre au cruel armé pour son supplice,
Qui presse au nom des Dieux ce sanglant sacrifice.
Demeure : la voici. Sa jeunesse, ses traits
Toucheraient tous les cœurs, hors celui de Pharès.

SCENE TROISIEME.

TEUCER, DICTIME, ASTÉRIE, GARDES.

ASTÉRIE.

QUe prétend-on de moi ! Quelle rigueur nouvelle,
Après votre promesse, à la mort me rappelle ?
Allume-t-on les feux qui m'étaient destinés ?
O roi ! vous m'avez plainte, & vous m'abandonnez.

TEUCER.

Non. Je veille sur vous ; & le ciel me seconde.

ASTÉRIE.

Pourquoi me tirez-vous de ma priſon profonde ?

TEUCER.

Pour vous rendre au climat qui vous donna le jour
Vous reverrez en paix votre premier ſéjour. —
Malheureuſe étrangère & reſpectable fille,
Que la guerre arracha du ſein de ſa famille,
Souvenez-vous de moi, loin de ces lieux cruels.
Soyez prete à partir. — Oubliez nos autels. —
Une eſcorte fidelle aura ſoin de vous ſuivre.
Vivez. — Qui mieux que vous a mérité de vivre ?

ASTÉRIE.

Ah! Seigneur! ah mon roi! je tombe à vos genoux.
Tout mon cœur qui m'échape à volé devant vous.
Image des vrais Dieux, qu'ici l'on deshonore,
Recevez mon encens : en vous je les adore.
Vous ſeul, vous m'arrachez àux monſtres infernaux,
Qui me parlant en Dieux, n'étaient que mes bourreaux.
Malgré ma juſte horreur de ſervir ſous un maitre,
Eſclave auprès de vous, je me plairais à l'ètre.

TEUCER.

Plus je l'entends parler, plus je ſuis attendri. —
Eſt-il vrai qu'Azémon, ce père ſi chéri,
Qui près de ſon tombeau, vous regrette & vous pleure,
Pour venir vous reprendre a quitté ſa demeure ?

ASTÉRIE.

On le dit. J'ignorais au fond de ma prison
Ce qui s'est pu passer dans ma triste maison.

TEUCER.

Savez-vous que Datame envoyé par un pere
Venait nous proposer un traité salutaire,
Et que des jours de paix pouvaient etre accordés ?

ASTÉRIE.

Datame lui ! Seigneur ! que vous me confondez !
Il serait dans les mains du Sénat de la Crête ?
Parmi mes assassins ?

TEUCER.

Dans vôtre ame inquiete
J'ai porté, je le vois de trop sensibles coups.
Ne craignez rien pour lui. Serait-il vôtre époux?
Vous serait-il promis ? est-ce un parent, un frère ?
Parlez, son amitié m'en deviendra plus chère.
Plus on vous opprima, plus je veux vous servir.

ASTÉRIE.

De quelle ombre de joye hélas ! pui-je jouir ?
Qui vous porte à me tendre une main protectrice !
Quels dieux en ma faveur ont parlé ?

TEUCER.

La justice.

ASTÉRIE.

Les flambeaux de l'himen n'ont point brillé pour moi
Seigneur Datame, m'aime, & Datame à ma foi.
Nos serments sont communs, & ce nœud vénérable
Est plus sacré pour nous, est plus inviolable

Que tout cet appareil formé dans vos Etats
Pour asservir des cœurs qui ne se donnent pas.
Le mien n'est plus à moi. Le généreux Datame
Allait me rendre heureuse en m'obtenant pour femme,
Quand vos lâches soldats, qui dans les champs de Mars
N'oseraient sur Datame arrêter leurs regards,
Ont ravi, loin de lui, des enfans sans défense,
Et devant vos autels ont trainé l'innocence;
Ce sont là les lauriers dont ils se sont couverts.
Un Prêtre veut mon sang, & j'étais dans ses fers.

TEUCER.

Ses fers! ... ils sont brisés, n'en soyez point en doute;
C'est pour lui qu'ils sont faits. Et si le ciel m'écoute,
Il peut tomber un jour aux pieds de cet autel
Où sa main veut sur vous porter le coup mortel.
Je vous rendrai l'époux dont vous êtes privée,
Et pour qui du trépas les Dieux vous ont sauvée.
Il vous suivra bientôt. Rentrez. Que cette Tour
De la captivité jusqu'ici le séjour,
Soit un rempart du moins contre la barbarie.
On vient. Ce serait peu d'assurer votre vie;
Et de tant d'attentats, de tant de cruauté
Je dois venger mes Dieux, vous, & l'humanité.

ASTÉRIE.

Je vous crois; & de vous je ne puis moins attendre.

SCENE QUATRIEME.

TEUCER, DICTIME, MÉRIONE.

MÉRIONE.

Seigneur, ſans paſſion pourrez-vous bien m'entendre?

TEUCER.

Parlez.

MÉRIONE.

Les factions ne me gouvernent pas.
Et vous ſavez aſſez que dans nos grands débats,
Je ne me ſuis montré le fauteur ni l'eſclave
Des ſanglants préjugés d'un peuple qui vous brave.
Je voudrais, comme vous, exterminer l'erreur
Qui ſéduit ſa faibleſſe, & nourrit ſa fureur.
Vous penſez arrêter d'une main courageuſe
Un torrent débordé dans ſa courſe orageuſe:
Il vous entraînera; je vous en averti.
Pharès a pour ſa cauſe un violent parti;
Et d'autant plus puiſſant contre le diadême
Qu'il croit ſervir le ciel, & vous venger vous-même.
„ Quoi! dit-il, dans nos champs la fille de Teucer

„ A ſon père arrachée, expira ſous le fer;
„ Et du ſang le plus vil indignement avare,
„ Teucer dénaturé reſpecte une barbare!...
„ Lui ſeul eſt inhumain : ſeul, à la cruauté
„ Dans ſon cœur inſenſible il joint l'impiété.
„ Il veut parler en roi, quand Jupiter ordonne:
„ L'encenſoir du Pontife offenſe ſa couronne.
„ Il outrage à la fois la nature & le ciel,
„ Et contre tout l'Empire il ſe rend criminel... "
Il dit, & vous jugez ſi ces accens terribles
Retentiront longtemps ſur ces ames fléxibles,
Dont il peut exciter ou calmer les tranſports,
Et dont ſon bras puiſſant gouverne les reſſorts.

TEUCER.

Je vois qu'il vous gouverne, & qu'il ſçut vous ſéduire.
M'apportez-vous ſon ordre, & penſez-vous m'inſtruire?

MERIONE.

Je vous donne un conſeil.

TEUCER.

Je n'en ai pas beſoin.

MÉRIONE.

Il vous ferait utile.

TEUCER.

Epargnez-vous ce ſoin.

Je sais prendre sans vous conseil de ma justice.

MERIONE.

Elle peut sous vos pas creuser un précipice.
Tout noble dans notre île a le droit respecté (10)
De s'opposer d'un mot à toute nouveauté.

TEUCER.

Quel droit !

MERIONE.

Notre pouvoir balance ainsi le vôtre.
Chacun de nos égaux est un frein l'un à l'autre.

TEUCER.

Oui, je le sais ; tout noble est tyran tour-à-tour.

MERIONE

De notre liberté condamnez-vous l'amour ?

TEUCER.

Elle a toujours produit le public esclavage.

MERIONE.

Nul de nous ne peut rien, s'il lui manque un suffrage.

TEUCER.

La discorde éternelle est la loi des Crétois.

MERIONE.

Seigneur ; vous l'approuviez, quand de vous on fit choix.

TEUCER.

Je la blâmais dès lors. Enfin, je la déteste:
Soyez sûr qu'à l'état elle sera funeste.

MERIONE.

Au moins, jusqu'à ce jour elle en fut le soutien;
Mais vous parlez en Prince.

TEUCER.

En homme, en citoyen.
Et j'agis en guerrier, quand mon honneur l'exige.
A ce dernier parti gardez qu'on ne m'oblige.

MERIONE.

Vous pouriez hazarder, dans ces dissentions,
Des véritables droits pour des prétentions!....
Consultez mieux l'esprit de notre République.

TEUCER.

Elle a trop consulté la licence anarchique.

MERIONE.

Seigneur, entre elle & vous marchant d'un pas égal,
Autrefois vôtre ami, jamais votre rival;
Je vous parle en son nom.

TEUCER.

Je réponds, Mérione
Au nom de la nature, & pour l'honneur du trône.

MERIONE.

Nos loix...

TEUCER.

Laiſſez vos loix, elles me font horreur.
Vous devriez rougir d'être leur protecteur.

MERIONE.

Propoſez une loi plus humaine & plus ſainte,
Mais ne l'impoſez pas. Seigneur point de contrainte.
Vous révoltez les cœurs. Il faut perſuader.
La prudence & le temps pouront tout accorder.

TEUCER.

Que le prudent me quitte, & le brave me ſuive.
Il eſt temps que je régne & non pas que je vive.

MERIONE.

Régnez; mais redoutez les peuples & les grands.

TEUCER.

Ils me redouteront. Sachez que je prétends
Etre impunément juſte, & vous apprendre à l'être.
Si vous ne m'imitez, reſpectez votre maître. —
Et nous; allons, Dictime, aſſembler nos amis,
S'il en reſte à des rois inſultés, & trahis.

ACTE

ACTE TROISIEME.

SCENE PREMIERE.

DATAME, CYDONIENS.

DATAME.

PEnſent-ils m'éblouir par la pompe roiale,
Par ce faſte impoſant que la richeſſe étale?
Croit-on nous amollir? ces palais orgueilleux
Ont de leur appareil effarouché mes yeux.
Ce fameux labirinthe ou la Grèce raconte
Que Minos autrefois enſevelit ſa honte
N'eſt qu'un repaire obſcur, un ſpectacle d'horreur.
Ce Temple ou Jupiter avec tant de ſplendeur
Eſt deſcendu, dit-on, du haut de l'empirée,
(11) N'eſt qu'un lieu de carnage a ſa première entrée;
Et les fronts des bêliers égorgés & ſanglants
Sont de ces murs ſacrés les honteux ornements.
Ces nuages d'encens qu'on prodigue à toute heure
N'ont point purifié ſon infecte demeure.
Que tous ces monuments ſi vantés, ſi chéris,
Quand on les voit de près inſpirent de mépris!

UN CYDONIEN.

Chez Datame, eſt-il vrai qu'en ces pourpris funeſtes
On n'offre que du ſang aux puiſſances céleſtes ?
Eſt-il vrai que ces Grecs en tous lieux renommés
Ont immolé des Grecs aux dieux qu'ils ont formés ?
La nature à ce point ſerait-elle égarée !

DATAME.

A des flots d'impoſteurs on dit qu'elle eſt livrée,
Qu'elle n'eſt plus la même, & qu'elle a corrompu
Ce doux préſent des Dieux, l'inſtinct de la vertu.
C'eſt en nous qu'il réſide, il ſoutient nos courages
Nous n'avons point de Temple en nos deſerts ſauvages ;
Mais nous ſervons le ciel & ne l'outrageons pas,
Par des vœux criminels & des aſſaſſinats.
Puiſſions-nous fuir bientôt cette terre cruelle,
Délivrer Aſtérie & partir avec elle !

LE CYDONIEN.

Rendons tous les captifs entre nos mains tombés,
Par notre pitié ſeule au glaive dérobés,
Eſclave pour eſclave, & quittons la contrée
Où notre pauvreté qui dut être honorée,
N'eſt aux yeux des Crétois qu'un objet de dédain.
Ils deſcendaient vers nous par un accueil hautain.
Leurs bontés m'indignaient, regagnons nos aziles,
Fuyons leurs dieux, leurs mœurs & leurs bruyantes villes.

Ils ſont cruels & vains, polis & ſans pitié.
La nature entre nous mit trop d'inimitié.

DATAME.

Ah! ſurtout de leurs mains reprenons Aſtérie.
Pourriez-vous reparaître aux yeux de la patrie
Sans lui rendre aujourd'hui ſon plus bel ornement?
Son père eſt attendu de moment en moment;
En vain je la demande aux peuple de la Crête
Aucun n'a ſatisfait ma douleur inquiète,
Aucun n'a mis le calme en mon cœur éperdu.
Par des pleurs qu'il cachait un ſeul m'a répondu.
Que veulent, cher ami, ce ſilence & ces larmes?
Je voulais à Teucer apporter mes allarmes;
Mais on m'a fait ſentir que graces à leurs loix
Des hommes tels que nous n'approchent point les rois.
Nous ſommes leurs égaux dans les champs de Bellone.
Qui peut donc avoir mis entre nous & leur trône
Cet immenſe intervalle, & ravi aux mortels
Leur dignité premiere & leurs droits naturels?
Il ne fallait qu'un mot, la paix était jurée,
Je voyais Aſtérie à ſon époux livrée,
On payait ſa rançon, non du brillant amas
Des métaux précieux que je ne connais pas.
Mais des moiſſons, des fruits, des tréſors véritables

Qu'arrachent à nos champs nos mains infatigables.
Nous rendions nos captifs. Astérie avec nous
Revolait à Cydon dans les bras d'un époux.
Faut-il partir sans elle, & venir la reprendre
Dans des ruisseaux de sang & des monceaux de cendre ?

SCENE SECONDE.

Les Personnages précédents, UN CYDONIEN arrivant.

LE CYDONIEN.

AH! savez-vous le crime ?...

DATAME.

O ciel! que me dis-tu ?
Quel désespoir est peint sur ton front abattu ?
Parle, parle.

LE CYDONIEN.

Astérie.....

DATAME.

Eh bien ?....

LE CYDONIEN.

Cet édifice,
Ce lieu qu'on nomme Temple est prêt pour son supplice.

DATAME.

Pour Aftérie !

LE CYDONIEN.

Appren que dans ce même jour,
En cette même enceinte, en cet affreux féjour,
De je ne fais quels grands la horde forcenée
Aux buchers dévorants l'a déja condamnée.
Ils appaifent ainfi Jupiter offenfé.

DATAME.

Elle eft morte ! . . . .

LE PREMIER CYDONIEN.

Ah ! grand Dieu !

LE SECOND CYDONIEN.

L'arrêt eft prononcé
On doit l'exécuter dans ce Temple barbare
Voilà, chers compagnons la paix qu'on nous prépare.
Sous un couteau perfide & qu'ils ont confacré
Son fang offert aux Dieux va couler à leur gré ;
Et dans un ordre augufte ils livrent à la flamme
Ces reftes précieux adorés par Datame.

DATAME.

Je me meurs.

(*Il tombe entre les bras d'un Cydonien.*)

LE PREMIER CYDONIEN.

Peut-on croire un tel excès d'horreurs ?

UN CYDONIEN.

Il en eſt encor un bien cruel à nos cœurs
Celui d'être en ces lieux réduits à l'impuiſſance
D'aſſouvir ſur eux tous notre juſte vengeance,
De frapper ces tyrans de leurs couteaux ſacrés,
De noyer dans leurs ſang ces monſtres révérés.

DATAME (*revenant à lui.*)

Qui! moi! je ne pourais, ô ma chère Aſtérie
Mourir ſur les bourreaux qui t'arrachent la vie!...
Je le pourai ſans doute. — O mes braves amis
Montrez ces ſentimens que vous m'avez promis.
Périſſez avec moi. Marchons.

(*On entend une voix d'une des tours.*)

Datame! arrête!

DATAME.

Ciel!.... d'où part cette voix! quels Dieux ont ſur ma tête
Fait retentir au loin les ſons de ces accens?
Eſt-ce une illuſion qui vient troubler mes ſens?

La même voix.

Datame!...

DATAME.

C'eſt la voix d'Aſtérie elle-même! —
Ciel qui la fis pour moi, Dieu vengeur, Dieu ſuprême!
Ombre chère & terrible à mon cœur déſolé

Eſt-ce du ſein des morts qu'Aſtérie a parlé ?

UN CYDONIEN.

Je me trompe, ou du fond de cette tour antique
Sa voix faible & mourante à ſon amant s'explique.

DATAME.

Je n'entens plus ici la fille d'Azémon.
Serait-ce là ſa tombe ? Eſt-ce là ſa priſon ?
Les Crétois auraient-ils inventé l'une & l'autre ?

LE CYDONIEN.

Quelle horrible ſurpriſe eſt égale à la nôtre !

DATAME.

Des priſons ! eſt-ce ainſi que ces adroits tirans
Ont bâti pour régner les tombeaux des vivants !

UN CYDONIEN.

N'aurons-nous point de traits, d'armes & de machines !
Ne pourons-nous marcher ſur leurs vaſtes ruines!

DATAME (*avance vers la tour.*)

Quel nouveau bruit s'entend ? — Aſtérie ! — ah grands Dieux !
C'eſt elle, je la vois, elle marche en ces lieux. —
Mes amis, elle marche à l'affreux ſacrifice :
Et voilà les ſoldats armés pour ſon ſuplice.
Elle eſt entourée.

(On voit dans l'enfoncement Astérie entourée de la garde que le roi Teucer lui avait donnée. Datame continue.)

Allons, c'est à ses pieds
Qu'il faut en la vengeant mourir sacrifiés.

SCENE TROISIEME.

LES CYDONIENS, DICTIME.

DICTIME.

OU pensez-vous aller & qu'est-ce que vous faites ?
Quel transport vous égare, aveugles que vous êtes?
Dans leur course rapide ils ne m'écoutent pas.
Ah ! que de cette esclave ils suivent donc les pas,
Qu'ils s'écartent surtout de ces autels horribles ;
Dressés par la vengeance à des Dieux inflexibles;
Qu'ils sortent de la Crête. Ils n'ont vu parmi nous
Que de justes sujets d'un éternel courroux.
Ils nous détesteront ; mais ils rendront justice
A la main qui dérobe Astérie au suplice.
Ils aimeront mon roi dans leurs affreux deserts...
Mais de quels cris soudains retentissent les airs !
Je me trompe, ou de loin j'entends le bruit des armes.

Que ce jour eſt funeſte & fait pour les allarmes !
Ah ! nos mœurs & nos loix, & nos rites affreux
Ne pourraient nous donner que des jours malheureux !
Revolons vers le roi.

SCENE QUATRIEME.

TEUCER, DICTIME.

TEUCER.

DEmeure cher Dictime.
Demeure. Il n'eſt plus tems de ſauver la victime.
Tous mes ſoins ſont trahis ; ma raiſon, ma bonté,
Ont en vain combattu contre la cruauté.
En vain bravant des loix la triſte barbarie
Au ſein de ſes foyers je rendais Aſtérie.
L'humanité plaintive implorant mes ſecours
Du fer déja levé défendait ſes beaux jours.
Mon cœur s'abandonnait à cette pure joie
D'arracher aux tirans leur innocente proie.
Datame a tout détruit.

DICTIME.

Comment ? quels attentats ?

TEUCER.

Ah ! les ſauvages mœurs ne s'adouciſſent pas,
Datame. . . .

DICTIME.

Quelle eſt donc ſa fatale imprudence ?

TEUCER.

Il paya de ſa tête une telle inſolence.
Lui ! s'attaquer à moi tandis que ma bonté
Ne veillait, ne s'armait que pour ſa ſureté ;
Lorſque déja ma garde à mon ordre attentive
Allait loin de ce Temple enlever la captive !
Suivi de tous les ſiens il fond ſur mes ſoldats.
Quel eſt donc ce complot que je ne conçois pas ?
Etaient-ils contre moi tous deux d'intelligence ?
Etait-ce là le prix qu'on dut à ma clémence ?
J'y cours ; le téméraire en ſa fougue emporté,
Oſe lever ſur moi ſon bras enſanglanté.
Je le preſſe, il ſuccombe, il eſt pris avec elle.
Ils périront, voilà tout le fruit de mon zèle.
Je feſais deux ingrats. Il eſt trop dangereux
De vouloir quelquefois ſauver des malheureux.
J'avais trop de bonté pour un peuple farouche
Qu'aucun frein ne retient, qu'aucun reſpect ne touche,
Et dont je dois ſurtout à jamais me venger.
Où ma compaſſion m'allait-elle engager !

Je

Je trahiſſais mon ſang, je riſquais ma couronne,
Et pour qui ?

DICTIME.

Je me rends, & je les abandonne.
Si leur faute eſt commune ils doivent l'expier.
S'ils ſont tous deux ingrats il les faut oublier.

TEUCER.

Ce n'eſt pas ſans regret, mais la raiſon l'ordonne.

DICTIME.

L'inflexible équité, la majeſté du trône,
Ces parvis tout ſanglants, ces autels profanés,
Votre intérêt, la loi, tout les a condamnés.

TEUCER.

D'Aſtérie en ſecret la grace, la jeuneſſe,
Peut-être malgré moi me touche & m'intéreſſe.
Mais je ne dois penſer qu'à ſervir mon pais.
Ces ſauvages humains ſont mes vrais ennemis.
Oui, je réprouve encore une loi trop ſévère ;
Mais il eſt des mortels dont le dur caractère
Inſenſible aux bienfaits, intraitable, ombrageux
Exige un bras d'airain toujours levé ſur eux.
'ailleurs, ai-je un ami dont la main téméraire
'armat pour un barbare & pour une étrangère ?
ls ont voulu périr. Ç'en eſt fait.—Mais du moins
ue mes yeux de leur mort ne ſoient pas les témoins !

SCENE CINQUIEME.

TEUCER, DICTIME, UN HÉRAUT.

TEUCER.

QUe sont-ils devenus ?

LE HERAUT.

Leur fureur inouïe;
D'un trépas mérité sera bientôt suivie,
Tout le peuple à grand cris presse leur châtiment:
Le Sénat indigné s'assemble en ce moment.
Ils périront tous deux dans la demeure sainte
Dont ils ont profané la redoutable enceinte.

TEUCER.

Ainsi l'on va conduire Astérie au trépas.

LE HERAUT.

Rien ne peut la sauver.

TEUCER.

Je lui tendais les bras.
Ma pitié me trompait sur cette infortunée.
Ils ont fait malgré moi leur noire destinée. —
L'arrêt est-il porté ?

LE HERAUT.

Seigneur, on doit d'abor

Livrer ſur nos autels Aſtérie à la mort.
Bientôt tout ſera prêt pour ce grand ſacrifice.
On réſerve Datame aux horreurs du ſuplice.
On ne veut point ſans vous juger ſon attentat :
Et la ſeule Aſtérie occupe le Sénat.

TEUCER.

C'eſt Datame en effet, c'eſt lui ſeul qui l'immole.
Mes efforts étaient vains & ma bonté frivole.
Revolons aux combats : c'eſt mon premier devoir.
C'eſt là qu'eſt ma grandeur, c'eſt là qu'eſt mon pouvoir ;
Mon autorité faible eſt ici déſarmée.
J'ai ma voix au Sénat, mais je régne à l'armée.

LE HERAUT.

Le père d'Aſtérie accablé par les ans
Les yeux baignés de pleurs arrive à pas peſants ;
Se ſoutenant à peine, & d'une voix tremblante,
Dit qu'il apporte ici pour ſa fille innocente
Une juſte rançon dont il peut ſe flatter
Que votre cœur humain poura ſe contenter.

TEUCER.

Quelle ſimplicité dans ces mortels agreſtes !
Ce vieillard a choiſi des moments bien funeſtes.
De quel trompeur eſpoir ſon cœur s'eſt-il flatté ?
Je ne le verrai point. Il n'eſt plus de traité.

LE HÉRAUT.

Il a, si je l'en crois, des présents à vous faire
Qui vous étonneront.

TEUCER.

Trop infortuné père!
Je ne puis rien pour lui. Dérobez à ses yeux
Du sang qu'on va verser le spectacle odieux.

LE HÉRAUT.

Il insiste; il nous dit qu'au bout de sa carrière
Ses yeux se fermeraient sans peine à la lumière
S'il pouvait à vos pieds se jetter un moment.
Il demandait Datame avec empressement.

TEUCER.

Malheureux!

DICTIME.

Accordons, Seigneur à sa vieillesse
Ce vain soulagement qu'exige sa faiblesse.

TEUCER.

Ah! quand mes yeux ont vu dans l'horreur des combats
Mon épouse, & ma fille expirer dans mes bras,
Les consolations dans ce moment terrible
Ne descendirent point dans mon ame sensible.
Je n'en avais cherché que dans mes vains projets
D'éclairer les humains, d'adoucir mes sujets,

Et de civiliſer l'agreſte Cydonie.
Du ciel qui conduit tout la ſageſſe infinie
Réſerve, je le vois, pour de plus heureux tems
Le jour trop différé de ces grands changements.
Le monde avec lenteur marche vers la ſageſſe, (12)
Et la nuit des erreurs eſt encor ſur la Grèce. —
  Que je vous porte envie, ô rois trop fortunés;
Vous qui faites le bien dès que vous l'ordonnés!
Rien ne peut captiver votre main bienfaiſante;
Vous n'avez qu'à parler, & la terre eſt contente.

ACTE QUATRIEME.

SCENE PREMIERE.

Le vieillard AZÉMON, *accompagné d'un Esclave qui lui donne la main.*

AZÉMON.

QUoi ! nul ne vient à moi dans ces lieux solitaires !
Je ne retrouve point mes compagnons, mes frères.
Ces portiques fameux où j'ai cru que les rois
Se montraient en tout tems à leurs heureux Crétois
Et daignaient rassurer l'étranger en allarmes,
Ne laissent voir au loin que des soldats en armes.
Un silence profond régne sur ces remparts.
Je laisse errer en vain mes avides regards.
Datame qui devait dans cette cour sanglante
Précéder d'un vieillard la marche faible & lente,
Datame devant moi ne s'est point présenté.
On n'offre aucun azile à ma caducité.
Il n'en est pas ainsi dans notre Cydonie,
Mais l'hospitalité loin des cours est bannie.

O mes concitoyens ſimples & généreux
Dont le cœur eſt ſenſible autant que valeureux,
Que pourez-vous penſer quand vous ſaurez l'outrage
Dont la fierté Crétoiſe a pu flétrir mon âge?
Ah! ſi le roi ſavait ce qui m'amène ici,
Qu'il ſe repentirait de me traiter ainſi!
Une route pénible & la triſte vieilleſſe
De mes ſens fatigués accable la faibleſſe.

(*Il s'aſſied*)

Goûtons ſous ces Cyprès un moment de repos.
Le ciel bien rarement l'accorde à nos travaux.

SCENE SECONDE.

AZÉMON ſur le devant, TEUCER dans le fond précédé du HÉRAUT.

AZÉMON (*au Heraut.*)

IRai-je donc mourir aux lieux qui m'ont vu naître,
Sans avoir dans la Crête entretenu ton maître?

LE HÉRAUT.

Etranger malheureux je t'annonce mon roi,
Il vient avec bonté; parle rassure toi.

AZÉMON.

Va, puisqu'à ma priere il daigne condescendre,
Qu'il rende grace aux Dieux de me voir, de m'entendre.

TEUCER.

Eh bien, que prétends-tu, vieillard infortuné?
Quel démon destructeur à ta perte obstiné,
Te force à déserter ton pais, ta famille
Pour être ici témoin du malheur de ta fille?

AZÉMON (*s'etant levé.*)

Si ton cœur est humain, si tu veux m'écouter,
Si le bonheur public a de quoi te flatter,
Elle n'est point à plaindre, & graces à mon zèle
Un heureux avenir se déploiera pour elle.
Je viens la racheter.

TEUCER.

Appren que désormais,
Il n'est plus de rançon, plus d'espoir, plus de paix.
Quitte ce lieu terrible Une ame paternelle
Ne doit point habiter cette terre cruelle.

AZÉMON.

Va, crain que je ne parte.

TEUCER.

Ainsi donc de son sort
Tu seras le témoin, tes yeux verront sa mort!

AZÉMON.

Elle ne mourra point. Datame a pu t'inſtruire
Du deſſein qui m'amène & qui dut le conduire.

TEUCER.

Datame de ta fille a cauſé le trépas,
Loin de l'affreux bucher précipite tes pas.
Retourne malheureux, retourne en ta patrie,
Achève en gémiſſant les reſtes de ta vie.
La mienne eſt plus cruelle, & tout roi que je ſuis
Les dieux m'ont éprouvé par de plus grands ennuis.
Ton peuple a maſſacré ma fille avec ſa mère.
Tu reſſens comme moi la douleur d'être père.
Va, quiconque a vécu dut apprendre à ſouffrir;
On voit mourir les ſiens avant que de mourir.
Pour toi, pour ton pais Aſtérie eſt perdue.
Sa mort par mes bontés fut en vain ſuſpendue.
La guerre recommence; & rien ne peut tarir
Les nouveaux flots de ſang déja prêts à courir.

AZÉMON.

Je pleurerais ſur toi plus que ſur ma patrie,
Si tu laiſſais trancher les beaux jours d'Aſtérie.
Elle vivra, crois-moi, j'ai des gages certains
Qui toucheraient les cœurs de tous ſes aſſaſſins.

TEUCER.

Ah! père infortuné quelle erreur te tranſporte!

AZÉMON.

Quand tu contempleras la rançon que j'aporte,
Sois sûr que ces trésors à tes yeux présentés
Ne mériteront pas d'en être rebutés;
Ceux qu'Achille reçut du souverain de Troye
N'égalaient pas les dons que mon païs t'envoye.

TEUCER.

Cesse de t'abuser; remporte tes présents.
Puissent les dieux plus doux consoler tes vieux ans!
Mon pere, a tes foyers j'aurai soin qu'on te guide.

SCENE TROISIEME.

TEUCER, DICTIME, AZÉMON, LE HÉRAUT, GARDES.

DICTIME.

AH! quittez les parvis de ce temple homicide.
Seigneur, du sacrifice on fait tous les apprets.
Ce spectacle est horrible & la mort est trop pres.
Le seul aspect des rois ailleurs si favorable
Porte par tout la vie, & fait grace au coupable.
Vous ne verriez ici qu'un appareil de mort.
D'un barbare étranger on va trancher le sort.
Mais vous savez quel sang d'abord on sacrifie,
Quel zele a préparé cet holocauste impie.

Comme on eſt aveuglé ! mes raiſons ni mes pleurs
N'ont pu de notre loi ſuſpendre les rigueurs.
Le peuple impatient de cette mort cruelle
L'attend comme une fête auguſte & ſolemnelle.
L'autel de Jupiter eſt orné de feſtons.
On y porte à l'envi ſon encens & ſes dons.
Vous entendrez bientôt la fatale trompette.
A ce lugubre ſon qui trois fois ſe répète
Sous le fer conſacré la victime à genoux.....
Pour la derniere fois, Seigneur, retirons nous.
Ne ſouillons point nos yeux d'un culte abominable.

TEUCER.

Hélas ! je pleure encor ce vieillard vénérable.
Va, ſurtout, qu'on ait ſoin de ſes malheureux jours
Dont la douleur bientôt va terminer le cours.
Il eſt père ; & je plains ce ſacré caractère.

AZÉMON.

Je te plains encor plus, — & cependant j'eſpère.

TEUCER.

Fui malheureux, te dis-je.

AZÉMON (*l'arrêtant.*)

Avant de me quitter
Ecoute encor un mot. Tu vas donc préſenter
D'Aſtérie à tes Dieux les entrailles fumantes ?
De tes prêtres Crétois les mains toutes ſanglantes

Vont chercher l'avenir dans ſon ſein déchiré?
Et tu permets ce crime?

TEUCER.

Il m'a déſeſpéré.
Il m'accable d'effroi, je le hais, je l'abhorre,
J'ai cru le prévenir, je le voudrais encore.
Hélas! je prenais ſoin de ſes jours innocents:
Je rendais Aſterie à ſes triſtes parents.
Je ſens quelle eſt ta perte & ta douleur amère. —
Ç'en eſt fait.

AZÉMON.

Tu voulais la remettre à ſon père!
Va, tu la lui rendras.

(Deux Cydoniens apportent une caſſette couverte de lames d'or. Azémon *continue.)*

Enfin donc en ces lieux
On apporte à tes pieds ces dons dignes des dieux.

TEUCER.

Que voi-je!

AZÉMON.

Ils ont jadis embelli tes demeures,
Ils t'ont appartenu. — Tu gémis & tu pleures. —
Ils ſont pour Aſtérie, il faut les conſerver.
Tremble malheureux roi, tremble de t'en priver.
Aſtérie eſt le prix qu'il eſt tems que j'obtienne.

Elle n'eſt point ma fille. — Appren qu'elle eſt la
tienne.

TEUCER.

O ciel !

DICTIME.

O providence !

AZÉMON.

Oui, reçois de ma main
Ces gages, ces écrits témoins de ſon deſtin.

(Il tire de la caſſette un écrit qu'il donne à Teucer qui l'examine en tremblant.)

Ce Pyrope éclatant qui brilla ſur ſa mère,
Quand le ſort des combats à nous deux ſi contraire
T'enleva ton épouſe & qu'il la fit périr.
Voilà cette rançon que je venais t'offrir.
Je te l'avais bien dit : elle eſt plus précieuſe
Que tous les vains tréſors de ta cour ſomptueuſe.

TEUCER (*s'écriant.*)

Ma fille !

DICTIME.

Juſtes Dieux !

TEUCER (*embraſſant Azémon.*)

Ah ! mon libérateur ! —
Mon père ! mon ami ! mon ſeul conſolateur !

AZÉMON.

De la nuit du tombeau mes mains l'avaient ſauvée,
Comme un gage de paix je l'avais élevée ;
Je l'ai vu croître en grace, en beautés, en vertus
Je te la rends. Les Dieux ne la demandent plus.

TEUCER (*à Dictime.*)

Ma fille ! — Allons, ſuis moi.

DICTIME.

Quels moments !

TEUCER.

Ah ! peut-être
On l'entraîne à l'autel, & déja le grand prêtre....
Gardes qui me ſuivez, ſecondez votre roi. —
(*On entend la trompette.*)
Ouvrez vous Temple horrible ! (*) ah ! qu'eſt-ce que je voi !
Ma fille !

PHARÈS.

Qu'elle meure !

TEUCER.

Arrête ! qu'elle vive !

(*) Il enfonce la porte, le Temple s'ouvre. On voit Pharès entourré de ſacrificateurs Aſterie eſt a genoux aux pieds de l'Autel. Elle ſe retourne vers Pharès en étendant la main & en le regardant avec horreur : & Pharès le glaive à la main eſt prêt à frapper.

AZÉMON.

…érie !

PHARÈS (*à Teucer.*)

Oses-tu délivrer ma captive !

TEUCER.

Misérable ! oses-tu lever ce bras cruel ! —
Dieux ! bénissez les mains, qui brisent votre autel,
C'était l'autel du crime.

(*Il renverse l'autel, & tout l'appareil du sacrifice.*)

PHARÈS.

Ah ! ton audace impie.
Sacrilège tiran sera bientôt punie.

ASTÉRIE (*à Teucer.*)

Sauveur de l'innocence, auguste protecteur,
Est-ce vous dont le bras équitable & vengeur
De mes jours malheureux a réuni la trame !
Ah ! si vous les sauvez, sauvez ceux de Datame ;
Etendez jusqu'à lui vos secours bienfaisants.
Je ne suis qu'une esclave.

DICTIME.

O bienheureux moments !

TEUCER.

Vous esclave ! ô mon sang ! sang des rois ! fille chère !
Ma fille ! ce vieillard t'a rendue à ton père.

ASTÉRIE.

Qui! moi?

TEUCER.

Mêle tes pleurs aux pleurs que je répands.
Goûte un destin nouveau dans mes embrassements.
Image de ta mère à mes vieux ans rendue
Joins ton ame étonnée à mon ame éperdue.

ASTÉRIE.

O mon roi!

TEUCER.

Dis mon père — il n'est point d'autre nom.

ASTÉRIE.

Hélas! est-il bien vrai généreux Azémon?

AZÉMON.

J'en atteste les Dieux.

TEUCER.

Tout est connu.

ASTÉRIE.

Mon père! —

TEUCER (*à ses Gardes.*)

Qu'on délivre Datame en ce moment prospère. —
Vous, écoutez.

ASTÉRIE.

O ciel! ô destins inouïs!
Oui, si je suis à vous, Datame est votre fils.

Je

Je vois, je reconnais votre ame paternelle.

DICTIME.

Seigneur, voyez déja la faction cruelle
Dans le fond de ce Temple environner Pharès.
Déja de la vengeance ils font tous les apprêts :
On court de tous côtés. Des troupes fanatiques
Vont le fer dans les mains inonder ces portiques.
Regardez Mérione, on marche autour de lui ;
Tout votre ami qu'il eſt il paraît leur appui.
Eſt-ce là ce héros que j'ai vu devant Troye ?
Quelle fureur aveugle à mes yeux ſe déploye ?
L'inflèxible Pharès a-t-il dans tous les cœurs
Des poiſons de ſon ame allumé les ardeurs ?
Il n'entendit jamais la voix de la nature.
Il va vous accuſer de fraude, d'impoſture.
Datame en ſa puiſſance & de ſes fers chargé
A reçu ſon arrêt, & doit être égorgé.

ASTÉRIE.

Datame ! ah ! prévenez le plus grand de ſes crimes.

TEUCER.

Va, ni lui, ni ſes Dieux n'auront plus de victimes.
Va, l'on ne verra plus de pareils attentats.

DICTIME.

Tranquile, il frapperait votre fille en vos bras.

Et le peuple à genoux témoin de son suplice
Des Dieux dans son trépas bénirait la justice.

TEUCER.

Quand il saura quel sang sa main voulut verser,
Le barbare, croi-moi, n'osera m'offenser.
Quoique Datame ait fait je veux qu'on le révère.
Tout prend dans ce moment un nouveau caractère.
Je ferai respecter les droits des nations.

DICTIME.

Ne vous attendez pas dans ces émotions
Que l'orgueil de Phares s'abaisse à vous complaire.
Il atteste les loix, mais il prétend les faire.

TEUCER.

Il y va de sa vie. Et j'aurais de ma main
Dans ce Temple, à l'autel immolé l'inhumain,
Si le respect des Dieux n'eut vaincu ma colere.
Je n'étais point armé contre le sanctuaire;
Mais tu verras qu'enfin je sais être obéi.
S'il ne me rend Datame il en sera puni,
Dut sous l'autel sanglant tomber mon trône en cendre

(*a Asterie.*)

Je cours y donner ordre, & vous pouvez m'attendre.

ASTÉRIE.

Seigneur ! — ſauvez Datame, — approuvez notre
amour.
Mon ſort eſt en tout tems de vous devoir le jour.

TEUCER (*au Héraut.*)

Prends ſoin de ce vieillard qui lui ſervit de père
Sur les ſauvages bords d'une terre étrangère.
Veille ſur elle.

AZÉMON.

O roi ! ce n'eſt qu'en ton païs
Que ton cœur paternel aura des ennemis. —
(*Teucer ſort avec Dictime & ſes Gardes.*)
O toi Divinité qui régis la nature,
Tu n'a pas foudroyé cette demeure impure
Qu'on oſe nommer Temple, & qu'avec tant d'hor-
reur
Du ſang des nations on ſouille en tout honneur !
C'eſt en ces lieux de mort, en ce repaire infâme
Qu'on allait immoler Aſtérie & Datame !
Providence éternelle as-tu veillé ſur eux
Leur as-tu préparé des deſtins moins affreux ?
Nous n'avons point d'autels où le faible t'im-
plore ; (13)
Dans nos bois, dans nos champs je te vois, je
t'adore ;
Ton Temple eſt comme toi dans l'univers entier
Je n'ai rien à t'offrir, rien à ſacrifier

C'eſt toi qui donnes tout. Ciel! protège une vie
Qu'à celle de Datame hélas, j'avais unie!

ASTÉRIE.

S'il nous faut périr tous, ſi tel eſt notre ſort
Nous ſavons vous & moi comme on brave la mort.
Vous me l'avez appris; vous gouvernez mon ame;
Et je mourrai du moins entre vous & Datame.

ACTE

ACTE CINQUIEME.

SCENE PREMIERE.

TEUCER, AZÉMON, ASTÉRIE, MÉRIONE, LE HÉRAUT, Suite.

TEUCER (*au Héraut*)

ALlez, dites leur bien que dans leur arrogance
Trop longtems pour faibleſſe ils ont pris ma clémence.
Que de leurs attentats mon courage eſt laſſé,
Que cet autel affreux par mes mains renverſé
Eſt mon plus digne exploit & mon plus grand trophée.
Que de leurs factions enfin l'hydre étouffée,
Sur mon trône avili, ſur ma triſte maiſon
Ne diſtilera plus les flots de ſon poiſon.
Il faut changer de loix, il faut avoir un maître —
(*Le Heraut ſort.*)

(*à Merione.*)
Et vous qui ne ſavez ce que vous devez être,
Vous qui toujours douteux entre Phares & moi,
Vous etes cru trop grand pour ſervir votre roi,

Prétendez-vous encor, orgueilleux Mérione
Que vous pouvez abattre ou soutenir mon trône?
Ce roi dont vous osez vous montrer si jaloux
Pour vaincre & pour régner n'a pas besoin de vous.
Votre audace aujourd'hui doit être détrompée.
Ou pour, ou contre moi tirez enfin l'épée.
Il faut dans le moment les armes à la main
Me combattre, ou marcher sous votre souverain.

MÉRIONE.

S'il faut servir vos droits, ceux de votre famille,
Ceux qu'un retour heureux accorde a votre fille,
Je vous offre mon bras, mes trésors & mon sang.
Mais si vous abusez de ce supreme rang,
Pour fouler à vos pieds les loix de la patrie,
Je la défends Seigneur, au péril de ma vie.
Pere & monarque heureux, vous avez résolu
D'usurper malgré nous un empire absolu,
De courber sous le joug de la grandeur suprême
Les ministres des Dieux, & les grands, & moi-même.
Des vils Cydoniens vous osez vous servir
Pour opprimer la Crête & pour nous asservir.
Mais de quelque grand nom qu'en ces lieux on vous nomme
Sachez que tout l'état l'emporte sur un homme.

TEUCER.

Tout l'état eſt dans moi. — Fier & perfide ami,
Je ne vous connais plus que pour mon ennemi:
Courez à vos tirans.

MERIONE.

Vous le voulez?

TEUCER.

J'eſpère
Vous punir tous enſemble. Oui marchez téméraire,
Oui, combattez ſous eux, je n'en ſuis point jaloux
Je les mépriſe aſſez pour les joindre avec vous.

(*Merione ſort.*)

(*à Azémon.*)

Et toi, cher étranger, toi, dont l'ame héroïque
M'a forcé malgré moi d'aimer ta République,
Toi, ſans qui j'euſſe été dans ma triſte grandeur,
Un exemple éclatant d'un éternel malheur;
Toi par qui je ſuis père, atten ſous ces ombrages,
Ou le comble, ou la fin de mes ſanglants outrages.
Va, tu me reverras mort ou victorieux.

(*Il ſort.*)

AZÉMON.

Ah! tu deviens mon roi. — Rendez-moi, juſtes Dieux,

Avec mes premiers ans la force de le suivre !
Que ce héros triomphe ou je cesse de vivre !
Datame & tous les siens, dans ces lieux rassemblés
N'y seraient-ils venus que pour être immolés !
Que devient Astérie ? — Ah ! mes douleurs nou-
velles
Me font encor verser des larmes paternelles.

SCENE SECONDE.

ASTÉRIE, AZÉMON, GARDES.

ASTÉRIE.

CIel ! où porter mes pas & quel sera mon sort !

AZÉMON.

Garde toi d'avancer vers les champs de la mort.
Ma fille ! — de ce nom mon amitié t'appelle,
Digne sang d'un vrai roi, fuis l'enceinte cruelle,
Fuis le Temple exécrable où les couteaux levés
Allaient trencher les jours que j'avais conservés.
Tremble

ASTÉRIE.

Qui moi trembler ! vous qui m'avez conduite,
Ce n'était pas ainsi que vous m'aviez instruite.
Le roi, Datame & vous, vous êtes en danger,

C'eſt moi ſeule, c'eſt moi qui dois le partager.

AZÉMON.

Ton père le défend.

ASTÉRIE.

Mon devoir me l'ordonne.

AZÉMON.

Sans armes & ſans force, hélas! tout m'abandonne.
Aux combats autrefois ces lieux m'ont vu courir:
Va, nous ne pouvons rien.

ASTÉRIE (*voulant ſortir.*)

Ne puis-je pas mourir?

AZÉMON (*ſe mettant au devant d'elle.*)

Tu n'en fus que trop près.

ASTÉRIE.

Cette mort que j'ai vue,
Sans doute était horrible à mon ame abattue,
Inutile aux héros qui vivait dans mon cœur,
J'expirais en victime & tombais ſans honneur.
La mort avec Datame eſt du moins généreuſe;
La gloire adoucira ma deſtinée affreuſe:
Les filles de Cydon toujours dignes de vous
Suivent dans les combats leurs parents, leurs époux;
Et quand la main des dieux me donne un roi pour père,
Quand je connais mon ſang, faut-il qu'il dégénère?
Les plaintes, les regrets & les pleurs ſont perdus.
Reprenez avec moi vos antiques vertus;

Et s'il en eſt beſoin raffermiſſez mon ame.
J'ai honte de pleurer ſans ſécourir Datame.

SCENE TROISIEME.

Les Perſonnages précédents, DATAME.

DATAME.

IL apporte à tes pieds ſa joye & ſa douleur.

ASTÉRIE.

Que dis-tu?

AZEMON.

Quoi mon fils?

ASTÉRIE.

Teucer n'eſt pas vainqueur!

DATAME.

Il l'eſt, n'en doutez pas; je ſuis le ſeul à plaindre

ASTÉRIE.

Vous vivez tous les deux. Qu'aurais-je encor à craindre?
O ciel! ô providence enfin triomphe auſſi
De tous ces Dieux affreux que l'on adore ici.

DATAME.

Il avait à combattre en ce jour mémorable
Des tirans de l'état le parti redoutable,
Les Arcontes, Pharès, un peuple furieux
Qui trahiſſant ſon père a cru ſervir ſes Dieux.

Nous entendions leurs cris tels que ſur nos rivages
Les ſifflements des vents appellent les orages ;
Et nous étions réduits au déſeſpoir honteux
De ne pouvoir mourir en combattant contre eux.
Teucer a pénétré dans la priſon profonde
Où cachés aux rayons du grand aſtre du monde
On nous avait chargés du poids honteux des fers,
Pour être avec toi-même en ſacrifice offerts,
Ainſi que leurs agneaux, leurs beliers, leurs geniſſes,
Dont le ſang, diſent-ils, plaît à leurs Dieux propices.
Il nous arme à l'inſtant. Je reprends mon carquois,
Mes dards, mes javelots dont ma main tant de fois
Moiſſonna dans nos champs leur troupe fugitive.
Bientôt de ſes Crétois une foule craintive
Fuit, & laiſſe un champ libre au héros que je ſers.
La foudre eſt moins rapide en traverſant les airs.
Il vole a ce grand chef, à ce fier Mérione,
Il l'abbat à ſes pieds ; aux fers on l'abandonne,
On l'enchaîne à mes yeux. Ceux qui le glaive en main
Couraient pour le venger l'accompagnent ſoudain.
Je les vois ſous mes coups roulans dans la pouſſiere.
Tout couvert de leur ſang je vole au ſanctuaire,
A cette enceinte horrible & ſi chere aux Crétois,
Où de leur Jupiter les déteſtables loix

Avaient proſcrit ta tête en holocauſte offerte,
Où des voiles de mort indignement couverte
On t'a vue à genoux le front ceint d'un bandeau
Prête à verſer ton ſang ſous les coups d'un boureau.
Ce boureau ſacrilège était Pharès lui-même ;
Il conſervait encor l'autorité ſuprême
Qu'un délire ſacré lui donna ſi long-tems
Sur les ſerfs odieux de ce Temple habitans.
Ils l'entouraient en foule ardents à le défendre,
Appellant Jupiter qui ne peut les entendre ;
Et pouſſant juſqu'au ciel des heurlements affreux.
Je les écarte tous, je vole au milieu d'eux,
Je l'atteins, je le perce, il tombe & je m'écrie
Barbare je t'immole à ma chere Aſtérie.
De ma juſte vengeance & d'amour tranſporté
J'ai traîné juſqu'à toi ſon corps enſanglanté ;
Tu peux le voir, tu peux jouir de ta victime ;
Tandis que tous les ſiens étonnés de leur crime
Sont tombés en ſilence, & ſaiſis de terreur,
Le front dans la pouſſiere aux pieds de leur vainqueur.

AZEMON.

Mon fils! je meurs content.

ASTERIE

O nouvelle patrie!
Ce jour eſt donc pour moi le plus beau de ma vie!
Cher amant! cher époux!

DATAME.

J'ai ton cœur, j'ai ta foi,
Mais ce jour de ta gloire eſt horrible pour moi.

ASTÉRIE.

Eſt-il quelque danger que mon amant redoute ?
Non, Datame eſt heureux.

DATAME.

Je l'euſſe été ſans doute,
Lorſque dans nos forêts & parmi nos égaux
Ton grand cœur attendri donnait à mes travaux
Sur cent autres guerriers la noble préférence,
Quand ta main fut le prix de ma perſévérance,
Je me croyais à toi. La fille d'Azémon
Pouvait avec plaiſir s'honorer de mon nom.
Tu le ſais, digne ami, ta bonté paternelle
Encourageait l'amour qui m'enflamma pour elle.

AZÉMON.

Et je dois l'approuver encor plus que jamais.

ASTÉRIE.

Tes exploits, mon eſtime, & tes nouveaux bienfaits,
Seraient-ils un obſtacle au ſuccès de ta flamme ?
Qui dans le monde entier peut m'ôter à Datame ?

DATAME.

Au ſortir du combat, à ton père, à ton roi

J'ai demandé ta main, j'ai réclamé ta foi,
Non pas comme le prix de mon faible ſervice,
Mais comme un bien ſacré fondé ſur la juſtice,
Un bien qui m'appartient puiſque tu l'as promis.
Sanglant environné de morts & d'ennemis
Je vivais, je mourais pour la ſeule Aſtérie.

ASTÉRIE.

Eh bien eſt-il en Crête une ame aſſez hardie
Pour t'oſer diſputer l'objet de ton amour?

DATAME.

Ceux qu'on appelle grands dans cette étrange cour;
Et qui ſemblent prétendre à cet honneur inſigne,
Déclarent qu'un ſoldat ne peut en être digne. —
S'ils oſaient devant moi....

AZEMON.

Reſpectable ſoldat
Aſtérie eſt ta femme, ou Teucer eſt ingrat.

ASTERIE.

Il ne peut l'être.

DATAME.

On dit que dans cette contrée
La majeſté des rois ferait deshonorée.
Je ne m'attendais pas que d'un pareil affront
Dans les champs de la Crête on put couvrir mon front.

ASTERIE.

Il fait rougir le mien.

DATAME.

La main d'une princesse
Ne peut favoriser qu'un prince de la Grèce.
Voilà leurs loix, leurs mœurs.

ASTERIE.

Elles sont à mes yeux
Ce que la Crête entiere a de plus odieux.
De ces fameuses loix qu'on vante avec étude
La premiere en ces lieux serait l'ingratitude ?...
La loi qui m'immolait à leurs Dieux en fureur
Ne fut pas plus injuste, & n'eut pas moins d'horreur.
Je respecte mon pere, & je me sens peut-être
Digne du sang des rois où j'ai puisé mon être.
Je l'aime ; il m'a deux fois ici donné le jour.
Mais je jure par lui, par toi, par mon amour,
Que s'il tentait la foi que ce cœur t'a donnée,
Si du plus grand des rois il m'offrait l'himenée,
Je lui préférerais Datame & mes déserts.
Datame est mon seul bien dans ce vaste univers.
Je foulerais aux pieds trône, sceptre, couronne.
Datame est plus qu'un roi.

SCENE

SCENE DERNIERE.

Les Personnages précédents, TEUCER, MÉRIONE enchaîné, Cydoniens, Soldats, Peuple.

TEUCER.

TOn père te le donne,
Il est à toi. Nos loix se taisent devant lui.

ASTÉRIE.

Ah! vous seul êtes juste.

TEUCER.

Oui, tout change aujourd'hui.
Oui, je détruis en tout l'antique barbarie.
Commençons tous les trois une nouvelle vie.
Qu'Azémon soit témoin de vos nœuds éternels,
Ma main va les former à de nouveaux autels.
Soldats, livrés ce Temple aux fureurs de la flamme:

(*On voit le Temple en feu, & une partie qui tombe dans le fond du théâtre.*)

Pour mon digne héritier reconnaissez Datame.
Reconnaissez ma fille & servez nous tous trois
Sous de plus justes Dieux, sous de plus saintes loix

(*à Astérie.*)

Le peuple en apprenant de qui vous êtes née

En

En déteſtant la loi qui vous a condamnée
Eperdu, conſterné, rentre dans ſon devoir;
Abandonne à ſon Prince un ſupreme pouvoir. (14)

(*a Merione.*)

Vis, mais pour me ſervir, ſuperbe Mérione.
Ton Maitre t'a vaincu, ton maître te pardonne.
La cabale & l'envie avaient pu t'éblouir;
Et ton ſeul chatiment ſera de m'obéir. —

Braves Cydoniens goûtez des jours proſpères:
Libres, ainſi que moi, ne ſoyez que mes frères:
Aimez les loix, les arts, ils vous rendront heureux. —

Honte du genre humain, ſacrifices affreux,
Périſſe pour jamais votre indigne mémoire,
Et qu'aucun monument n'en conſerve l'hiſtoire! —

Nobles, ſoyez ſoumis & gardez vos honneurs. —
Pretres, & grands, & peuple, adouciſſez vos mœurs.
Servez Dieu déſormais dans un plus digne Temple,
Et que la Grèce inſtruite imite votre exemple.

DATAME.

Demi Dieu ſur la terre, ô grand homme! ô grand roi!
Règne, règne à jamais ſur mon peuple & ſur moi.
Je ne méritais pas le trône où l'on m'appelle;
Mais j'adore Aſtérie, & me crois digne d'elle.

FIN.

NOTES.

(1) *Ils n'ont choisi des Rois que pour les outrager.*

Il ne faut pas s'imaginer qu'il y eut en Grèce un seul roi despotique. La tirannie Asiatique était en horreur, ils étaient les premiers Magistrats comme encor aujourd'hui vers le septentrion nous voyons plusieurs Monarques assujettis aux loix de leur République. On trouve une grande preuve de cette vérité dans l'Œdipe de Sophocle ; quand Œdipe en colere contre Créon crie, *Thebes*, Créon dit, *Thebes, il m'est permis comme a vous de crier* Thèbes, Thebes. Et il ajoute, *qu'il serait bien fâché d'etre Roi, que sa condition est beaucoup meilleure que celle d'un Monarque, qu'il est plus libre & plus heureux.* Vous verrez les mèmes sentiments dans l'Electre d'Euripide, dans les Suppliantes, & dans presque toutes les Tragédies grecques. Leurs auteurs étaient les interpretes des opinions & des mœurs de toute la nation.

(2) *En pleurant sur un fils par lui-même immolé.*

Le parricide consacré d'Idoménée en Crète, n'est pas le premier exemple de ces sacrifices abominables qui ont souillé autrefois presque toute la terre. Voyez les notes suivantes.

Page 5 Lig. 18.

Ont vu d'un œil tranquile égorger Polixène.

Les poetes & les historiens disent qu'on immola Polixène aux mânes d'Achille ; & Homère décrit le divin Achille sacrifiant de sa main douze citoyens Troyens aux mânes de Patrocle. C'est à peu près l'histoire des premiers barbares que nous avons trouvés dans l'Amérique septentrionale. Il paraît par tout ce qu'on nous raconte des anciens tems de la Grèce, que ses habitans n'étaient que des sauvages superstitieux & sanguinaires, chez lesquels il y eut quelques *Bardes* qui chantèrent des dieux ridicules & des guerriers très grossiers vivants de rapine. Mais ces *Bardes* étalèrent des images frappantes & sublimes, qui subjuguent toujours l'imagination.

(NB. Le Lecteur s'appercevra aisément qu'on a oublié un numero à cette Note.)

(3) *Elle est encor barbare.*

Il faut bien que les peuples d'occident, à commencer par les Grecs, fussent des barbares du tems de la guerre de Troye. Euripide dans un fragment qui nous est resté de la tragédie des Crétois, dit que dans leur île les prêtres mangeaient de la chair crue aux fetes nocturnes de Bacchus. On sait d'ailleurs que dans plusieurs de ces antiques orgies Bacchus était surnommé mangeur de chair crue.

Mais ce n'était pas seulement dans l'usage de cette nourriture que consistait alors la barbarie grecque. Il ne faut qu'ouvrir les poemes d'Homère pour voir combien les mœurs étaient féroces.

C'est d'abord un grand Roi qui refuse avec outrage de rendre à un prêtre sa fille dont ce prêtre apportait la rançon; c'est Achille qui traite ce Roi de lâche & de chien. Diomède blesse Vénus & Mars qui revenaient d'Ethiopie où ils avaient soupé avec tous les Dieux. Jupiter qui a déja pendu sa femme une fois, la menace de la pendre encore. Agamemnon dit aux Grecs assemblés, que *Jupiter machine contre lui la plus noire des perfidies.* Si les Dieux sont perfides que doivent être les hommes!

Et que dirons-nous de la générosité d'Achille envers Hector? Achille invulnérable à qui les Dieux ont fait une armure défensive tres inutile, Achille secondé par Minerve, dont Platon fit depuis le *Logos* divin, le Verbe; Achille qui ne tue Hector que parce que la sageſſe fille de Jupiter, le *Logos*, a trompé ce héros par le plus infâme menſonge, & par le plus abominable preſtige. Achille enfin ayant tué ſi aiſément pour tout exploit le pieux Hector, ce Prince mourant prie ſon vainqueur de rendre ſon corps ſanglant à ſes parents, Achille lui répond, *je voudrais te hacher par morceaux & te manger tout cru.* Cela pourait juſtifier les prêtres Crétois, s'ils n'étaient pas faits pour ſervir d'exemple.

Achille ne s'en tient pas là; il perce les talons d'Hector, y paſſe une lâniere, & le traîne ainſi par les pieds dans la campagne. Homère ne dormait pas quand il chantait ces exploits de Cannibales; il avait la fievre chaude; & les Grecs étaient atteints de la rage.

Voilà pourtant ce qu'on eſt convenu d'admirer de l'Euphrate au mont Atlas, parce que ces horreurs abſurdes furent célébrées dans une langue harmonieuſe qui devint la langue univerſelle.

(4) *Ces durs Cydoniens.*

La petite province de Cydon eſt au nord de l'île de Crête. Elle défendit longtems ſa liberté, & fut enfin aſſujettie par les Crétois, qui le furent enſuite à leur tour par les Romains, par les Empereurs Grecs, par les Sarrazins, par les Croiſés, par les Vénitiens, par les Turcs. Mais par qui les Turcs le seront-ils ?

(5) *Le Temple de Gortine.*

La ville de Gortine était la capitale de la Crête, où l'on avait élevé le fameux Temple de Jupiter.

(6) *De ſept ans en ſept ans.*

Le but de cette tragédie eſt de prouver qu'il faut abolir une loi, quand elle eſt injuſte.

L'Hiſtoire ancienne, c'eſt-à-dire la Fable, a dit depuis longtems que ce grand légiſlateur Minos, propre fils de Jupiter, & tant loué par le divin Platon avait inſtitué des ſacrifices de ſang humain.

Ce bon & ſage légiſlateur immolait tous les ans ſept jeunes Athéniens : du moins Virgile le dit :

In foribus lethum Androgeo tùm pendere pœnas
Cecropidæ juſſi, miſerum ſeptena quot annis
Corpora natorum.

Ce qui eſt aujourd'hui moins rare qu'un tel ſacrifice, c'eſt qu'il y a vingt opinions différentes de nos profonds Scholiaſtes ſur le nombre des victimes & sur le temps où elles étaient sacrifiées au monstre prétendu, connu sous le nom de Minotaure, monstre qui était évidemment le petit-fils du sage Minos.

Quelqu'ait été le fondement de cette fable, il est très vraisemblable qu'on immolait des hommes en Crête, comme dans tant d'autres contrées. Sanchoniaton, cité par Eusebe, * prétend que cet acte de religion fut institué de temps immémorial. Ce Sanchoniaton vivait longtemps avant l'époque où l'on place Moyse, & huit cent ans après Thaut, l'un des législateurs de l'Egypte, dont les Grecs firent depuis le premier Mercure.

Voici les paroles de Sanchoniaton traduites par Philon de Biblos, rapportées par Eusebe.

„ Chez les anciens, dans les grandes calami-
„ tés, les chefs de l'état achetaient le salut du
„ peuple en immolant aux dieux vengeurs les
„ plus chers de leurs enfans. Ilous (ou Chro-
„ nos selon les Grecs, ou Saturne que les Phé-
„ niciens appellent Israel, & qui fut depuis
„ placé dans le ciel) sacrifia ainsi son propre
„ fils dans un grand danger ou se trouvait la Ré-

(*) Préparation Evangélique. Livre premier.

„ publique. Ce fils s'appellait Jeüd : il l'avait
„ eu d'une fille nommée Annobret ; & ce nom
„ de Jeud signifie en Phénicien *premier-né.* "

Telle est la première offrande à l'Etre éternel dont la mémoire soit restée parmi les hommes ; & cette première offrande est un parricide.

Il est difficile de savoir précisément si les Bracmanes avaient cette coutume avant les peuples de Phénicie & de Syrie ; mais il est malheureusement certain que dans l'Inde, ces sacrifices sont de la plus haute antiquité, & qu'ils n'y sont pas encor abolis de nos jours, malgré les efforts des Mahométans.

Les Anglais, les Hollandais, les Français, qui ont déserté leur pays pour aller commercer & s'égorger dans ces beaux Climats, ont vu très souvent de jeunes veuves riches & belles se précipiter par dévotion sur le bucher de leurs maris, en repoussant leurs enfans qui leur tendaient les bras, & qui les conjuraient de vivre pour eux. C'est ce que la femme de l'Amiral Roussel vit il n'y a pas longtems sur les bords du Gange. *Tantùm relligio potuit suadere malorum !*

Les Egyptiens ne manquaient pas de jetter en cérémonie une fille dans le Nil, quand ils craientgnaient que ce fleuve ne parvint pas à la hauteur néceſſaire.

Cette horrible coutume dura juſqu'au règne de Ptolomée Lagus; elle eſt probablement auſſi ancienne que leur religion & leurs temples. Nous ne citons pas ces coutumes de l'antiquité pour faire parade d'une ſcience vaine; mais c'eſt en gémiſſant de voir que les ſuperſtitions les plus barbares ſemblent un inſtinct de la nature humaine; & qu'il faut un effort de raiſon pour les abolir.

Lycaon & Tantale ſervant aux dieux leurs enfans en ragout, étaient deux pères ſuperſtitieux qui commirent un parricide par pieté. Il eſt beau aux mythologiſtes d'avoir imaginé que les dieux punirent ce crime, au lieu d'agréer cette offrande.

S'il y a quelque fait avéré dans l'hiſtoire ancienne, c'eſt la coutume de la petite nation connue depuis en Paleſtine ſous le nom de Juifs. Ce peuple, qui emprunta le langage, les rites & les uſages de ſes voiſins, non ſeulement immola ſes ennemis aux différentes divinités qu'il adora, juſqu'à la tranſmigration de Babilone; mais il immola ſes enfans mêmes. Quand une nation avoue qu'elle a été très longtemps coupable de ces abominations, il n'y a pas moyen de diſputer contre elle ; il faut la croire.

Outre le ſacrifice de Jephté qui eſt aſſez connu, les Juifs avouent qu'ils brulaient leurs fils & leurs filles en l'honneur de leur Dieu Moloc dans la vallée de Tophet. Moloc ſignifie à la lettre le Seigneur : *ædificaverunt excelſa in Tophet, quæ eſt in valle filiorum Hennon, ut incenderent filios ſuos & filias ſuas igne* (*) „ Ils ont bâti des „ hauts lieux en Tophet, qui eſt dans la vallée „ des enfans d'Hennon, pour y mettre en cen- „ dre leurs fils & leurs filles par le feu.

Si les Juifs jettaient ſouvent leurs enfans dans le feu pour plaire à la Divinité, ils nous apprennent auſſi qu'ils les faiſaient mourir quelquefois dans l'eau. Ils leur écraſaient la tête a coups de pierre au bord des ruiſſeaux : (*a*) „ Vous „ immolez aux Dieux vos enfans dans des tor- „ rens ſous des pierres.

Il s'eſt élevé une grande diſpute entre les ſavans ſur le premier ſacrifice de trente-deux filles offert au Dieu Adonai, après la bataille gagnée par la Horde juïve ſur la Horde madianite dans

---

(*) Jérémie Chap. VIII. ℣. 13.

(*a*) Iſaïe Chap. XLVII.

le petit désert de Madian Arabe sous le commandement d'Eléazar du temps de Moyse. On ne sait pas positivement en quelle année.

Le livre sacré, intitulé (*b*) *les Nombres*, nous dit que les Juifs, ayant tué dans le combat tous les mâles de la Horde madianite & cinq Rois de cette Horde, avec un Prophête; & Moyse leur ayant ordonné après la bataille de tuer toutes les femmes, toutes les veuves, & tous les enfans à la mammelle, on partagea ensuite le butin qui était de *quarante-mille, neuf-cent livres en or*, à compter le *sicle* à six francs de notre monnoie d'aujourd'hui: plus, six-cent soixante & quinze mille brebis, soixante & douze mille bœufs, soixante & un mille ânes, trente-deux mille filles vierges; le tout étant, le reste des dépouilles; & les vainqueurs étant au nombre de douze mille, dont il n'y en eut pas un de tué.

Or du butin partagé entre tous les Juifs, il y eut trente-deux filles pour la part du Seigneur.

Plusieurs commentateurs ont jugé que cette part du Seigneur fut un holocauste, un sacrifice de ces trente-deux filles; puisqu'on ne peut dire qu'on

(*b*) Nombres Chap. XXX.

qu'on les voua aux autêls, attendu qu'il n'y eut jamais de religieuſes chez les Juifs ; & que s'il y avait eu des vierges conſacrées en Iſrael, on n'aurait pas pris des Madianites pour le ſervice de l'autel : car il eſt clair que ces Madianites étaient impurs, puiſqu'ils n'étaient pas Juifs. On a donc conclu que ces trente-deux filles avaient été immolées. C'eſt un point d'hiſtoire que nous laiſſons aux doctes à diſcuter.

Ils ont prétendu auſſi que le maſſacre de tout ce qui était en vie dans Jérico fut un véritable ſacrifice. Car ce fut un anathême, un vœu, une offrande ; & tout ſe fit avec la plus grande ſolemnité. Après ſept proceſſions auguſtes autour de la ville pendant ſept jours, on fit ſept fois le tour de la ville, les Lévites portant l'arche d'alliance, & devant l'arche ſept autres prêtres ſonnant du cornet. A la ſeptième proceſſion de ce ſeptième jour, les murs de Jérico tombèrent d'eux-mêmes. Les Juifs immolèrent tout dans cette cité, vieillards, enfans, femmes ; filles, animaux de toute eſpèce, comme il eſt dit dans l'hiſtoire de Joſué.

Le maſſacre du roi Agag fut inconteſtablement un ſacrifice, puiſqu'il fut immolé par le prêtre Samuel qui le dépeça en morceaux avec un coupe et, malgré la promesse & la foi du roi Saul qui l'avait reçu à rançon comme son prisonnier de guerre.

Vous verrez dans l'essai sur l'histoire de l'esprit & des mœurs des nations, les preuves que les Gaulois & les Teutons, ces Teutons dont Tacite fait semblant d'aimer tant les mœurs honnêtes, fesaient de ces exécrables sacrifices aussi communément qu'ils couraient au pillage, & qu'ils s'enivraient de mauvaise bierre.

La détestable superstition de sacrifier des victimes humaines semble être si naturelle aux peuples sauvages, qu'au rapport de Procope un certain Théodebert, petit-fils de Clovis, & Roi du pays Messin, immola des hommes pour avoir un heureux succès dans une course qu'il fit en Lombardie pour la piller. Il ne manquait que des Bardes Tudesques pour chanter de tels exploits.

Ces sacrifices du Roi Messin étaient probablement un reste de l'ancienne superstition des Francs ses ancêtres. Nous ne savons que trop à quel point cette exécrable coutume avait prévalu chez les anciens *Welches* que nous appellons *Gaulois*; c'était-là cette simplicité, cette bonne foi, cette naiveté Gauloise que nous avons tant vantée. C'était le bon temps, quand des *Druïdes*, ayant pour Temples des forêts, brûlaient les enfans de leurs concitoyens dans des ſtatues d'oſier plus hideuſes que ces Druides mêmes.

Les Sauvages des bords du Rhin avaient auſſi des eſpèces de *Druideſſes*, des Sorcières ſacrées, dont la dévotion conſiſtait à égorger ſolemnellement des petits garçons & des petites filles dans de grands baſſins de pierre, dont quelques uns ſubſiſtent encore, & que le Profeſſeur Schœflin a deſſinés dans ſon *Alzatia illuſtrata.* Ce ſont là les monumens de cette partie du monde : ce ſont là nos antiquités. Les Phidias, les Praxiteles, les Scopas, les Mirons en ont laiſſé de différentes.

Jules Céſar ayant conquis tous ces pays ſauvages voulut les civiliſer. Il défendit aux Druides ces actes de dévotion ſous peine d'être brûlés eux-mêmes, & fit abattre les forêts où ces homicides religieux avaient été commis. Mais ces prêtres perſiſterent dans leurs rites. Ils immolèrent en ſecret des enfans, diſant qu'il vaut mieux obéir à Dieu, qu'aux hommes ; que Céſar n'était grand Pontife qu'à Rome ; que la religion Druïdique était la ſeule véritable, & qu'il n'y avait point de ſalut ſans brûler de petites filles dans de l'ozier, ou ſans les égorger dans des grandes cuves.

Nos ſauvages ancêtres, ayant laiſſé dans nos climats la mémoire de ces coutumes, l'inquiſition n'eut par de peine à les renouveller. Les buchers qu'elle alluma furent de véritables ſacrifices. Les cérémonies les plus auguſtes de la religion, proceſſions, autels, bénédictions, encens, prieres, hymnes chantées à grands chœurs, tout y fut employé, & ces hymnes étaient les propres cantiques de ces memes infortunés que nous appellons nos pères & nos maîtres.

Ce ſacrifice n'avait nul rapport à la juriſprudence humaine. Car aſſurément ce n'était pas un crime contre la ſocieté de manger, dans ſa maiſon, les portes bien fermées, d'un agneau cuit avec des laitues amères, le 14 de la lune de mars. Il eſt clair qu'en cela on ne fait de mal à perſonne. Mais on péchait contre Dieu, qui avait aboli cette ancienne cérémonie par l'organe de ſes nouveaux miniſtres.

On voulait donc venger Dieu, en brûlant ces Juifs entre un autel & une chaire de vérité dreſſés exprès dans la place publique. L'Eſpagne bénira dans les ſiecles à venir celui qui a émouſſé le couteau ſacré & ſacrilege de l'inquiſition. Un tems viendra enfin où l'Efpagne aura peine à croire que l'inquifition ait exifté.

Plufieurs moraliftes ont regardé la mort de Jean Hus & de Jérome de Prague comme le plus pompeux facrifice qu'on ait jamais fait fur la terre. Les deux victimes furent conduites au bucher folemnel par un Electeur Palatin, & par un Electeur de Brandebourg : quatre-vingt Princes ou Seigneurs de l'Empire y affiftèrent. L'Empereur Sigifmond brillait au milieu d'eux, *comme le Soleil ou milieu des aftres*, felon l'expreffion d'un favant Prélat Allemand. Des Cardinaux, vétus de longues robes traînantes ; teintes en pourpre, rebraffées d'hermine, couverts d'un immenfe chapeau auffi de pourpre auquel pendaient quinze houpes d'or, fiégeaient fur la même ligne que l'Empereur, au deffus de tous les Princes. Une foule d'Evêques & d'Abbés étaient au deffous, ayant fur leurs têtes de hautes mîtres étincelantes de pierres précieufes. Quatre-cent Docteurs fur un banc plus bas tenaient des livres à la main : vis-à-vis on voyait ving-fept Ambaffadeurs de toutes les Couronnes de l'Europe, avec tout leur cortège Seize mille Gentilshommes rempliffaient les gradins hors de rang, deftinés pour les curieux,

Dans

Dans l'arène de ce vaſte cirque étaient placés cinq-cent joueurs d'inſtrumens qui ſe faiſaient entendre alternativement avec la pſalmodie. Dix-huit mille prêtres de tous les pays de l'Europe écoutaient cette harmonie ; & ſept-cent dix-huit courtiſannes magnifiquement parées, entre-mêlées avec eux, (quelques auteurs diſent dix-huit cent,) compoſaient le plus beau ſpectacle que l'eſprit humain ait jamais imaginé.

Ce fut dans cette auguſte aſſemblée qu'on brûla *Jean* & *Jerome* en l'honneur du même Jéſus-Chriſt qui ramenait la brebis égarée ſur ſes épaules. Et les flammes en s'élevant, dit un auteur du temps, allèrent réjouir le ciel empirée.

Il faut avouer, apres un tel ſpectacle, que lorſque le Picard *Jean Chauvin* offrit le ſacrifice de l'Eſpagnol Michel Servet, dans une pile de fagots verds, c'était donner les marionettes après l'Opéra.

Tous ceux qui ont immolé ainſi d'autres hommes, pour avoir eu des opinions contraires aux leurs, n'ont pu certainement les ſacrifier qu'à Dieu. Que Polieucte & Néarque, animés d'un zele indiſcret, aillent troubler une fête qu'on celèbre pour la proſpérité de l'Empereur ; qu'ils briſent les autels, les ſtatues, dont les débris écraſent les femmes & les enfans ; ils ne font coupables qu'envers les hommes qu'ils ont pu tuer ; & quand on les condamne à mort, ce n'eſt qu'un acte de juſtice humaine. Mais quand il ne s'agit que de punir des dogmes erronés, des propoſitions mal ſonnantes, c'eſt un véritable ſacrifice à la Divinité.

On pourait encor regarder comme un ſacrifice notre St Barthelemi (dont nous célébrons l'anniverſaire dans cette année centenaire 1772), s'il y avait eu plus d'ordre & plus de dignité dans l'exécution.

Ne fut-ce pas un vrai ſacrifice que la mort d'Anne Dubourg Prêtre & Conſeiller au Parlement, également reſpecté dans ces deux miniſtères ? N'a-t-on pas vu d'autres barbaries plus atroces, qui ſouleveront longtems les eſprits attentifs & les cœurs ſenſibles dans l'Europe entière ? N'a-t on pas vu dévouer à une mort affreuſe & à la torture plus cruelle que la mort deux enfans qui ne méritaient qu'une correction paternelle ? Si ceux qui ont commis cette atrocité ont des enfans, s'ils ont eu le loiſir de réfléchir ſur cette horreur, ſi les reproches qui ont frappé leurs oreilles de toutes parts ont pu amolir leurs cœurs, peut-être verſeront-ils quelques larmes en liſant cet écrit ? Mais auſſi n'eſt-il pas juſte que les auteurs de cet horrible assassinat public soient à jamais en exécration au genre humain.

(7) ..... *n'accepta point le sang d'Iphigénie.*

Plusieurs anciens auteurs assurent qu'Iphigénie fut en effet sacrifiée : d'autres imaginèrent la fable de Diane & de la biche. Il est encor plus vraisemblable que dans ces temps barbares un père ait sacrifié sa fille, qu'il ne l'est qu'une Déesse, nommée Diane, ait enlevé cette victime, & mis une biche à sa place; mais cette fable prévalut : elle eut cours dans toute l'Asie comme dans la Grèce, & servit de modèle à d'autres fables.

(8) *S'il naquit parmi vous, s'il lance le tonnerre.*

Les Crétois disaient Minos fils de Dieu, comme les Thébains disaient Bacchus & Hercule fils de Dieu, comme les Argiens le disaient de Castor & de Pollux, les Romains de Romulus; comme enfin les Tartares l'ont dit de Gengiskan, comme toute la fable l'a chanté de tant de héros & de législateurs, ou de gens qui ont passé pour tels.

Les doctes ont examiné sérieusement si Jupiter le maître des Dieux & le père de Minos était né véritablement en Crête, & si ce Jupiter avait été enterré à Gortis, ou Gortine, ou Cortine.

C'est dommage que Jupiter soit un nom latin. Les doctes ont prétendu encor que ce nom latin venait de Jovis, dont on avait fait Jovis pater, Jov piter, Jupiter, & que ce Jov venait de Jeova, ou Hiao, ancien nom de Dieu en Syrie, en Egypte, en Phénicie.

Ceux qu'on appelle Théologiens, dit Ciceron, comptent trois Jupiter, deux d'Arcadie & un de Crète. (*) *Principio Joves tres numerant ii qui theologi appellantur.*

Il est à remarquer que tous les peuples qui ont admis ce Jupiter, ce *Jov*, l'ont tous armé du tonnerre. Ce fut l'attribut réservé au Souverain des Dieux en Asie, en Grèce, à Rome; non pas en Egypte, parce qu'il n'y tonne presque jamais. La théologie dont parle Ciceron ne fut pas établie par les philosophes. Celui qui a dit

Primus in orbe Deos fecit timor ardica cœlo
fulmina cum caderent.

n'a pas eu tort. Il y a bien plus de gens qui

(*) *De naturâ Deorum.* Liv. 3.

craignent qu'il n'y en a qui raiſonnent & qui aiment. S'ils avaient raiſonné, ils auraient conçu que Dieu l'auteur de la nature envoye la roſée comme le tonnerre & la grêle; qu'il a fait des loix ſuivant leſquelles le temps eſt ſerein dans un canton tandis qu'il eſt orageux dans un autre; & que ce n'eſt point du tout par mauvaiſe humeur qu'il fait tomber la foudre à Babilone tandis qu'il ne la lance jamais ſur Memphis. La réſignation aux ordres éternels & immuables de la Providence univerſelle eſt une vertu; mais l'idée qu'un homme frappé du tonnerre eſt puni par les Dieux, n'eſt qu'une puſillanimité ridicule.

(9) *Par des amours affreux etonna la nature.*

Non ſeulement Platon & Ariſtote atteſtent que Minos ce Lieutenant de police des enfers autoriſa l'amour des garçons; mais les avantures de ſes deux filles ne ſuppoſent pas qu'elles euſſent reçu une excellente éducation. N'admirez-vous pas les Scoliaſtes qui pour ſauver l'honneur de Paſiphaé, imaginèrent qu'elle avait été amoureuſe d'un gentilhomme Crétois nommé Tauros, que Minos fit mettre à la Baſtille de Crête ſous la garde de Dédale ?

Mais n'admirez-vous pas d'avantage les Grecs

qui imaginèrent la fable de la vache d'airain ou de bois, dans laquelle Pasiphaé s'ajusta si bien que le vrai taureau dont elle était folle y fut trompé ?

Ce n'était pas assez de mouler cette vache, il fallait qu'elle fut en chaleur, ce qui était difficile. Quelques commentateurs de cette fable abominable, ont osé dire que la Reine fit entrer d'abord une genisse amoureuse dans le creux de cette statue, & se mit ensuite à sa place. L'amour est ingénieux, mais voilà un bien exécrable emploi du génie. Il est vrai qu'à la honte, non pas de l'humanité, mais d'une vile espèce d'hommes brute & dépravée, ces horreurs ont été trop communes, témoin le fameux *novimus & qui te*, de Virgile, témoin le bouc qui eut les faveurs d'une belle Egyptienne de Mendès, lorsqu'Hérodote était en Egypte, témoin les loix juives portées contre les hommes & les femmes qui s'accouplent avec les animaux, & qui ordonnent qu'on brûle l'homme & la bête : témoin la notoriété publique de ce qui se passe encor en Calabre. Témoin l'avis nouvellement imprimé d'un bon Prêtre Luthérien de Livonie, qui exhorte les jeunes garçons de Livonie & d'Estonie à ne plus tant fréquenter les génisses, les ânesses, les brebis & les chevres.

La grande difficulté eſt de ſavoir au juſte ſi ces conjonctions affreuſes ont jamais pu produire quelques monſtres. Le grand nombre des amateurs du merveilleux, qui prétendent avoir vu des fruits de ces accouplements, & ſurtout des ſinges avec les filles, n'eſt pas une raiſon invincible pour qu'on les admette ; ce n'eſt pas non plus une raiſon abſolue de les rejetter. Nous ne connaiſſons pas aſſez tout ce que peut la nature. Saint Jérôme rapporte des hiſtoires de Centaures & de Satyres dans ſon livre des Pères du deſert. Saint Auguſtin dans ſon trente-troiſième ſermon à ſes frères du deſert, a vu des hommes ſans tête qui avaient deux gros yeux ſur leur poitrine, & d'autres qui n'avaient qu'un œil au milieu du front ; mais il faudrait avoir une bonne atteſtation pour toute l'hiſtoire de Minos, de Paſiphaé, de Théſée, d'Ariane, de Dédale & d'Icare. On appellait autrefois eſprits forts, ceux qui avaient quelques doutes ſur cette tradition.

On prétend qu'Euripide compoſa une Tragédie de Paſiphaé. Elle eſt du moins comptée parmi celles qui lui ſont attribuées, & qui ſont perdues. Le ſujet était un peu ſcabreux ; mais quand on a lu Poliphème on peut croire que Paſiphaé fut miſe ſur le théâtre.

(10) *Tout noble dans notre île a le droit respecté, &c.*

C'est le *liberum veto* des Polonais ; droit cher & fatal, qui a causé beaucoup plus de malheurs qu'il n'en a prévenu. C'était le droit des tribuns de Rome ; c'était le bouclier du peuple entre les mains de ses Magistrats. Mais quand cette arme est entre les mains de quiconque entre dans une assemblée, elle peut devenir une arme offensive trop dangereuse, & faire périr toute une République. Comment a-t-on pu convenir qu'il suffirait d'un yvrogne pour arrêter les délibérations de cinq ou six mille sages ? Supposé qu'un pareil nombre de sages puisse exister. Le feu Roi de Pologne Stanislas Leskfinky dans son loisir en Lorraine écrivit souvent contre ce *liberum veto* & contre cette anarchie dont il prévit les suites. Voici les paroles memorables qu'on trouve dans son livre intitulé *la voix du Citoyen* imprimé en 1749. „ Notre tour viendra sans doute, où nous serons „ la proye de quelque fameux conquérant. Peut-„ être même les Puissances voisines s'accorderont-„ elles à partager nos Etats : " (page 19.) la prédiction vient de s'accomplir. Le démembrement de la Pologne est le châtiment de l'anarchie affreuse dans laquelle un Roi sage, humain, éclairé, pacifique, a été assassiné dans sa Capitale, & n'a échappé à la mort que par un prodige. Il lui reste un Royaume plus grand que la France, & qui poura devenir un jour florissant si on peut y détruire l'anarchie, comme elle vient d'être détruite dans la Suède, & si la liberté peut y subsister avec la Royauté.

(11) *N'est qu'un lieu de carnage.*

C'était à l'entrée du Temple qu'on tuait les victimes. Le sanctuaire était réservé pour les oracles, les consultations & les autres simagrées. Les bœufs, les moutons, les chêvres étaient immolés dans le *Periptère.*

Ces Temples des anciens, excepté ceux de Venus & de Flore, n'étaient au fond que des boucheries en colonnades. Les aromates qu'on y brûlait étaient absolument nécessaires pour dissiper un peu la puanteur de ce carnage continuel. Mais quelque peine qu'on prît pour jetter au loin les restes des cadavres, les boyaux, la fiente de tant d'animaux, pour laver le pavé couvert de sang, de fiel, d'urine & de fange; il était bien difficile d'y parvenir.

L'historien Flavian Joseph dit qu'on immola deux cent cinquante mille victimes en deux heures de tems à la Pâque qui précéda la prise de Jérusalem. On sait combien ce Joseph était exagérateur ; quelles ridicules hiperboles il employa pour faire valoir sa misérable nation ; quelle profusion de prodiges impertinents il étala ; avec quel mépris ces mensonges furent reçus par les Romains ; comme il fut relancé par Appion, & comme il répondit par de nouvelles hiperboles à celles qu'on lui reprochait. On a remarqué qu'il aurait fallu plus de cinquante mille Prêtres bouchers pour examiner, pour tuer en cérémonie, pour dépecer, pour partager tant d'animaux. Cette exagération est inconcevable ; mais enfin il est certain que les victimes étaient nombreuses dans cette boucherie comme dans toutes les autres. L'usage de reserver les meilleurs morceaux pour les Prêtres était établi par toute la terre connue, excepté dans les Indes & dans les pays au de-là du Gange. C'est ce qui a fait dire à un célebre poete Anglais.

The priests eat rost-beef, and the people stare.

Les prêtres sont à table, & le sot peuple admire.

On ne voyait dans les temples que des étaux, des broches, des grils, des couteaux de cuisine, des écumoires, de longues fourchettes de fer, des cueillers ou des cueillieres à pot, de grandes jarres pour mettre la graisse, & tout ce qui peut inspirer le dégout & l'horreur.

Rien ne contribuait plus à perpétuer cette dureté & cette attrocité de mœurs, qui porta enfin les hommes à ſacrifier d'autres hommes & juſqu'à leurs propres enfans. Mais les ſacrifices de l'inquiſition dont nous avons tant parlé, ont été cent fois plus abominables. Nous avons ſubſtitué les bourreaux aux bouchers.

Au reſte, de toutes les groſſes maſſes appellées *Temples* en Egypte & à Babilone, & du fameux temple d'Ephèſe regardé comme la merveille des temples, aucun ne peut être comparé en rien à St. Pierre de Rome, pas même à St. Paul de Londres, pas même à Ste. Genevieve de Paris que bâtit aujourd'hui Mr. Souflot, & auquel il deſtine un dôme plus ſvelte que celui de St. Pierre, & d'un artifice admirable. Si les anciennes nations revenaient au monde, elles préféreraient ſans doute les belles muſiques de nos Egliſes à des boucheries, & les Sermons de Tillotſon & de Maſſillon a des augures.

(12) *Le monde avec lenteur marche vers la ſageſſe.*

A ne juger que par les apparences, & ſuivant les faibles conjectures humaines, par quelle multitude épouvantable de ſiècles & de révolutions n'a-t-il pas fallu paſſer avant que nous euffions un langage tolérable, une nourriture facile, des vêtements & des logements commodes! nous fommes d'hier & l'Amérique eft de ce matin.

Nôtre Occident n'a aucun monument antique. Et que font ceux de la Syrie, de l'Egypte, des Indes, de la Chine. Toutes ces ruines fe font élevées fur d'autres ruines. Il eft tres vraifemblable que l'île Atlantide (dont les îles Canaries font des reftes), étant engloutie dans l'Océan, fit refluer les eaux vers la Grèce, & que vingt déluges locaux détruifirent tout vingt fois avant que nous exiftaffions. Nous fommes des fourmis qu'on écrafe fans ceffe & qui fe renouvellent. Et pour que ces fourmis rebâtiffent leur habitation, & pour qu'elles inventent quelque chofe qui reffemble à une police & à une morale, que de fiècles de barbarie! quelle province n'a pas fes fauvages!

Tout philofophe peut dire

In qua fcribebat barbara terra fuit.

(13) *Nous n'avons point d'autels où le faible t'implore.*

Plufieurs peuples furent longtemps fans Temples & fans autels, & furtout les peuples *No-*

mades. Les petites Hordes errantes qui n'avaient point encor de ville forte, portaient de village en village leurs Dieux dans des coffres sur des charettes trainées par des bœufs, ou par des ânes, ou sur le dos des chameaux, ou sur les épaules des hommes. Quelquefois leur autel était une pierre, un arbre, une pique.

Les Iduméens, les peuples de l'Arabie-Pétrée, les Arabes du desert de Syrie, quelques Sabéens portaient dans des cassettes les représentations grossières d'une étoile.

Les Juifs, très longtemps avant de s'emparer de Jérusalem, eurent le malheur de porter sur une charette l'idole du Dieu *Moloc*, & d'autres idoles dans le desert: *portatis tabernaculum Moloc vestri*, (*a*) *& imaginem Idolorum vestrorum sidus Dei vestri, quæ fecistis vobis.*

Il est dit dans l'histoire des *Juges* qu'un Jonatham, fils de Gersom fils aîné de Moyse, fut le Prêtre d'une idole portative, que la Tribu de Dan (*b*) avait dérobée à la Tribu d'Ephraïm.

Les petits peuples n'avaient donc que des Dieux de campagne; (s'il est permis de se ser-

(*a*) Amos ℣. 26.

(*b*) Juges Ch. XVIII.

vir de ce mot), tandis que les grandes nations s'étaient ſignalées, depuis pluſieurs ſiècles, par des temples magnifiques. Hérodote vit l'ancien temple de Tyr, qui était bâti douze cent ans avant celui de Salomon. Les temples d'Egypte étaient beaucoup plus anciens. Platon, qui voyagea longtems dans ce pays, parle de leurs ſtatues qui avaient dix mille ans d'antiquité. Ainſi que nous l'avons déja remarqué ailleurs, ſans pouvoir trouver de raiſons dans les livres profanes, ni pour le nier, ni pour le croire.

Voici les propres paroles de Platon au ſecond livre des loix. „ Si on veut y faire attention on „ trouvera en Egypte des ouvrages de peinture „ & de ſculpture, faits depuis dix mille ans qui „ ne ſont pas moins beaux que ceux d'aujourd'hui, & qui furent exécutés préciſément ſuivant les mêmes règles, quand je dis dix mille „ ans, ce n'eſt pas une façon de parler ; c'eſt „ dans la vérité la plus exacte.

Ce paſſage de Platon qui ne ſurprit perſonne en Grèce, ne doit point nous étonner aujourd'hui. On ſait que l'Egypte a des monuments de ſculpture & de peinture qui durent depuis plus de quatre mille ans au moins. Et dans un climat ſi ſec & ſi égal ce qui a ſubſiſté quarante ſiècles en peut ſubſiſter cent humainement parlant.

Les chrétiens qui dans les premiers temps étaient des hommes simples retirés de la foule, ennemis des richesses & du tumulte ; des espece de Thérapeutes, d'Essemens, de Caraites, de Bracmanes, (si on peut comparer le saint au profane) les chrétiens, dis-je, n'eurent ni Temples, ni autels pendant plus de cent quatre-vingt ans. Ils avaient en horreur l'eau lustrale, l'encens, les cierges, les processions, les habits pontificaux. Ils n'adoptèrent ces rîtes des nations ne les épurèrent & ne les sanctifierent qu'avec le temps. *Nous sommes partout, excepte dans les Temples*, dit Tertulien. Athénagore, Origene, Tatien, Théophile, déclarent qu'il ne faut point de Temples aux chrétiens. Mais celui de tous qui en rend raison avec le plus d'énergie est *Minutius Felix*, écrivain du troisieme siecle de notre ère vulgaire.

„ *Putatis autem nos occultare quod colimus, si* „ *delubra & aras non habemus? Quod enim si-* „ *mulacrum Deo fingam, cum si rectè existimes sit* „ *Dei homo ipse simulacrum? Templum quod* „ *extruam, cùm totus hic mundus ejus opere fa-* „ *bricatus eum capere non possit, & cùm homo* „ *latius maneam, intra unam ædiculam vim tan-* „ *ta majestatis includam? Nonne meliùs in nostra*

„ *dedicandus est mente, in nostro imo consecrandus* „ *est pectore?*

„ Pensez-vous que nous cachions l'objet de „ notre culte pour n'avoir ni Autel ni Temple? „ Quelle image pourions-nous faire de Dieu, „ puisqu'aux yeux de la raison l'homme est l'i- „ mage de Dieu même! Quel Temple lui élève- „ rai-je lorsque le monde qu'il a construit ne „ peut le contenir? Comment enfermerai-je la „ majesté de Dieu dans une maison quand j'y „ suis trop au large, moi qui ne suis qu'un „ homme! Ne vaut-il pas mieux lui dédier un „ Temple dans notre esprit, & le consacrer „ dans le fond de notre cœur? "

Cela prouve que nonseulement nous n'avions alors aucun Temple, mais que nous n'en voulions point; & qu'en cachant aux Gentils nos cérémonies & nos prieres, nous n'avions aucun objet de nos adorations a dérober à leurs yeux.

Les chrétiens n'eurent donc des Temples que vers le commencement du régne de Dioclétien, ce héros guerrier & philosophe qui les protégea dix-huit années entieres; mais séduit enfin & devenu persécuteur Il est probable qu'ils auraient pu obtenir longtems auparavant du Sénat & des Empereurs, la permission d'ériger des Temples, comme les Juifs avaient celle de batir des Synagogues

gogues à Rome. Mais il eſt encor plus probable que les Juifs qui payaient très chérement ce droit, empêchèrent les chrétiens d'en jouir. Ils les regardaient comme des Diſſidents, comme des freres dénaturés, comme des branches pourries de l'ancien tronc. Ils les perſécutaient, les calomniaient avec une fureur implacable.

Aujourd'hui pluſieurs ſocietés chrétiennes n'ont point de temples, tels ſont les primitifs nommés Quakres, les Anabatiſtes, les Dunkards, les Pietiſtes, les Moraves & d'autres. Les primitifs même de Penſilvanie n'y ont point érigé de ces temples ſuperbes qui ont fait dire à Juvenal

Dicite pontifices in ſancto quid facit aurum?

& qui ont fait dire à Boileau avec plus de hardieſſe & de ſévérité.

Le Prélat par la brigue aux honneurs parvenu
Ne ſçut plus qu'abuſer d'un ample revenu;
Et pour toute vertu fit au dos d'un caroſſe
A côté d'une mître armorier ſa croſſe.

Mais Boileau en parlant ainſi ne penſait qu'à quelques prélats de ſon tems, ambitieux ou avares, où perſécuteurs. Il oubliait tant d'Evêques généreux, doux, modeftes, indulgents, qui ont été les exemples de la terre.

Nous ne prétendons pas inférer delà que l'Egypte, la Caldée, la Perfe, les Indes ayent cultivé les arts depuis les milliers de fiecles que tous ces peuples s'attribuent. Nous nous en rapportons à nos Livres facrés, fur lefquels il ne nous eft pas permis de former le moindre doute.

(14) *Un fuprême pouvoir.*

On n'entend pas ici par fuprême pouvoir cette autorité arbitraire, cette tirannie que le jeune Guftave troifieme, fi digne de ce grand nom de Guftave, vient d'abjurer & de profcrire folemnellement en rétabliffant la concorde, & en fefant régner les loix avec lui. On entend par fuprême pouvoir, cette autorité raifonnable fondée fur les loix mêmes & tempérée par elles, cette autorité jufte & modérée qui ne peut facrifier la liberté & la vie d'un citoyen à la méchanceté d'un flatteur, qui fe foumet elle-même à la juftice, qui lie inféparablement l'intérêt de l'état à celui du trône; qui fait d'une royaume une grande famille gouvernée par un pere. Celui qui donnerait une autre idée de la monarchie ferait coupable envers le genre-humain.

FIN DES NOTES.

NOUVELLES PIECES DÉTACHÉES,

Corrigées & augmentées.

AVIS DE L'EDITEUR.

*Nous avons crû pour faire un petit Volume devoir donner l'*Epitre à Boileau, *l'*Epitre à Horace *& quelques autres Pièces utiles, corrigées & augmentées.*

ÉPITRE A BOILEAU, OU MON TESTAMENT.

BOILEAU, correct auteur de quelques bons
écrits,
Zoïle de Quinault, & flateur de Louis;
Mais oracle du goût dans cet art difficile,
Ou s'égayait Horace, où travaillait Virgile;
Dans la cour du Palais je naquis ton voisin,
De ton siecle brillant mes yeux virent la fin;
Siècle de grands talents, bien plus que de lumière,
Dont Corneille, en bronchant, sçut ouvrir la
carrière
Je vis le jardinier de ta maison d'Auteuil,
Qui chez toi, pour rimer, planta le chévrefeuil: (1)
Chez ton neveu Dongois (2) je passai mon enfance,

Bon bourgeois, qui se crut un homme d'impor-
tance.
Je veux t'écrire un mot sur tes sots ennemis,
A l'hôtel Rambouillet contre toi réunis (3);
Qui voulaient pour loyer de tes rimes sincères,
Couronné de lauriers t'envoyer aux galeres.
Ces petits beaux esprits craignaient la vérité,
Et du sel de tes vers la piquante acreté.
Louis avait du goût, Louis aimait la gloire,
Il voulut que ta Muse assurât sa mémoire:
Et satirique heureux par ton Prince avoué,
Tu pus censurer tout, pourvu qu'il fût loué.

Bientôt les courtisans, ces *singes de leur maître*,
Sçurent tes vers par cœur, & crurent s'y connaître:
On admira dans toi jusqu'au style un peu dur
Dont tu défiguras le vainqueur de Namur;
Et sur l'amour de Dieu ta triste psalmodie,
Du haineux Janséniste en son temps applaudie;
Et l'équivoque même enfant plus ténébreux,
D'un père sans vigueur avorton malheureux.
Des Muses dans ce tems au pied du trône assises
On aimait les talents, on passait les sottises.
Un maudit Ecossais, chassé de son pays,
Vint changer tout en France & gâta nos esprits.
L'espoir trompeur & vain, l'avarice au teint blême,
Sous l'Abbé Terrasson (4) calculant son sistême,

Répandaient à grands flots leurs papiers imposteurs,
Vuidaient nos coffres forts & corrompaient nos mœurs.
Plus de goût, plus d'esprit : la sombre Arithmétique
Succéda dans Paris à ton art poetique.
Le Duc & le Prélat, le Guerrier, le Docteur,
Lisaient pour tous écrits des billets au porteur.
On passa du Permesse au rivage du Gange.
Et le sacré vallon fut la place du change.

Le Ciel nous envoya dans ces tems corrompus
Le sage & doux pasteur des brebis de Fréjus,
Économe sensé, renfermé dans lui-même,
Et qui n'affecta rien que le pouvoir suprême.
La France était blessée : il laissa ce grand corps,
Reprendre un nouveau sang, raffermir ses ressorts,
Se rétablir lui-même en vivant de régime.
Mais si Fleury fut sage, il n'eut rien de sublime.
Il fut loin d'imiter la grandeur des Colberts,
Il négligeait les arts, il aimait peu les vers.
(Pardon, si contre moi son ombre s'en irrite)
Mais il fut en secret jaloux de tout mérite.
Je l'ai vu refuser, poliment inhumain,
Une place à Racine (5) à Crébillon du pain.
Tout empira depuis. Deux partis fanatiques,
De la droite raison rivaux évangeliques,

Et des dons de l'esprit dévots persécuteurs,
S'acharnaient à l'envi sur les pauvres Auteurs.
Du fauxbourg Saint Médard les dogues aboyèrent,
Et les renards d'Ignace avec eux se glisserent.
J'ai vu ces factions semblables aux brigands
Rassemblés dans un bois pour voler les passants,
Et combattant entr'eux pour diviser leur proye;
De leur guerre intestine ils m'ont donné la joye.
J'ai vu l'un des partis de mon pays chassé,
Maudit comme les Juifs & comme eux dispersé,
L'autre plus méprisé tombant dans la poussière
Avec Guyon, (6) Fréron, Nonnote & Sorinière,
Mais parmi ces faquins l'un sur l'autre expirants,
Au milieu des billets exigés des mourants,
Dans cet amas confus d'opprobre & de misère,
Qui distingue mon siècle & fait son caractère,
Quels chants pouvaient former les enfans des neuf sœurs?
Sous un Ciel orageux, dans ces tems destructeurs,
Des chantres de nos bois les voix sont étouffées.
Aux siècles des Midas, on ne voit point d'Orphées,
Tel qui dans l'art d'écrire eût pu te défier,
Va compter dix pour cent chez Rabot le banquier:
De dépit & de honte il a brisé sa lyre.
Ce tems est, réponds-tu, très bon pour la satyre.
Mais quoi, puis-je en mes vers aiguisant un bon mot,

Affliger ſans raiſon l'amour propre d'un ſot?
Des Cotins de mon tems pourſuivre la racaille,
Et railler un pédant dont tout Paris ſe raille?
Non, ma muſe m'appelle à de plus hauts emplois,
A chanter la vertu j'ai conſacré ma voix.
Vainqueur des préjugés que l'imbécille encenſe,
J'oſe aux perſécuteurs prêcher la tolérance;
Je dis au riche avare, aſſiſte l'indigent;
Au miniſtre des loix, protège l'innocent;
Au docteur tonſuré, ſois humble & charitable,
Et garde-toi ſurtout de damner ton ſemblable.
Malgré ſoixante hivers eſcortés de ſeize ans, (7)
Je fais au monde encore entendre mes accens.
Du fond de mes déſerts, aux malheureux propice,
Pour Sirven opprimé je demande juſtice, (8)
Je l'obtiendrai ſans doute, & cette même main
Qui ranima la veuve & vengea l'orphelin,
Soutiendra juſqu'au bout la famille éplorée
Qu'un vil juge a proſcrite & non deshonorée.
Ainſi je fais trembler dans mes derniers momens,
Et les pédants jaloux, & les petits tirans.
J'oſe agir ſans rien craindre ainſi que j'oſe écrire.
Je fais le bien que j'aime, & voilà ma ſatyre.
Je vous ai confondus, vils calomniateurs,
Déteſtables cagots, infames délateurs,
Je vais mourir content. Le ſiecle qui doit naître
De vos traits empeſtés me vengera peut-être.

Oui, déja St. Lambert en bravant vos clameurs,
Sur ma tombe qui s'ouvre a répandu des fleurs;
Aux ſons harmonieux de ſon luth noble & tendre,
Mes manes conſolés chez les morts vont deſcendre.
Nous nous verrons, Boileau, tu me préſenteras
Chapelain, Scudéry, Perrin, Pradon, Coras;
Je pourais t'amener enchaînez ſur mes traces
Nos Zoiles honteux, ſucceſſeurs des Garaſſes (9)
Minos entr'eux & moi va bientôt prononcer:
Des ſerpens d'Alecton nous les verrons feſſer;
Mais je veux avec toi baiſer dans l'Eliſée
La main qui nous peignit l'épouſe de Théſée.
J'embraſſerai Quinault, en duſſes-tu crever.
Et ſi ton goût ſévère a pu déſaprouver
Du brillant Torquato le ſéduiſant ouvrage
Entre Homere & Virgile il aura mon hommage.
Tandis que j'ai vécu, l'on m'a vu hautement
Aux badauts effarés dire mon ſentiment;
Je veux le dire encor dans ces royaumes ſombres:
S'ils ont des préjugés, j'en guérirai les ombres.
A table avec Vendôme & Chapelle & Chaulieu
M'enivrant du nectar qu'on boit en ce beau lieu,
Secondé de Ninon dont je fus légataire,
J'adoucirai les traits de ton humeur auſtère.
Partons. Depêche-toi, curé, de mon hameau,
Viens de ton eau bénite aſperger mon caveau.

NOTES
SUR L'EPITRE
A BOILEAU.

(1) *Antoine gouverneur de mon jardin d'Auteuil*
Qui dirige chez moi l'if & le chèvrefeuil.

La maison était fort vilaine & le jardin aussi.

(2) Boileau a dit quelque part. *Monsieur Dongois mon illustre neveu.* C'était un greffier du parlement qui demeurait dans la cour du palais avec toute la famille de Boileau.

(3) *A l'hôtel Rambouillet.* L'hôtel Rambouillet se déchaîna longtems contre Boileau qui avait accablé dans ses satyres Chapelain très estimé & recherché dans cette maison, mauvais poete à la vérité, mais homme fort savant, & ce qui est étonnant, bon critique. Cotin non moins plat poete, & de plus plat prédicateur, mais homme de lettres, & aimable dans la societé: d'autres encor, dont aucun ne lui avait donné le moindre sujet de plainte. Il n'en est pas de même de

notre auteur. Il n'a jamais rendu ridicules que ceux qui l'ont attaqué : & en cela il a très bien fait, & nous l'exhortons à continuer.

(4) *Sous l'Abbe Terraſſon.* L'Abbé Terraſſon, traducteur de Diodore de Sicile, philoſophe & ſavant, mais entèté du ſiſtême de Laſs, il fit imprimer le 21 Juin 1720 une brochure dans laquelle il démontrait que les billets de banque étaient fort préférables à l'argent, parce que le billet avait un prix invariable. Les colporteurs qui débitaient ſa brochure, criaient en même tems un arrêt qui réduiſait les billets à moitié. Il fut ruiné par ce ſiſtême même qu'il avait tant prêché. Ce fut lui, qui dans le tems où l'on rembourſait en papier toutes les rentes, propoſa à Laſs de rembourſer la religion catholique. Laſs lui répondit que l'égliſe n'était pas ſi ſotte, & qu'il lui fallait de l'argent comptant.

(5) Louis Racine fils du grand Racine.

(6) *Avec Guion, &c.* Guion auteur de pluſieurs libelles comme de l'oracle des philoſophes Fréron eſt connu. Nonnote eſt ainſi que Fréron, un ex-jéſuite, & un folliculaire. Soinmere, nous ne ſavons quel eſt cet auteur.

(7) *Eſcortez de 16 ans.* L'Auteur aurait dû

dire 17, mais apparemment dix-ſept aurait gâté le vers.

(8) *Pour Sirven*, *&c.* Sirven eſt cet homme ſi innocent & ſi connu dont Mr. de VOLTAIRE prit la défenſe. Les juges l'avaient condamné lui & ſa femme au dernier ſupplice. Le procureur fiſcal de cette juriſdiction, nommé *Trinquet* donna les concluſions ſuivantes : *Je requiers que l'accuſé duement atteint & convaincu de parricide ſoit banni pour dix ans.* Ce Trinquet était ivre ſans doute quand il conclut ainſi : mais les juges ! & c'eſt de pareils imbéciles barbares que dépend la vie des hommes ! A la fin Mr. de Voltaire eſt venu à bout de faire rendre juſtice à toute cette famille.

(9) *Nos Zoïles honteux, ſucceſſeurs des Garaſſes.* Garaſſe jéſuite fameux par l'excès de ſes bétiſes & de ſes fureurs. Il fut le délateur & le calomniateur de Théophile auquel il penſa en couter la vie ; dans un tems où il y avait beaucoup de juges auſſi abſurdes que Garaſſe.

EPITRE

ÉPITRE

A HORACE.

TOujours ami des vers & du diable poussé,
Au rigoureux Boileau j'écrivis l'an passé.
Je ne sais si ma Lettre aurait pu lui déplaire
Mais il me répondit par un plat secretaire,
Dont l'écrit froid & long déja mis en oubli
Ne fut jamais connu que de l'abbé Mabli.

Je t'écris aujourd'hui voluptueux Horace,
A toi qui respiras la molesse & la grace,
Qui facile en tes vers, & gai dans tes discours
Chantas les doux loisirs, les vins & les amours;
Et qui connus si bien cette sagesse aimable
Que n'eut point de Quinaut le rival intraitable.

Je suis un peu faché pour Virgile & pour toi,
Que tout deux nés romains vous flattiez tant un Roi.
Mon Féderic du moins, né Roi très légitime,
Ne doit point ses grandeurs aux bassesses du crime.
Ton maître était un fourbe, un tranquile assassin,
Pour voler son tuteur il lui perça le sein;

Il trahit Cicéron père de la patrie;
Amant incestueux de sa fille Julie
De son rival Ovide il proscrivit les vers,
Et fit transir sa muse aux milieu des deserts.
Je sais que prudemment ce politique octave
Payait l'heureux encens d'un plus adroit esclave.
Féderic exigeait des soins moins complaisants.
Nous soupions avec lui sans lui donner d'encens;
De son goût délicat la finesse agréable
Fesait sans nous gêner les honneurs de sa table;
Nul Roi ne fut jamais plus fertile en bons mots
Contre les préjugés, les fripons & les sots.
Maupertuis gâta tout. L'orgueil philosophique
Aigrit de nos beaux jours la douceur pacifique.
Le plaisir s'envola, je partis avec lui.

Je cherchai la retraite. On disait que l'ennui
De ce repos trompeur est l'insipide fière.
Oui, la retraite pese à qui ne sait rien faire;
Mais l'esprit qui s'occupe y goûte un vrai bonheur.
Tibur était pour toi la cour de l'Empereur;
Tibur dont tu nous fais l'agréable peinture,
Surpassa les jardins vantés par Epicure.
Je crois Ferney plus beau. Les regards étonnés
Sur cent vallons fleuris doucement promenés
De la mer de Geneve admirent l'étendue,
Et les Alpes de loin s'élevant dans la nue
D'un long amphithéatre enferment ces coteaux,

Où le pampre en feſtons rît parmi les ormeaux.
Là, quatre Etats divers arrêtent ma penſée.
Je vois de ma terraſſe à l'équerre tracée
L'indigent ſavoyard utile en ſes travaux
Qui vient couper mes bleds pour payer ſes
impots.
Des riches Genevois les campagnes brillantes,
Des Bernois valeureux les cités floriſſantes,
Enfin cette Comté, franche aujourd'hui de nom,
Qu'avec l'or de Louis conquit le grand Bourbon:
Et du bord de mon lac à tes rives du Tibre,
Je te dis, mais tout bas, heureux un peuple libre!

Je le ſuis en ſecret dans mon obſcurité.
Ma retraite & mon âge ont fait ma ſureté.
D'un pédant d'Anniki j'ai confondu la rage,
J'ai ri de ſa ſottiſe: & quand mon hermitage
Voyait dans ſon enceinte arriver à grands flots
De cent divers pais les belles, les héros,
Des rimeurs, des ſavants, des têtes couronnées,
Je laiſſais du vilain les fureurs acharnées
Heurler d'une voix rauque au bruit de mes plai-
ſirs.
Mes ſages voluptés n'ont point de repentirs.
J'ai fait un peu de bien; c'eſt mon meilleur
ouvrage.
Mon ſéjour eſt charmant, mais il était ſauvage.

Depuis

Depuis le grand Edit (1) inculte, inhabité
Ignoré des humains dans sa triste beauté;
La nature y mourait, je lui portai la vie;
J'osai ranimer tout. Ma pénible industrie
Rassembla des colons par la misere épars.
J'appellai les métiers qui précedent les arts,
Et pour mieux cimenter mon utile entreprise.
J'unis le protestant avec ma sainte Eglise.

Toi qui vois d'un même œil frère Ignace & Calvin,
Dieu tolérant, Dieu bon, tu bénis mon dessein!
André Ganganelli ton sage & doux vicaire,
Sait m'approuver en roi s'il me blâme en saint père.
L'ignorance en fremit: & Nonotte hébèté

I

(1) A la revocation de l'Edit de Nantes, tous les principaux habitans du petit pays de Gex passerent à Genève & dans les terres helvétiques. Cette langue de terre qui est dans la plus belle situation de l'Europe fut deserte, elle se couvrit de marais, il y eut quatre-vingt charues de moins, plus d'un village fut reduit à une ou deux maisons, tandis que Geneve par sa seule industrie, & presque sans territoire a sçu acquérir plus de quatre millions de rentes en contracts sur la France, sans compter ses manufactures & son commerce.

S'indigne en ſon taudis de ma félicité.

Ne me demande pas ce que c'eſt qu'un Nonotte,
Un Ignace, un Calvin, leur cabale bigotte,
Un prêtre roi de Rome, un Pape, un vice-Dieu,
Qui deux clefs à la main commande au même lieu
Où tu vis le Sénat aux genoux de Pompée,
Et la terre en tremblant par Céſar uſurpée.
Aux champs Eliſiens tu dois en être inſtruit.
Vingt ſiecles deſcendus dans l'éternelle nuit
T'ont dit comme tout change, & par quel ſort bizarre
Le laurier des Trajans fit place à la Thiare;
Comment ce fou d'Ignace étrillé dans Paris,
Fut mis au rang des ſaints, même des beaux
eſprits,
Comment il en déchut; & par quel avanture
Nous vint l'Abbé Nonotte après l'Abbé Depure.

Ce monde, tu le ſais, eſt un mouvant tableau,
Tantôt gai, tantôt triſte, éternel & nouveau.
L'Empire des Romains finit par Auguſtule;
Aux horreurs de la fronde a ſuccédé la bulle;
Tout paſſe, tout périt hors ta gloire & ton nom.
C'eſt là le ſort heureux des vrais fils d'Apollon.
Tes vers en tout pays ſont cités d'âge en âge.

Hélas! je n'aurai point un pareil avantage.
Notre langue un peu ſeche & ſans inverſions

Peut-elle ſubjuguer les autres nations ?
Nous avons la clarté, l'agrément, la juſteſſe.
Mais égalerons-nous l'Italie & la Grèce ?
Eſt-ce aſſez en effet d'une heureuſe clarté
Et ne péchons-nous pas par l'uniformité ?
Sur vingt tons différents tu ſçus monter ta lyre ;
J'entends ta Lalagé, je vois ſon doux ſourire ;
Je n'oſe te parler de ton Ligurinus ;
Mais j'aime ton Mécène, & ris de Catius.
Je vois de tes rivaux l'importune phalange
Sous tes traits redoublés enterrés dans la fange.
Que pouvaient contre toi ces ſerpents ténébreux ?
Mécène & Pollion te défendaient contre eux.
Il n'en eſt pas ainſi chez nos Welches modernes.

Un vil tas de grimauts, de rimeurs ſubalternes,
A la Cour quelquefois ont trouvé des prôneurs ;
Ils font dans l'antichambre entendre leurs clameurs.
Souvent en balayant dans une ſacriſtie,
Ils traitent un grand Roi d'hérétique & d'impie.
L'un dit que mes écrits à Cramer (2) bien vendus

(2) Parmi les calomnies dont on a régalé l'auteur ſelon l'uſage établi, on a imprimé dans vingt libelles qu'il avait gagné quatre ou cinq cent mille francs à vendre ſes ouvrages. C'eſt beaucoup Mais auſſi d'autres Ecrivains ont aſſuré qu'après ſa mort ſes écrits n'auraient plus de débit, & cela les conſole.

Ont fait dans mon épargne entier cent mille écus.
L'autre que j'ai traité la Genese de fable,
Que je n'aime point Dieu, mais que je crains le
Diable.
Soudain Fréron l'imprime; & l'Avocat Marchand (3)
Prétend que je suis mort, & fait mon testament.
Un autre moins plaisant, mais plus hardi faussaire
Avec deux faux témoins s'en va chez un Notaire,
Au mépris de la langue, au mépris de la hart
Rédiger mon symbole en patois savoyard. (4)

Ainsi, lorsqu'un pauvre homme au fond de sa chaumiere
En dépit de Tissot (5) finissait sa carrière,

---

(3) Marchand, Avocat de Paris, s'est amusé a faire le prétendu testament de l'auteur, & plusieurs personnes y ont éte trompées.

(4) Il y eut en effet le 15 Avril 1769 une déclaration faite par devant Notaire, d'une prétendue profession de foi, que des polissons inconnus disaient avoir entendu prononcer. Les faussaires qui rédigèrent cette pièce ecrite d'un stile ridicule, ne poussèrent pas leur insolence jusqu'a prétendre qu'elle fut signée par l'auteur

(5) Celèbre Medecin de Lausanne, capitale du pays Roman.

On vit avec ſurpriſe une troupe de rats
Pour lui ronger les pieds ſe gliſſer dans ſes draps.

Chaſſons loin de chez moi tous ces rats du Parnaſſe ;
Jouiſſons, écrivons, vivons mon cher Horace.
J'ai déja paſſé l'age où ton grand protecteur
Ayant joué ſon role en excellent acteur,
Et ſentant que la mort aſſiégeait ſa vieilleſſe,
Voulut qu'on l'applaudit lorſqu'il finit ſa pièce.
J'ai vécu plus que toi, mes vers dureront moins ;
Mais au bord du tombeau je mettrai tous mes ſoins
A ſuivre les leçons de ta philoſophie,
A mépriſer la mort en ſavourant la vie,
A lire tes écrits pleins de grace & de ſens,
Comme on boit d'un vin vieux qui rajeunit les ſens.

Avec toi l'on apprend à ſouffrir l'indigence,
A jouir ſagement d'une honnête opulence,
A vivre avec ſoi-même, à ſervir ſes amis,
A ſe moquer un peu de ſes ſots ennemis,
A ſortir d'une vie ou triſte ou fortunée
En rendant grace aux Dieux de nous l'avoir donnée.

Auſſi, lorſque mon poulx inégal & preſſé
Feſait peur a Tronchin pres de mon lit placé,
Quand la vieille Atropos aux humains ſi ſévere

Approchait ces ciſeaux de ma trame legère,
Il a vu de quel air je prenais mon congé.
Il ſait ſi mon eſprit, mon cœur était changé.
Hubert (6) me feſait rire avec ſes paſquinades;
Et j'entrais dans la tombe au ſon de ſes aubades.

Tu dus finir ainſi. Tes maximes, tes vers,
Ton eſprit juſte & vrai, ton mépris des enfers, (7)
Tout m'aſſure qu'Horace eſt mort en honnête
homme.
Le moindre citoyen mourait ainſi dans Rome.
Là, jamais on ne vit Mr. l'Abbé Grizel
Ennuyer un malade au nom de l'Eternel,
Et fatiguant en vain ſes oreilles laſſées
Troubler d'un ſot effroi ſes dernières penſées.

Voulant réformer tout, nous avons tout perdu.
Quoi donc! un vil mortel un ignorant tondu,
Au chevet de mon lit viendra ſans me connaître
Gourmander ma faibleſſe & me parler en maître!

---

(6) Neveu de la célèbre Mademoiſelle Hubert, auteur *de la religion eſſentielle à l'homme*, livre très profond. Mr. Hubert avait le talent de faire des portraits en caricature, & même de les faire en papier avec des ciſeaux.

(7) On devait ſans doute mépriſer les enfers des Payens qui n'étaient que des fables ridicules, mais l'auteur ne mépriſe pas les enfers des chrétiens qui ſont la vérité même conſtatée par l'Egliſe.

Ne ſuis-je pas en droit de rabaiſſer ſon ton
En lui feſant moi-même un plus ſage ſermon?
A qui ſe porte bien qu'on prêche la morale.
Mais il eſt ridicule en notre heure fatale
D'ordonner l'abſtinence à qui ne peut manger.
Un mort dans ſon tombeau ne peut ſe corriger.
Profitons bien du tems ; ce ſont là tes maximes.

Cher Horace, plains moi de les tracer en rimes.
La rime eſt néceſſaire à nos jargons nouveaux,
Enfans demi polis des Normands & des Goths;
Elle flatte l'oreille, & ſouvent la céſure
Plaît, je ne ſais comment en rompant la meſure.
Des beaux vers pleins de ſens le lecteur eſt charmé.
Corneille, Deſpréaux & Racine ont rimé.
Mais j'apprens qu'aujourd'hui Melpomène propoſe
D'abaiſſer ſon cothurne & de parler en proſe.

RÉPONSE D'HORACE A MONSIEUR DE VOLTAIRE.

PAR Mr. DE LA H...

AU plus gai des vieillards, au plus grand des Poetes,
A l'Orphée attendu dans nos belles retraites,
Des Champs Elyſiens, ſalut, paix & longs jours.

Tous nos morts beaux esprits hier en grand concours,
Sont venus m'annoncer ton Epitre charmante,
Du feu de ton printemps encore étincelante.
Car nous aimons tes vers, & toujours tes Ecrits
Ont charmé l'Elyſée auſſi bien que Paris.
Nous avons admiré ta Muſe octogénaire,
Son humeur enjouée & ſa marche légère.

Il n'eſt donné qu'à toi de croître à ſon déclin.
D'être au ſoir de ſes ans ce qu'on eſt au matin.
D'etre un prodige en tout. Lachéſis étonnée,
Compoſant de tes jours la trame fortunée,
Voit leur brillant tiſſu, dont l'or devrait palir,
Rajeuni ſous ſes doigts, s'étendre & s'embellir.
Et comment, dans cet âge où la froide vieilleſſe
Ote à tous nos reſſorts leur flexible ſoupleſſe,
Où les organes durs & les ſens engourdis,
Par un ſentiment prompt ne ſont plus avertis,
As-tu donc conſervé ce goût, cette harmonie,
Cette facilité, la grace du génie,
Ces mouvements, ces traits, ce naturel heureux,
Et des tons différens l'accord ingénieux?

Nous avions grand beſoin de cet Ecrit aimable,
Que nous daigne envoyer ta Muſe inépuiſable.
Vos modernes eſprits, vantés dans vos Journaux,
Avec peu de reſpect ont traité nos Héros.
Des ſoupers du Sophi (1) l'admirateur groteſque,
Hériſſant de grands mots ſon cyniſme burleſque,

---

(1) M L** fameux par ſes métaphores, s'écrie quelque part avec un enthouſiaſme très plaiſant: *Vive le Sophi! vive le grand homme qui mange avec ſes amis! qui ſatisfait, par le plus délicieux de tous les melanges, ſon appétit & ſon cœur!*

Insulte Montesquieu, dénigre Cicéron,
On écrit à Racine en style de Pradon.
Des dogmes de Quesnel un triste prosélyte
En bourgeois du Marais a fait parler Tacite.
La Fontaine se plaint, que rêvant un beau jour
A ** pres de Psyché crut remplacer l'Amour.
Despréaux, plus faché qu'il ne put jamais l'être,
A su qu'Aliboron l'osait nommer son maître (1).
Il ne s'attendait pas à ce ton familier :
Il ne veut point, dit-il, d'un si sot écolier.
Il ne veut point sur-tout de ce *plat Secrétaire*,
Sous un nom qu'il dément tres mal-adroit faussaire.
Il ose t'assurer, sans trop de vanité,
Que son stile à ce point n'est pas encor gâté.

Mais moi, quoique ta main legère & délicate
Ait brûlé sur ma tombe un encens qui me flatte,
Je pourrais cependant me plaindre un peu de toi.
Pourquoi me reprocher d'être flatteur d'un Roi (2)?

---

(1) Mr. Fréron qui aime beaucoup les figures de Rhétorique, quoiqu'il n'ait été que Régent de sixième, répète souvent dans ses feuilles, *Mânes de Despréaux ! O mon Maître !* &c.

(2) Le Gouvernement d'Auguste fondé sur les Loix, partagé avec le Sénat, conservant toutes les formes républicaines, pouvait s'appeller *une Magistrature suprême*, bien plutôt qu'*une Royauté*. Ses successeurs en firent un despotisme abominable.

D'un Roi ! de ce nom ſeul mon ombre eſt offenſée ;
L'oreille d'un Romain en eſt toujours bleſſée.
Ce nom ſeul fit jadis ſous cent coups de poignard,
Au milieu du Sénat, tomber le grand Céſar.
Octave Triumvir fut un tyran coupable ;
Mais il fut quarante ans Magiſtrat équitable.
J'ai loué ſes vertus & non pas ſes forfaits.
Il fut mon bienfaiteur, je chantai ſes bienfaits ;
J'applaudis à ſes loix, je louai ſa police ;
Je célébrai, peut-être avec quelque juſtice,
Cet eſprit qui joignait tant de talents divers,
Qui commandait au monde, & ſe connut en vers.
Que dis-je ? il poſſéda cet art ſi difficile.
Que ſes vers ſont touchants, quand il pleure Virgile !
C'eſt un Dieu qui l'inſpire, ou bien c'eſt l'amitié :
Quel tribut par les Grands plus rarement payé ?
Trop heureux les mortels, quand leur maître eſt ſenſible,
Quand ſon orgueil eſt noble & n'eſt pas inflexible,
Qu'il aime les neufs Sœurs, leurs jeux & leurs concerts,
Le ſon de la louange eſt celui des beaux vers !
Qui veut être loué mérite un jour de l'être.

Qui l'a mieux ſçu que toi ? qui l'a mieux fait connaître ?

Quel homme vers la gloire & l'immortalité,
D'un plus rapide élan fut jamais emporté ?
Ton génie a voulu, dans ses vastes ouvrages,
Embrasser tous les arts, dominer tous les âges.
Par-tout il jette au loin des rayons éclatants,
Que n'éteindra jamais le long oubli des temps.
Les morts, tu le sais bien, parlent sans flatterie;
Ils sont sans préjugés, comme sans jalousie;
Et Voltaire vivant est jugé dans ces lieux,
Comme il doit l'être un jour par nos derniers
neveux.
Français, Grec ou Romain, ici chacun t'admire:
A l'Elysée en pleurs Racine a lu Zaïre;
Corneille a cru revivre en écoutant Brutus;
Sophocle & Cicéron, embellis & vaincus,
Se retrouvent plus grands sous ton pinceau tra-
gique,
Et ta Jeanne a charmé le Chantre d'Angélique.
Plutarque revoyant la liste de ses Rois,
Cherche à qui comparer ton Héros Suédois.
Que tes vers ont flatté le bon goût de Virgile!
Souvent avec Homère il parle de ton style:
Ils disent qu'en effet, pour les vaincre tous deux,
Il ne t'a rien manqué que leur langue & leurs
Dieux.

J'ai moins écrit que toi, j'ai voulu moins de
gloire.

J'arrivai moins brillant au Temple de Mémoire.
J'aimai les voluptés, les jeux & le loiſir :
J'eus des moments d'étude, & des jours de plaiſir.
Né ſous un Ciel heureux, j'en ſentis l'influence :
J'abandonnai ma vie à la molle indolence ;
Et mon goût pour les Arts, mes faciles talents,
Variaient mon bonheur & ſervaient mes penchants.
Je reçus Apollon comme on reçoit à table
Un ami qui nous plaît, un convive agréable,
Non comme un Maître dur qui ſe fait obéir.
Il vint charmer ma vie, & non pas l'aſſervir.
Souvent à Tivoli, dans mon champêtre aſyle,
Où ſous le frais abri des bois de Lucrétile,
Quand j'attendais Glycere au déclin d'un beau jour,
Couché ſur des carreaux diſpoſés pour l'amour,
Tandis que la vapeur des parfums d'Arabie
Pénétrait & mes ſens & mon ame amollie ;
Qu'au loin, des inſtruments l'accord mélodieux
Portait à mon oreille un bruit voluptueux ;
Alors dans les tranſports d'un aimable délire,
Inſpiré tout-à-coup je demandais ma lyre.
Je chantais l'eſpérance & les doux ſouvenirs,
Le doux refus qui trompe & nourrit les deſirs,
La piquante gaieté, la naive tendreſſe.
Je vis dans l'Art des vers que nous apprit la Grèce,

Un langage enchanteur dans l'Olympe inventé,
Fait pour parler aux Dieux ou bien à la Beauté.

Quelquefois, élevant ma voix & ma penfée,
Emule audacieux de Pindare & d'Alcée,
Je montai dans l'Olympe ouvert à mes accents :
Ou, choqué des travers & des vices du temps,
J'exerçai fur les fots ma gaieté fatyrique :
J'efquiffai même un jour un Code poetique.
Mais la gloire & les arts ne bornaient point mes vœux ;
Le plaifir fut toujours le premier de mes Dieux.

Octave, qui goûta mon heureux caractère,
M'offrit auprès de lui le rang de Secrétaire.
Je refufai fon offre ; il n'en fut point bleffé.
Accueilli dans fa Cour, à fa table placé,
Je ne lui voulus point affujettir ma vie :
Il aurait dérobé mes moments à Lydie,
A Philis, à Chloé, qui valaient mieux que lui :
L'efclavage bientôt eût amené l'ennui.
J'aimais beaucoup Octave, & plus l'indépendance.

Voltaire, je le fais, eut plus de complaifance ;
A la Cour autrefois il attacha fon fort.
Nous connaiffons ici ton *Salomon du Nord*,
Et fa profe éloquente, & fes rimes hardies.
D'Argens, qu'il défolait par fes plaifanteries,

Ne nous vanta pas moins son ton, ses agréments,
Sa chère un peu guerriere & ses soupers charmants;
Ou cessant d'être Roi, pour être plus aimable,
Laissait la Liberté présider à sa table,
Frédéric n'avait plus d'ennemis que les sots,
Et même contre lui permettait les bons mots.
Il avait bien raison; dans le rang qu'il occupe,
Faut-il de sa grandeur être toujours la dupe?
De la société perdre tous les appas?
L'étiquette est l'esprit de ceux qui n'en ont pas.
La dignité souvent masque l'insuffisance;
On s'enferme avec art dans un noble silence:
Mais qui sait bien répondre, encourage à parler.

Vos jours étaient si beaux! qui pouvait les troubler?
C'est donc ce Maupertuis, ce bizarre génie,
Géomètre chagrin que tourmentait l'envie;
Qui, des biens & des maux sombre calculateur,
Jadis si tristement nous parla du bonheur?
Il fut jaloux & vain; mais, pardonne à ses mânes.
Pardonne à ce ramas de détracteurs profanes,
Dont le nom par toi seul, jusqu'à nous est venu.
Quant à Monsieur Fréron, il nous est plus connu:
Au *Bedlam* (1) de Pluton fustigés par Mégere,

(1) Nom de l'*Hôpital des Fous* de Londres.

Viſé, Gacon, Zoïle, attendent leur confrère.
Quel ſiècle n'a pas vu de ces obſcurs pédants,
Condamnés au malheur de haïr les talents,
Qui flattent tour-à-tour l'envie & la ſottiſe?
Quelquefois on les lit; toujours on les mépriſe.
Laiſſe ces vils ſerpents qui ſifflent ſur tes pas:
Alors que Linus chante, on ne les entend pas.
Et qui n'adore point ta muſe enchantereſſe?
Tu crains d'être au deſſous de Rome & de la Grèce,
De vivre moins que moi dans la poſtérité:
C'eſt bien là d'un Français l'aimable urbanité.
Jadis, je l'avouerai, j'eus moins de modeſtie,
Je promis à mes vers une éternelle vie:
Et ſi j'en crois les tiens, je me ſuis peu mépris.
Mon nom eſt sûr de vivre alors que tu m'écris.
Tu m'as cité ſouvent: c'eſt mon plus bel éloge.

Mais toi qui, des confins du pays Allobroge
Sais occuper l'Europe attentive à tes chants,
Eſt-ce à toi de douter, dans tes ſuccès brillants,
Du pouvoir d'une langue à jamais conſacrée,
Dont tu pourrais toi ſeul garantir la durée?
Ah! trop heureux Français! vous faites plus que nous
Quand la terre aſſervie était à nos genoux,
La langue des Vainqueurs devint celle du monde:
En chefs-d'œuvre des arts la France plus féconde,
Par

Par l'attrait des talents, par le charme des vers,
Sans l'avoir ſubjugué, régne ſur l'univers.
Vos drames éloquents, honneur de Melpomène,
Monuments qui manquaient à la grandeur Romaine,
Charment vingt nations avides d'en jouir;
Et vos voiſins jaloux vous doivent leur plaiſir.
Faut-il à votre gloire encore un nouveau titre?
Des intérêts des Rois votre langue eſt l'arbitre:
Diſputant contre Orlof, l'Orateur du Divan,
Oſman plaide en français les droits de ſon Sultan;
Et dans Fokiani, le Turc & la Ruſſie
Décident en français des deſtins de l'Aſie.

A tant de gloire encor que peut-on ajouter?
Qu'on la maintienne au moins, en ſachant t'imiter
Qu'on ſe garde à jamais de bannir de la ſcène
Ce langage des Dieux qu'adopta Melpomène.
Pour la premiére fois je t'écris dans le tien;
Daigne d'un étranger excuſer l'entretien:
Et ſi j'ai bégayé la langue de Voltaire,
Je vais le lire encor pour apprendre à mieux faire.

ÉPITRE

A L'AUTEUR

DU NOUVEAU LIVRE

DES TROIS IMPOSTEURS.

INſipide écrivain qui crois à tes lecteurs
Préſenter les portraits de tes trois impoſteurs, (1)
D'où vient que ſans eſprit tu fais le quatrieme?
Pourquoi pauvre ennemi de l'eſſence ſupreme,
Confonds-tu Mahomet avec le Créateur;
Et les œuvres de l'homme avec Dieu ſon auteur?...
Corrige le valet, mais reſpecte le maître;
Dieu ne doit point pâtir des ſottiſes du pretre:
Reconnaiſſons ce Dieu quoique tres mal ſervi.
De lézards & de rats mon logis eſt rempli,
Mais l'architecte exiſte, & quiconque le nie
Sous le manteau du ſage eſt atteint de manie.
Conſulte Zoroaſtre, & Licurgue & Solon,
Et le martyr Socrate & le grand Cicéron;
Ils ont adoré tous un Maître, un Juge, un Pere.
Ce ſiſtême ſublime a l'homme eſt néceſſaire.
C'eſt le ſacré lien de la ſocieté,

Le premier fondement de la sainte équité,
Le frein du scelerat, l'espérance du juste.
Si les cieux dépouillés de son empreinte auguste
Pouvaient cesser jamais de le manifester,
Si Dieu n'existait pas, il faudrait l'inventer.
Que le sage l'annonce, & que les Rois le craignent.
Rois, si vous m'opprimez, si vos grandeurs dédaignent
Les pleurs de l'innocent que vous faites couler,
Mon vengeur est au ciel : apprenez à trembler.
Tel est au moins le fruit d'une utile croyance.
Mais toi, raisonneur faux, dont la triste imprudence
Dans le chemin du crime ose les rassurer,
De tes beaux argumens quel fruit peux-tu tirer?...
Tes enfans à ta voix seront-ils plus dociles?
Tes amis au besoin plus sûrs & plus utiles :
Ta femme plus honnête, & ton nouveau fermier.
Pour ne pas croire en Dieu va-t-il mieux te payer?
Ah! laissons aux humains la crainte & l'espérance.
Tu m'objectes en vain l'hypocrite insolence
De ces fiers charlatans aux honneurs élevés,
Nouris de nos travaux, de nos pleurs abreuvés;
Des Césars avilis la grandeur usurpée,
Un prêtre au Capitole ou triompha Pompée,
Des faquins en sandale excrément des humains,
Trempant dans notre sang leurs détestables mains;

Cent villes à leur voix couvertes de ruines,
Et de Paris ſanglant les horribles matines.
Je connais mieux que toi ces affreux monumens;
Je les ai ſous ma plume expoſés cinquante ans.
Mais de ce fanatiſme ennemi formidable,
J'ai fait adorer Dieu quand j'ai vaincu le diable.
Je diſtinguai toujours de la religion
Les malheurs qu'apporta la ſuperſtition.
L'Europe m'en ſçut gré; vingt têtes couronnées
Daignèrent applaudir mes veilles fortunées,
Lorſque l'Abbé *François* (2) m'injuriait en vain.

J'ai fait plus en mon tems que Luther & Calvin.
On les vit oppoſer par une erreur fatale
Les abus aux abus, le ſcandale au ſcandale;
Parmi les factions ardents à ſe jetter
Ils condamnaient le Pape, & voulaient l'imiter.
L'Europe par eux tous fut longtems déſolée.
Ils ont troublé la terre & je l'ai conſolée.
J'ai dis aux diſputans, l'un ſur l'autre acharnés,
Ceſſez impertinents, ceſſez infortunés;
Très ſots enfans de Dieu, chériſſez vous en frères:
Et ne vous mordez plus pour d'abſurdes chimères.
Les gens de bien m'ont cru: les fripons écraſés
En ont pouſſé des cris du ſage mépriſés;
Et dans l'Europe enfin l'heureux tolérantiſme,
De tout eſprit bien fait devient le catéchiſme.

Je vois venir de loin ces tems, ces jours ſereins,
Ou la Philoſophie éclairant les humains,
Doit les conduire en paix aux pieds du commun
maître.
Le fanatiſme affreux tremblera d'y paraître:
On aura moins de dogme avec plus de vertu.

Si quelqu'un d'un emploi veut être revêtu,
Il n'amènera plus deux témoins à ſa ſuite, (3)
Jurer quelle eſt ſa foi, mais quelle eſt ſa conduite.
A l'attrayante ſœur d'un gros bénéficier,
Un amant Huguenot poura ſe marier.
Des tréſors de Lorette amaſſés pour Marie,
On verra l'indigence habillée & nourie.
Les enfants de Sara, que nous traitons de chiens,
Mangeront du jambon fumé par des Chrétiens.
Le Turc ſans s'informer ſi l'Iman lui pardonne,
Chez l'Abbé Tamponet ira boire en Sorbonne. (4)
Mes neveux ſouperont ſans rancune & gayement,
Avec les héritiers des freres Pompignan
Ils pouront pardonner au pincé la Blétrie (5)
D'avoir coupé trop tôt la trame de ma vie.
Entre les beaux eſprits on verra l'union,
Mais qui poura jamais ſouper avec Fréron? (6)

NOTES SUR L'EPITRE

DES TROIS IMPOSTEURS.

(1) *Crayonner les portraits de tes trois impoſteurs.* Ce livre des trois impoſteurs eſt un très mauvais ouvrage, plein d'un athéiſme groſſier, ſans eſprit & ſans philoſophie.

(2) *Lorſque l'Abbe François m'injuriait en vain.* L'Abbé François eſt le même écrivain dont il eſt parlé dans l'épitre à Mr. d'Alembert; c'eſt un chien de baſſe cour qui aboye, & qui aurait voulu mordre.

(3) *Il n'amenera plus deux témoins à ſa ſuite.* En France pour être reçu Procureur, Notaire, Greffier, il faut deux témoins, qui dépoſent de la catholicité du récipiendaire.

(4) *Chez l'Abbe Tamponet va boire en Sorbonne.* Tamponet était en effet docteur de Sorbonne.

(5) *Ils pouront pardonner au prince la Bletrie.* La Bletrie a fait une vie de Julien qui a eu du ſucces, mais ſa traduction de Tite-Live a paru d'un ſtile ridicule Il avait apparemment fait paſſer notre auteur pour mort.

(6) *Mais qui pourra jamais ſouper avec Fréron?* Notre auteur ſe plaît a mettre Fréron partout. Il ne fallait pas que ce Fréron l'attaquat, & ſe jouat à ſon maitre.

AVIS DE L'EDITEUR.

Une Copie corrigée & augmentée de la Loi Naturelle nous étant parvenue, nous avons cru faire plaisir aux amateurs de réimprimer ce Poeme.

Il fut autrefois condamné par les intrigues d'un convulsionaire. En effet cet ouvrage était sage, utile au genre humain, & agréable aux gens de goût. De plus, il était dedié à un Roi philosophe, legislateur, historien de sa patrie, le premier homme de l'Europe pour la tactique qu'il enseigna par la theorie & par les faits, enfin poete distingué dans une langue qui n'est pas la sienne. Il fallait bien que des pedants insolents & fanatiques osassent le proscrire.

Comme nous savons que ce Souverain très supérieur à Auguste par ses talents, quoique très inferieur par l'etendue de sa puissance, a conservé une correspondance litteraire avec nôtre Auteur, nous avons cru ne point manquer de respect à l'un, & ne point deplaire à l'autre en plaçant ici ce Poeme interessant que l'amour de la verité à dedié autrefois au genie, & qui a fait heurler le Gazetier Ecclesiastique dans son repaire.

La Religion Naturelle est faite pour être jointe à la Tragedie des loix de Minos, l'une est le commentaire de l'autre. Cette Tragedie étale les horreurs de l'esprit humain perverti par le fanatisme ; & ce Poeme fait pour le Roi de Prusse il y a plus de vingt annees, montre les avantages de l'esprit humain éclairé par la raison, & guidé par cette sage tolerance, l'unique lien de la societe & la premiere consolation des hommes, par cette tolerance contre laquelle les plus imbéciles fanatiques n'osent plus aujourd'hui s'élever, grace aux ecrits de nôtre Auteur.

LA

LA LOI NATURELLE, POÈME EN QUATRE PARTIES. AU ROI DE PRUSSE.

EXORDE.

O Vous, dont les exploits, le règne & les ouvrages (*)
Deviendront la leçon des héros & des ſages,

(*) Nous ſavons que ce Poéme, qu'on regarde comme le meilleur ouvrage de notre Auteur, fut fait vers l'an 1751, chez madame la Margrave de Bareith, ſœur du Roi de Pruſſe. Je ne ſais quels pédants eurent depuis l'atrocité imbecile de le condamner. Ces vils tirans de l'eſprit qui avaient alors trop de crédit, ont été punis depuis de toutes leur inſolences.

Qui voyez d'un même œil les caprice du sort,
Le trône, & la cabane, & la vie & la mort,
Philosophe intrépide, affermissez mon ame,
Couvrez-moi des rayons de cette pure flâme,
Qu'allume la raison, qu'éteint le préjugé
Dans cette nuit d'erreurs où le monde est plongé,
Apportons, s'il se peut, une faible lumiere
Nos premiers entretiens, notre étude premiere,
Etaient, je m'en souviens, Horace avec Boileau
Vous y cherchiez le vrai, vous y goûtiez le beau
Quelques traits échapés d'une utile morale,
Dans leurs piquants écrits brillent par intervalle
Pope a creusé dit-on, ce qu'ils ont effleuré
D'un esprit plus hardi, d'un pas plus assuré,
Il porta le flambeau dans l'abîme de l'être,
Et l'homme avec lui seul apprit à se connaître.
L'art des vers en effet utile au genre-humain.
S'il est souvent frivole, est quelquefois divin.
Qu'importe aux bons esprits que le flateur d'Octave
Parasite discret, non moins qu'adroit esclave,
Du lit de sa Glycere, ou de Ligurinus,
En prose mesurée insulte à Crispinus?
Que Boileau répandant plus de sel que de grace,
Veuille outrager Quinault, pense avilir le Tasse,
Qu'il peigne de Paris les tristes embarras,
Ou qu'il décrive en vers un fort mauvais repas?
Il faut d'autres objets à votre intelligence.

De l'eſprit qui vous meut vous recherchez l'eſſence,
Son principe, ſa fin, mais ſurtout ſon devoir.
Voyons ſur ce grand point ce qu'on a pû ſavoir;
Ce que l'erreur fait croire aux docteurs du vulgaire,
Et ce que vous inſpire un Dieu qui vous éclaire.
Dans le fond de nos cœurs il faut chercher ſes traits:
Si Dieu n'eſt pas dans nous, il n'exiſta jamais.
Ne pouvons-nous trouver l'auteur de notre vie
Qu'au labyrinthe obſcur de la théologie?
Origène & Jean Scot ſont chez vous ſans crédit:
La nature en ſait plus qu'ils n'en ont jamais dit.
Ecartons ces romans qu'on appelle ſyſtêmes;
Et pour nous élever deſcendons dans nous-mêmes.

PREMIERE PARTIE.

DIEU *a donné aux hommes les idees de la juſtice, & la conſcience pour les avertir, comme il leur a donné tout ce qui leur eſt neceſſaire. C'eſt là cette loi naturelle ſur laquelle la religion eſt fondee. C'eſt ce ſeul principe qu'on develope ici. L'on ne parle que de la loi naturelle, & non de la religion & de ſes auguſtes myſtères.*

SOit (*) qu'un être inconnu, par lui ſeul exiſtant,
Ait tiré depuis peu l'univers du néant,
Soit qu'il ait arrangé la matière éternelle;
Qu'elle nage en ſon ſein, ou qu'il règne loin d'elle;
Que l'ame, ce flambeau ſouvent ſi ténébreux,
Ou ſoit un de nos ſens, ou ſubſiſte ſans eux:
Vous êtes ſous la main de ce maître inviſible.

Mais du haut de ſon trône obſcur, inacceſſible,
Quel hommage, quel culte exige-t-il de vous?
De ſa grandeur ſuprême indignement jaloux,
Des louanges, des vœux, flatent-ils ſa puiſſance?
Eſt-ce le peuple altier, conquérant de Biſance,

(a) Voyez la note à la fin du Poeme.

Le tranquille Chinois, le Tartare indomté,
Qui connait son essence, & suit sa volonté?
Différens dans leurs mœurs, ainsi qu'en leur hommage,
Ils lui font tenir tous un différent langage.
Tous se sont donc trompés. Mais détournons les yeux
De cet impur amas d'imposteurs odieux: (*)
Et sans vouloir sonder, d'un regard téméraire,
De la loi des chrétiens l'ineffable mystère,
Sans expliquer en vain ce qui fut révélé,
Cherchons par la raison si Dieu n'a point parlé.

La nature a fourni d'une main salutaire
Tout ce qui dans la vie à l'homme est nécessaire,
Les ressorts de son ame, & l'instinct de ses sens.
Le ciel a ses besoins soumet les élémens.
Dans les plis du cerveau la mémoire habitante
Y peint de la nature une image vivante.
Chaque objet de ses sens prévient sa volonté.
Le son dans son oreille est par l'air apporté.
Sans efforts & sans soins son œil voit la lumière.
Sur son Dieu, sur sa fin, sur sa cause première
L'homme est-il sans secours à l'erreur attaché?

(*) Il faut distinguer Confutzée, qui s'en est tenu à la religion naturelle, & qui a fait tout ce qu'on peut faire sans révélation.

Quoi ! le monde eſt viſible, & Dieu ſerait caché !
Quoi ! le plus grand beſoin que j'aye en ma miſere,
Eſt le ſeul qu'en effet je ne peux ſatisfaire !
Non : le Dieu qui m'a fait, ne m'a point fait en vain
Sur le front des mortels il mit ſon ſceau divin
Je ne puis ignorer ce qu'ordonna mon maître ;
Il m'a donné ſa loi, puiſqu'il m'a donné l'être.
Sans doute il a parlé ; mais c'eſt à l'univers.
Il n'a point de l'Egypte habité les déſerts,
Delphes, Delos, Ammon, ne ſont pas ſes aſyles,
Il ne ſe cacha point aux antres des Sybilles ;
La morale uniforme en tout tems, en tout lieu,
A des ſiecles ſans fin parle au nom de ce Dieu.
C'eſt la loi de Trajan, de Socrate, & la vôtre.
De ce culte éternel la nature eſt l'apôtre,
Le bon ſens la reçoit, & les remords vengeurs.
Nés de la conſcience, en ſont les défenſeurs :
Leur redoutable voix partout ſe fait entendre.
Penſez-vous en effet que ce jeune Alexandre,
Auſſi vaillant que vous, mais bien moins modéré,
Teint du ſang d'un ami trop inconſidéré,
Ait pour ſe repentir conſulté des augures ?
Ils auraient dans leurs eaux lavé ſes mains impures,
Ils auraient à prix d'or abſous bientôt le roi.
Sans eux, de la nature il écouta la loi ;
Honteux, déſeſpéré d'un moment de furie,
Il ſe jugea lui-meme indigne de la vie.
Cette loi ſouveraine a la Chine, au Japon,

Inſpira Zoroaſtre, illumina Solon.
D'un bout du monde à l'autre elle parle, elle crie,
ADORE UN DIEU, SOIT JUSTE, ET CHÉRIS TA PATRIE.
Ainſi le froid Lappon crut un être éternel.
Il eut de la juſtice un inſtinct naturel;
Et le negre vendu ſur un lointain rivage,
Dans les negres encor aima ſa noire image.
Jamais un parricide, un calomniateur,
N'a dit tranquillement, dans le fond de ſon cœur:
„ Qu'il eſt beau, qu'il eſt doux d'accabler l'innocence,
„ De déchirer le ſein qui nous donna naiſſance!
„ Dieu juſte, Dieu parfait! que le crime a d'appas!
Voila ce qu'on dirait, mortels, n'en doutez pas,
S'il n'était une loi terrible, univerſelle,
Que reſpecte le crime en s'élevant contre elle.
Eſt-ce nous qui créons ces profonds ſentimens?
Avons-nous fait notre ame? avons-nous fait nos ſens!
L'or qui nait au Pérou, l'or qui nait à la Chine,
Ont la même nature, & la même origine:
L'artiſan les façonne, & ne peut les former.
Ainſi l'etre éternel, qui nous daigne animer,
Jetta dans tous les cœurs une même ſemence.
Le ciel fit la vertu, l'homme en fit l'apparence.
Il peut la revêtir d'impoſture & d'erreur:
Il ne peut la changer, ſon juge eſt dans ſon cœur

SECONDE PARTIE.

Réponse aux objections contre les principes d'une morale universelle. Preuve de cette vérité.

J'Entends avec Cardan, Spinosa qui murmure;
Ces remords, me dit-il, ces cris de la nature,
Ne sont que l'habitude, & les illusions,
Qu'un besoin mutuel inspire aux nations.

Raisonneur malheureux, ennemi de toi-même;
D'où nous vient ce besoin? pourquoi l'être suprême
Mit-il dans notre cœur à l'intérêt porté
Un instinct qui nous lie à la société?
Les loix que nous faisons, fragiles, inconstantes,
Ouvrages d'un moment, sont partout différentes.
Jacob chez les Hébreux put épouser deux sœurs,
David, sans offenser la décence & les mœurs,
Flatta de cent beautés la tendresse importune;
Le pape au vatican n'en peut caresser une.
Là, le père a son gré choisit son successeur;
Ici, l'heureux aîné de tout est possesseur.
Un Polaque à moustache, a la démarche altière,
Peut arrêter d'un mot sa république entière.
L'empereur ne peut rien sans ses chers électeurs.

L'An-

L'Anglais a du crédit, le pape a des honneurs :
Usages, intérêts, culte, loix, tout differe :
Qu'on soit juste, il suffit, le reste est arbitraire. (*)

Mais tandis qu'on admire & ce juste & ce beau,
Londre immole son roi par la main d'un bourreau.
Du Pape Borgia le bâtard sanguinaire
Dans les bras de sa sœur assassine son frère.
Là, le froid Hollandais devient impétueux,
Il déchire en morceaux deux frères vertueux.
Plus loin la Brinvilliers, dévote avec tendresse,
Empoisonne son père en courant à confesse.
Sous le fer du méchant le juste est abattu.

Hé bien ! concluez-vous qu'il n'est point de vertu ?
Quand des vents du midi les funestes haleines
De semences de mort ont inondé nos plaines,
Direz-vous que jamais le ciel en son courroux
Ne laissa la santé séjourner parmi nous ?
Tous les divers fléaux dont le poids nous accable,
Du choc des élémens effet inévitable,
Des biens que nous goûtons corrompent la douceur ;

(*) Il est évident que cet *arbitraire* ne regarde que les choses d'institution, les loix civiles, la discipline, qui changent tous les jours selon le besoin & selon la prudence des chefs de l'Eglise. Voyez la Note à la fin de ce 2d. Chant.

Mais tout eſt paſſager, le crime & le malheur.
De nos deſirs fougueux la tempete fatale
Laiſſe au fond de nos cœurs la regle & la morale.
C'eſt une ſource pure : en vain dans ſes canaux
Les vents contagieux en ont troublé les eaux ;
En vain ſur la ſurface une fange étrangère
Apporte en bouillonnant un limon qui l'altère ;
L'homme le plus injuſte, & le moins policé,
S'y contemple aiſément quand l'orage eſt paſſé.
Tous ont reçu du ciel, avec l'intelligence,
Ce frein de la juſtice & de la conſcience.
De la raiſon naiſſante elle eſt le premier fruit ;
Dès qu'on la peut entendre, auſſi-tôt elle inſtruit :
Contrepoids toûjours promt à rendre l'équilibre
Au cœur plein de déſirs, aſſervi, mais né libre,
Arme que la nature a mis entre notre main ;
Qui combat l'intérêt par l'amour du prochain.
De Socrate en un mot c'eſt là l'heureux génie,
C'eſt là ce Dieu ſecret qui dirigeaït ſa vie,
Ce Dieu qui juſqu'au bout préſidait à ſon ſort,
Quand il but ſans pâlir la coupe de la mort.
Quoi ! cet eſprit divin n'eſt-il que pour Socrate ?
Tout mortel a le ſien qui jamais ne le flate.
Néron cinq ans entiers fut ſoumis à ſes loix,
Cinq ans des corrupteurs il repouſſa la voix.
Marc-Aurèle appuyé ſur la philoſophie,
Porta ce joug heureux tout le tems de ſa vie.

Julien s'égarant dans sa religion,
Infidele à la foi, fidele à la raison,
Scandale de l'église, & des rois le modele,
Ne s'écarta jamais de la loi naturelle.

On insiste, on me dit; L'enfant dans son berceau
N'est point illuminé par ce divin flambeau;
C'est l'éducation qui forme ses pensées,
Par l'exemple d'autrui ses mœurs lui sont tracées;
Il n'a rien dans l'esprit, il n'a rien dans le cœur;
De ce qui l'environne il n'est qu'imitateur;
Il répete les noms de devoir, de justice,
Il agit en machine: & c'est par sa nourrice
Qu'il est Juif ou Payen, fidele ou Musulman,
Vétu d'un juste-au-corps, ou bien d'un doliman.

Oui, de l'exemple en nous je sais quel est l'empire.
Il est des sentimens que l'habitude inspire.
Le langage, la mode, & les opinions,
Tous les dehors de l'ame, & ses préventions,
Dans nos faibles esprits sont gravés par nos pères,
Du cachet des mortels impressions légeres.
Mais les premiers ressorts sont faits d'un autre main;
Leur pouvoir est constant, leur principe est divin.
Il faut que l'enfant croisse, afin qu'il les exerce,
Il ne les connait pas sous la main qui le berce.

Le moineau dans l'instant qu'il a reçu le jour,
Sans plumes dans son nid peut-il sentir l'amour?
Le renard en naissant va-t-il chercher sa proie?
Les insectes changeans, qui nous filent la soie,
Les essains bourdonnans de ces filles du ciel,
Qui pattrissent la cire & composent le miel,
Si-tôt qu'ils sont éclos forment-ils leur ouvrage?
Tout meurit par le tems, & s'accroit par l'usage.
Chaque être a son objet, & dans l'instant marqué
Il marche vers le but par le ciel indiqué.

De ce but, il est vrai, s'écartent nos caprices.
Le juste quelquefois commet des injustices.
On fuit le bien qu'on aime, on hait le mal qu'on fait.
De soi-même en tout tems quel cœur est satisfait?

L'homme (on nous l'a tant dit) est une énigme obscure;
Mais en quoi l'est-il plus que toute la nature?
Avez-vous pénétré, philosophes nouveaux,
Cet instinct sûr & promt qui sert les animaux?
Dans son germe impalpable avez-vous pû connaître
L'herbe qu'on foule aux pieds, & qui meurt pour renaître?
Sur ce vaste univers un grand voile est jetté;
Mais dans les profondeurs de cette obscurité,

Si la raiſon nous luit, qu'avons-nous à nous plaindre?
Nous n'avons qu'un flambeau, gardons-nous de l'éteindre.

Quand de l'immenſité Dieu peupla les déſerts,
Alluma des ſoleils & ſouleva des mers;
Demeurez, leur dit-il, dans vos bornes preſcrites
Tous les mondes naiſſans connurent leurs limites
Il impoſa des loix à Saturne, à Vénus,
Aux ſeize orbres divers dans nos cieux contenus,
Aux élémens unis dans leur utile guerre,
A la courſe des vents, aux fléches du tonnerre.
A l'animal qui penſe, & né pour l'adorer,
Au vers qui nous attend, né pour nous dévorer.
Et vous avez l'audace en vos viſions folles,
Orgueilleux excréments du bourbier des écoles
D'ajouter vos décrets (*) aux volontés des cieux!
Imbécilles tirans qui nous parlez en dieux,
Vous commandez aux rois proſternez dans la poudre.
Ah l'inſecte rampant doit-il lancer la foudre!

(*) On ne doit entendre par ce mot *Décrets* que les opinions paſſagères des hommes qui veulent donner leurs ſentimens particuliers pour des loix genérales.

GRANDE NOTE

DE L'EDITEUR, SUR CES VERS.

Qu'on soit juste, il suffit, le reste est arbitraire. (*)

Page 161 Ligne 3.

C'est-à-dire, il est arbitraire, il est égal pour le salut d'être dévot à St. François, ou à St. Dominique, d'aller en pélérinage à nôtre Dame de Lorette ou à nôtre Dame des neiges, d'avoir pour directeur un carme ou un capucin, de réciter le rosaire ou l'oraison des trente jours. Mais il n'est point arbitraire, il n'est point égal sans doute, d'etre Catholique apostolique romain, ou de servir Dieu dans une autre religion. Nous savons bien, nous l'avons dit & nous le confirmons avec plaisir, que le Roi & la Reine d'Angleterre, la Chambre des Pairs & des Communes, en un mot les trois Royaumes & leurs Colonies, sont damnés à toute éternité, puisqu'ils ne sont pas Catholiques apostolique romains, qu'il en est de même du Roi de Dannemark, du Roi de Suede, du Roi de Prusse, de l'Impératrice de Russie, & de tous les

Monarques de la terre qui ſont hors de nôtre giron. Cette vérité eſt inconteſtable.

Cependant, frère Nonotte & frère Patouillet, ci-devant ſoi-diſant jéſuites, ſe ſont portés pour délateurs de nôtre modeſte Auteur, & ils l'ont déféré à Rome à Mr. le ſecrétaire des Brefs, comme nous l'avons dit. Ils l'ont accuſé d'avoir cru dans le fond de ſon cœur, qu'il était égal d'être jéſuite, ou janſeniſte, ou turc. Et comme ſouvent les puiſſances belligérantes font des trêves pour courir-ſus à l'ennemi commun, ils ſe ſont réunis cette fois-ci pour accabler nôtre pauvre Auteur, qui voudrait que tous les hommes vécuſſent en frères, ſi faire ſe peut.

ADDITION DE L'AUTEUR.

Mr. le Maréchal de R******** me gronde toujours de ce que mes Commentateurs font revenir tant de fois ſur la ſcène l'ami Fréron, l'ami Patouillet & l'ami Nonotte. Mais je le ſupplie de conſidérer que je ſuis attaqué continuellement dans ce que j'ai de plus cher au monde, par des hommes de la plus profonde érudition du plus grand mérite & du plus grand crédit, ſur qui l'univers a les yeux. Il eſt certain que ces grands hommes paſſeront à la poſtérité avec la théologie du reverend pere Viret. Mon nom fera porté par eux peut-être dans deux jours, & pour deux jours au tribunal souverain de cette postérité. Il faut bien que j'aye un avocat. Damilaville & Thiriot avaient entrepris ma défense: ils sont morts, & Dieu sait ou ils sont. Il ne me reste plus que l'avocat du diable.

Voici au fond dequoi il s'agit. Frère Nonotte a voulu me faire cuire en ce monde, comme on voulut faire cuire frère Guignard, frère Girard, frère Malagrida, frère Mathos, frère Aléxandre, & tant d'autres frères; & comme de fait on en a cuit quelques-uns. Non content de cette charité, il veut m'envoyer en enfer, & qui pis est, il veut que tous les siecles à venir lui donnent la préférence sur moi. Ah! ç'en est trop. Passe pour etre damné.

Mais cette postérité équitable devant laquelle nous plaidons, que dira-t'elle de tout cela? rien.

NOTE DE L'EDITEUR.

Le reverend père Nonotte dont nôtre Auteur reconnait le crédit immense égal à son érudition, a été en effet régent de sixième, & a même prêché dans quelques villages.

C'est lui qui releva toutes les erreurs grossières de nôtre Auteur, & qui eut la générosité de vouloir lui vendre toute l'édition pour deux mille écus.

Il est vrai que le R. P. Nonotte ne savait pas que le fameux combat de St. Pierre & de St. Paul avec Simon le magicien à qui ressusciterait un parent de l'Empereur dans Rome, & à qui ferait les plus beaux tours, était un conte d'Abdias & de Marcel, répété par Hegesippe, & longtemps après très indiscrétement recueilli par Eusebe.

Il ne savait pas que les Empereurs romains permettant des sinagogues aux juifs dans Rome toléraient aussi les chrétiens, & que Trajan en écrivant à Pline, *Il ne faut faire aucune recherche contre les chrétiens*, leur donnait par ces mots essentiels la permission tacite d'exercer leur religion secretement ; qu'en un mot Trajan n'était pas un exécrable perfécuteur comme ce bon jésuite le représente.

Il est vrai que nôtre auteur ayant dit dans son histoire générale, *L'ignorance se représente d'ordinaire Diocletien comme un ennemi armé sans cesse contre les fideles*, ce jésuite exact & officieux falsifie ainsi ce passage. *L'ignorance chretienne* &c. pour faire des amis à nôtre auteur.

Il ne savait pas que le célebre docteur Dupin

traite de fables ridicules les prétendus martires de St. Clément, de St. Cefaire, de Ste. Domitile, de Ste. Hyacinte, de Ste. Eudoxie, de St. Eudoxe, de St. Romule, de St. Zenon, de St. Macaire, toutes fables, dit-il, qu'il faut mettre avec les martires des onze mille foldats & des onze mille vierges (*page* 178 *tome* 2e.) le pauvre homme ne connaiffait ni Dupin, ni Dodwel.

Il ne favait pas que quelques rois de la première race avaient eu plufieurs femmes à la fois, comme fon confrère Daniel l'avoue de Gontran, de Théodebert & de Clotaire fecond. Il n'avait pas même lû Daniel.

Il ne favait même rien de l'hiftoire de la confeffion publique, & de la confeffion fecrette, quoiqu'il fe fut melé de confeffer des filles. Il ne favait pas l'hiftoire de la Synaxe & de la Meffe quoiqu'il l'eut dite.

Enfin pour abréger, il ne favait pas mieux la fable que la bible. Il dit dans fon beau livre, page 360, pour excufer fes petites méprifes, *je fuis comme Poliphème, je m'écrie avec lui.*

Video meliora probo que deteriora fequor.

Nous ne nions pas que le R. P. Nonotte n'ait quelque air de Poliphême, mais il le cite fort mal, & Mr. le fecrétaire des Brefs très favant italien, qui a lû fon Ovide, fait très bien que ce n'eft pas Poliphême amant de Galatée qui dit *deteriora sequor*.

Mr. Damilaville qui a daigné relever tant de sotises de Nonotte, a dit, qu'il écrivit son libelle avec l'ignorance d'un prédicateur, l'effronterie d'un jésuite, les falsifications continuelles d'un procureur de couvent, la perfidie & la scélératesse d'un délateur. Mais puisque nôtre Auteur lui pardonne, je lui pardonne aussi, & je me recommande à ses prières.

TROI-

TROISIEME PARTIE.

Que les hommes ayant pour la plûpart deſiguré, par les opinions qui les diviſent, le principe de la religion naturelle qui les unit, doivent ſe ſupporter les uns les autres.

L'Univers eſt un temple où ſiège l'Eternel.
Là (*) chaque homme à ſon gré veut batir un aûtel.
Chacun vante ſa foi, ſes ſaints, & ſes miracles,
Le ſang de ſes martirs, la voix de ſes oracles.
L'un penſe, en ſe lavant cinq ou ſix fois par jour,
Que le ciel voit ſes bains d'un regard plein d'amour;
Et qu'avec un prépuce on ne ſaurait lui plaire.
L'autre a du dieu Brama déſarmé la colère,
Et pour s'être abſtenu de manger du lapin,
Voit le ciel entr'ouvert, & des plaiſirs ſans fin.
Tous traitent leurs voiſins d'impurs & d'infidelles.
De chrétiens diviſés les infames querelles
Ont au nom du Seigneur apporté plus de maux,

(*) (Chaque homme) ſignifie clairement chaque particulier qui veut s'ériger en légiſlateur, & il n'eſt ici queſtion que des cultes étrangers, comme on l'a déclaré au commencement de la première partie.

Répandu plus de ſang, creuſé plus de tombeaux,
Que le prétexte vain d'une utile balance
N'a déſolé jamais l'Allemagne & la France.

Un doux inquiſiteur, un crucifix en main,
Au feu par charité fait jetter ſon prochain,
Et pleurant avec lui d'une fin ſi tragique,
Prend pour s'en conſoler ſon argent qu'il s'appli-
que,
Tandis que de la grace ardent à ſe toucher,
Le peuple en louant Dieu danſe autour du bucher.
On vit plus d'une fois, dans une ſainte yvreſſe,
Plus d'un bon catholique, au ſortir de la meſſe,
Courir ſur ſon voiſin pour l'honneur de la foi,
Lui crier, *Meurs, impie, ou penſe comme moi.*
Calvin & ſes ſupôts, guettés par la juſtice,
Dans Paris en peinture allèrent au ſuplice.
Servet fut en perſonne immolé par Calvin.
Si Servet dans Geneve eût été ſouverain,
Il eût pour argument contre ſes adverſaires,
Fait ſerrer d'un lacet le cou des trinitaires.
Ainſi d'Arminius les ennemis nouveaux
En Flandre étaient martyrs, en Hollande bour-
reaux.

D'où vient que deux cents ans cette pieuſe rage
De nos ayeux groſſiers fut l'horrible partage?
C'eſt que de la nature on étouffa la voix;

C'eſt qu'à ſa loi ſacrée on ajouta des loix ;
C'eſt que l'homme amoureux de ſon ſot eſclavage,
Fit dans ſes préjugés Dieu même à ſon image
Nous l'avons fait injuſte, emporté, vain, jaloux,
Séducteur, inconſtant, barbare comme nous.

Enfin grace en nos jours à la philoſophie,
Qui de l'Europe au moins éclaire une partie,
Les mortels plus inſtruits en ſont moins inhumains :
Le fer eſt émouſſé, les buchers ſont éteints.
Mais ſi le fanatiſme était encor le maître,
Que ces feux étouffés ſeraient promts à renaître !

On s'eſt fait, il eſt vrai, le généreux effort
D'envoyer moins ſouvent ſes frères à la mort.
On brûle moins d'hébreux dans les murs de Liſbonne ; (*)
Et même le Muphti, qui rarement raiſonne,
Ne dit plus aux chrétiens que le Sultan ſoumet,
Renonce au vin, barbare, & crois à Mahomet.
(**) Mais du beau nom de chien ce Muphti nous honore ;

(*) On ne pouvait prévoir alors que les flammes detruiraient une partie de cette ville malheureuſe, dans laquelle on alluma trop ſouvent des buchers

(**) Les Turcs appellent indifferemment les chrétiens *Infidèles* & *Chiens*.

Dans le fond des enfers il nous envoye encore.
Nous le lui rendons bien : nous damnons à la fois
Le peuple circoncis vainqueur de tant de rois,
Londres, Berlin, Stokholm, & Genève, & vous-même,
Vous êtes, ô grand roi! compris dans l'anathème.
En vain par des bienfaits signalant vos beaux jours,
A l'humaine raison vous donnez des secours,
Aux beaux arts des palais, aux pauvres des asyles,
Vous peuplez les déserts, & les rendez fertiles.
De fort savans esprit jurent sur leur salut, (*)
Que vous êtes sur terre un fils de Belzébut.

Les vertus des Payens étaient, dit-on, des crimes.

(*) On respecte cette maxime, *hors de l'église point de salut*, mais tous les hommes sensés trouvent ridicule & abominable, que des particuliers osent employer cette sentence générale & comminatoire contre des hommes qui sont leurs supérieurs & leurs maîtres en tout genre. les hommes raisonnables n'en usent point ainsi. L'archevêque Tillotson aurait-il jamais écrit a l'archevêque Fénelon, *Vous êtes damné?* Et un roi de Portugal écrirait-il à un roi d'Angleterre qui lui envoye des secours, *Mon frère, vous irez à tous les diables?* La dénonciation des peines éternelles à ceux qui ne pensent pas comme nous, est une arme ancienne qu'on laisse sagement reposer dans l'arsenal, & dont il n'est permis a aucun particulier de se servir. (*Ancienne note.*)

Rigueur impitoyable! odieuſes maximes!
Gazettier clandeſtin, dont la platte acreté
Damne le genre-humain de pleine autorité,
Tu vois d'un œil ravi les mortels tes ſemblables,
Paîtris des mains de Dieu pour le plaiſir des diables.
N'es-tu pas ſatisfait de condamner au feu
Nos meilleurs citoyens, Montagne & Monteſquieu?
Penſes-tu que Socrate, & le juſte Ariſtide,
Solon qui fut des Grecs & l'exemple & le guide,
Penſes-tu que Trajan, Marc-Aurèle, Titus,
Noms chéris, noms ſacrés, que tu n'as jamais lus,
Aux fureurs des démons ſont livrés en partage,
Par le Dieu bienfaiſant dont ils étaient l'image?
Et que tu ſeras, toi de rayons couronné,
D'un chœur de chérubins au ciel environné,
Pour avoir quelque tems, chargé d'une beſace,
Dormi dans l'ignorance, & croupi dans la craſſe?
Sois ſauvé, j'y conſens, mais l'immortel Newton,
Mais le ſavant Leibnitz, & le ſage Addiſſon,
Et ce Locke, en un mot, dont la main courageuſe (*b*)
A de l'eſprit humain poſé la borne heureuſe;
Ces eſprits qui ſemblaient de Dieu même éclairés,
Dans des feux éternels ſeront-ils dévorés?
Porte un arrêt plus doux, prens un ton plus modeſte;

Ami,

(*b*) Voyez la note à la fin du Poeme.

Ami ; ne prévien point le jugement céleste,
Respecte ces mortels, pardonne à leur vertu.
Ils ne t'ont point damné, pourquoi les damnes-tu?
A la religion discrettement fidelle,
Sois doux, compatissant, simple, indulgent comme elle ;
Et sans noyer autrui songe à gagner le port :
Qui pardonne à raison, & la colère a tort.
Dans nos jours passagers de peines, de misères,
Enfans du même Dieu, vivons du moins en freres,
Aidons-nous l'un & l'autre a porter nos fardeaux.
Nous marchons tout courbés sous le poids de nos maux ;
Mille ennemis cruels assiégent notre vie,
Toujours par nous maudite, & toujours si chérie :
Notre cœur égaré, sans guide & sans appui ;
Est brûlé de désirs, ou glacé par l'ennui,
Nul de nous n'a vécu sans connaître les larmes.
De la societé les secourables charmes
Consolent nos douleurs au moins quelques instans :
Remede encor trop faible à des maux si constans.
Ah! n'empoisonnons pas la douceur qui nous reste.
Je crois voir des forçats dans un cachot funeste,
Se pouvant secourir, l'un sur l'autre acharnés,
Combattre avec les fers dont ils sont enchaînés.

QUATRIEME PARTIE.

C'est au gouvernement à calmer les malheureuses disputes de l'ecole qui troublent la societé.

OUi, je l'entens souvent de votre bouche auguste,
Le premier des devoirs, sans doute, est d'être juste;
Et le premier des biens est la paix de nos cœurs.
Comment avez-vous pû, parmi tant de docteurs,
Parmi ces différends que la dispute enfante,
Maintenir dans l'état une paix si constante?
D'où vient que les enfans de Calvin, de Luther:
Qu'on croit de-là les monts bâtards de Lucifer,
Le Grec & le Romain, l'empesé Quiétiste,
Le Quakre au grand chapeau, le simple Anabatiste,
Qui jamais dans leur loi n'ont pû se réunir,
Sont tous, sans disputer, d'accord pour vous bénir?
C'est que vous êtes sage, & que vous êtes maître.

Si le dernier Valois, hélas! avait sçu l'être,
Jamais un jacobin, guidé par son prieur,
De Judith & d'Aod fervent imitateur,
N'eût tenté dans St. Cloud sa funeste entreprise:

(*) Mais Valois aiguisa le poignard de l'église,
Ce poignard qui bientôt égorgea dans Paris,
Aux yeux de ses sujets, le plus grand des Henris.
Voilà le fruit affreux des pieuses querelles;
Toutes les factions à la fin sont cruelles;
Pour peu qu'on les soutienne, on les voit tout oser:
Pour les anéantir, il les faut mépriser.
Qui conduit des soldats peut gouverner des prêtres.

Un roi dont la grandeur éclipsa ses ancêtres,
Crut pourtant, sur la foi d'un confesseur Normand,
Jansénius à craindre, & Quesnel important;
Du sceau de sa grandeur il chargea leurs sotises.
De la dispute alors cent cabales éprises,
Cent bavards en fourure, avocats, bacheliers,
Colporteurs, capucins, jésuites, cordeliers,
Troublèrent tout l'état par leurs doctes scrupules:
(**) Le régent plus sensé les rendit ridicules:

(*) Il ne faut pas entendre par ce mot l'eglise catholique, mais le poignard d un ecclésiastique, le fanatisme abominable de quelque gens d'eglise de ces tems la, détestés par l'église de tous les tems.

(**) Ce ridicule si universellement senti par toutes les nations, tombe sur les grandes intrigues pour de petites choses, sur la haine acharnee de deux partis qui n ont jamais pû s'entendre sur plus de quatre mille volumes imprimés.

Dans la pouſſiére alors on les vit tous rentrer.

L'œil du maître ſuffit, il peut tout opérer.
L'heureux cultivateur des préſens de Pomone,
Des filles du printems, des tréſors de l'automne,
Maître de ſon terrain, ménage aux arbriſſeaux
Les ſecours du ſoleil, de la terre & des eaux;
Par de légers appuis ſoutient leurs bras débiles,
Arrache impunément les plantes inutiles,
Et des arbres touffus, dans ſon clos renfermés,
Emonde les rameaux de la ſéve affamés.
Son docile terrain répond à ſa culture;
Miniſtre induſtrieux des loix de la nature,
Il n'eſt pas traverſé dans ſes heureux deſſeins;
Un arbre qu'avec peine il planta de ſes mains,
Ne prétend pas le droit de ſe rendre ſtérile:
Et du ſol épuiſé tirant un ſuc utile,
Ne va pas refuſer à ſon maître affligé
Une part de ſes fruits dont il eſt trop chargé.
Un jardinier voiſin n'eut jamais la puiſſance
De diriger des cieux la maligne influence,
De maudire ſes fruits pendants aux eſpaliers,
Et de ſécher d'un mot ſa vigne & ſes figuiers.

Malheur aux nations dont les loix oppoſées
Embrouillent de l'état les rênes diviſées!
Le ſénat des Romains, ce conſeil de vainqueurs,
Préſidait aux autels, & gouvernait les mœurs,

Reſtraignait ſagement le nombre des Veſtales,
D'un peuple extravagant réglait les Bacchanales.
Marc-Aurèle & Trajan mêlaient aux champs de Mars
Le bonnet de pontife au bandeau des Céſars :
L'univers repoſant ſous leur heureux génie,
Des guerres de l'école ignora la manie ;
Ces grands légiſlateurs d'un ſaint zele enyvrés,
Ne combattirent point pour leurs poulets ſacrés.
Rome encor aujourd'hui conſervant ces maximes,
Joint le trône à l'autel par des nœuds légitimes :
Ses citoyens en paix ſagement gouvernés
Ne ſont plus conquérans, & ſont plus fortunés.

Je ne demande pas que dans ſa capitale,
Un roi portant en main la croſſe épiſcopale,
Au ſortir du conſeil, allant en miſſion,
Donne au peuple contrit ſa bénédiction :
Toute égliſe a ſes loix, tout peuple a ſon uſage.
Mais je prétends qu'un roi, que ſon devoir engage
A maintenir la paix, l'ordre, la ſûreté,
A ſur tous ſes ſujets égale autorité, (*)
Ils ſont tous ſes enfans : cette famille immenſe

(*) Ce n'eſt pas à dire que chaque ordre de l'état n'ait ſes diſtinctions, ſes priviléges indiſpenſablement attachés à ſes fonctions. Ils jouiſſent de ces priviléges dans tout pays : mais la loi générale lie également tout le monde.

Dans ſes ſoins paternels a mis ſa confiance.
Le marchand, l'ouvrier, le pretre, le ſoldat,
Sont tous également les membres de l'état.
De la religion l'appareil néceſſaire;
Confond aux yeux de Dieu le grand & le vulgaire;
Et les civiles loix, par un autre lien,
Ont confondu le pretre avec le citoyen.
La loi dans tout état doit etre univerſelle.
Les mortels, quels qu'ils ſoient, ſont égaux devant elle.
Je n'en dirai pas plus ſur ces points délicats.
Le ciel ne m'a point fait pour régir les états,
Pour conſeiller les rois, pour enſeigner les ſages;
Mais du port ou je ſuis, contemplant les orages,
Dans cette heureuſe paix ou je finis mes jours,
Eclairé par vous-même, & plein de vos diſcours.
De vos nobles leçons ſalutaire interprete,
Mon eſprit ſuit le vôtre, & ma voix vous repète,

Que conclure à la fin de tous mes long propos?
C'eſt que les préjugés ſont la raiſon des ſots;
Il ne faut pas pour eux ſe declarer la guerre:
Le vrai nous vient du ciel, l'erreur vient de la terre;
Et parmi les chardons qu'on ne peut arracher,
Dans des ſentiers ſecrets le ſage doit marcher.
La paix enfin, la paix, que l'on trouble & qu'on aime,
Eſt d'un prix auſſi grand que la vérité même.

PRIERE.

O DIEU qu'on méconnait, ô DIEU que tout annonce,
Enten les derniers mots que ma bouche prononce.
Si je me suis trompé, c'est en cherchant ta Loi :
Mon cœur peut s'égarer, mais il est plein de toi.
Je vois sans m'allarmer l'éternité paraitre,
Et je ne puis penser qu'un DIEU qui m'a fait naître,
Qu'un DIEU qui sur mes jours versa tant de bienfaits,
Quand mes jours sont éteints, me tourmente à jamais.

NOTES SUR LA LOI NATURELLE.

(*a*) *Soit qu'un etre inconnu*, &c. Dieu étant un être infini, sa nature a du être inconnue à tous les hommes Comme cet ouvrage est tout philosophique, il a falu raporter les sentimens des philosophes. Tous les anciens, sans exception, ont cru l'éternité de la matiere, c'est presque le seul point sur lequel ils convenait. La plûpart prétendait que les dieux avaient arrangé le monde, nul ne savait que Dieu l'avait tiré du néant. Ils disaient que l'intelligence céleste avait par sa propre nature le pouvoir de disposer de la matiere, & que la matiere existait par sa propre nature.

Selon presque tous les philosophes & les poetes, les grands Dieux habitaient loin de la terre. L'ame de l'homme, selon plusieurs, était un feu céleste; selon d'autres, une harmonie résultante de ses organes, les uns en faisaient une partie de la Divinité, *Divinæ particulam auræ*, les autres, une matiere épurée, une quinteſſence; les plus ſages, un être immatériel: mais quelque ſecte qu'ils ayent embraſſée, tous, hors les Epicuriens, ont reconnu que l'homme eſt entiérement ſoumis à la Divinité.

(b) *Et ce Loke, en un mot, dont la main courageuſe*
A de l'eſprit humain poſé la borne heureuſe;

Le modeſte & ſage Loke eſt connu pour avoir dévelopé toute la marche de l'entendement humain, & pour avoir montré les limites de ſon pouvoir. Convaincu de la faibleſſe humaine, & pénétré de la puiſſance infinie du créateur, il dit que nous ne connaiſſons la nature de notre ame que par la foi: il dit que l'homme n'a point par lui-même aſſez de lumière pour aſſûrer que Dieu ne peut pas communiquer la penſée à tout être auquel il daignera faire ce préſent, à la matiere elle-même.

Ceux qui étaient encor dans l'ignorance s'éleverent contre lui. Entêtés d'un Cartéſianiſme auſſi faux en tout que le péripatétiſme, ils croyaient que la matière n'eſt autre choſe que l'étendue en longueur, largeur & profondeur: ils ne ſavaient pas qu'elle a la gravitation vers un centre, la force d'inertie & d'autres propriétés; que ſes élémens ſont indiviſibles, tandis que ſes compoſés ſe diviſent ſans ceſſe. Ils bornaient la puiſſance de l'Etre tout-puiſſant : ils ne faiſaient pas réflexion qu'après toutes les découvertes ſur la matière, nous ne connaiſſons point le fond de cet être. Ils devaient ſonger que l'on a longtems agité ſi l'entendement humain eſt une faculté ou une ſubſtance. Ils devaient s'interroger eux-mêmes & ſentir que nos connaiſſances ſont trop bornées pour ſonder cet abime.

La faculté que les animaux ont de ſe mouvoir, n'eſt point une ſubſtance, un être à part ; il paraît que c'eſt un don du Créateur. Loke dit que ce même Créateur peut faire ainſi un don de la penſée à tel être qu'il daignera choiſir. Dans cette hypothèſe, qui nous ſoumet plus que toute autre à l'Etre ſuprême, la penſée accordée à un élément de matière, n'en eſt pas moins pure, moins immortelle, que dans toute autre hypotheſe. Cet élément indiviſible eſt impériſſable, la penſée peut aſſurément ſubſiſter à jamais avec lui, quand le corps eſt diſſous. Voila ce que Loke propoſe ſans rien affirmer. Il dit ce que Dieu eût pû faire, & non ce que Dieu a fait. Il ne connait point ce que c'eſt que la matiere : il avoue qu'entre elle & Dieu il peut y avoir une infinité de ſubſtances créées abſolument différentes les unes des autres : la lumière, le feu élémentaire eſt peut-être, comme l'a ſoupçonné Newton, une ſubſtance mitoyenne entre cet être inconnu nommé matiere, & d'autres êtres encor plus inconnus. La lumière ne tend point vers un centre comme la matière; elle ne paraît pas impénétrable; auſſi Newton dit ſouvent dans ſon optique, *Je n'examine pas ſi les rayons de la lumiere ſont des corps, ou non.*

Locke dit donc qu'il peut y avoir un nombre innombiable de ſubſtances, & que Dieu eſt le maître d'accorder des idées à ces ſubſtances. Nous ne pouvons déviner par quel art divin un être quel qu'il ſoit a des idées; nous en ſommes bien loin : nous ne ſaurons jamais comment un ver de terre a le pouvoir de ſe remuer. Il faut dans toutes ces recherches s'en remettre à Dieu, & ſentir ſon néant. Telle eſt la philoſophie de cet homme, d'autant plus grand qu'il eſt plus ſimple : & c'eſt cette ſoumiſſion à Dieu qu'on a oſé appeller impiété; & ce ſont ſes ſectateurs convaincus de l'immortalité de l'ame qu'on a nommé matérialiſtes, & c'eſt un homme tel que Loke à qui un homme tel que Pluche a donné le nom d'ennuyeux.

Quand même Loke se serait trompé sur ce point, (si on peut pourtant se tromper en n'affirmant rien) cela n'empêche pas qu'il ne mérite la louange qu'on lui donne ici : il est le premier, ce me semble, qui ait montré qu'on ne connaît aucun axiome avant d'avoir connu les vérités particulières : il est le premier qui ait fait voir ce que c'est que l'identité, ce que c'est que d'être la même personne, le même soi : il est le premier qui ait prouvé la fausseté du système des idées innées. Surquoi je remarquerai qu'il y a des écoles qui anathématiserent les idées innées, quand Descartes les établit, & qui anathématisèrent ensuite les adversaires des idées innées, quand Loke les eut détruites. C'est ainsi que jugent les hommes qui ne sont pas philosophes.

L'AN-

L'ANNIVERSAIRE DE LA ST. BARTHELEMI, POUR L'ANNÉE 1772.

TU reviens après deux cents ans,
Jour affreux, jour fatal au monde.
Que l'abîme éternel du tems
Te couvre de sa nuit profonde.
Tombe à jamais enseveli
Dans le grand fleuve de l'oubli,
Séjour de notre antique histoire,
Mortels à souffrir condamnés,
Ce n'est que des jours fortunés
Qu'il faut conserver la mémoire.

C'est après le Triumvirat
Que Rome devint florissante.
Un poltron tyran de l'état,
L'embellit de sa main sanglante.

C'eſt après les proſcriptions
Que les enfans des Scipions
Se croyaient heureux ſous Octave.
Tranquille & ſoumis à ſa loi
On vit danſer le peuple Roi
En portant des chaînes d'eſclave.

Virgile, Horace, Pollion
Couronnés de myrthe & de lière,
Sur la cendre de Cicéron
Chantaient les baiſers de Glicère.
Ils chantaient dans les mêmes lieux
Ou tombèrent cent demi-Dieux
Sous des aſſaſſins mercénaires.
Et les familles des proſcrits
Raſſemblaient les jeux & les ris
Entre les tombeaux de leurs peres.

Bellone a dévaſté nos champs
Par tous les fléaux de la guerre.
Céres par ſes dons renaiſſans,
A bientôt conſolé la terre.
L'enfer engloutit dans ſes flancs
Les déplorables habitans

De Lisbonne aux flammes livrée.
Abandonna-t-on son sejour? ...
On y revint, on fit l'amour;
Et la perte fut réparée.

Tout mortel a versé des pleurs,
Chaque siecle a connu les crimes;
Ce monde est un amas d'horreurs,
De coupables & de victimes.
Des maux passés le souvenir,
Et les terreurs de l'avenir
Seraient un poids insupportable;
Dieu prit pitié du genre humain:
Il le créa frivole & vain
Pour le rendre moins miséable.

NB. *Les Pièces suivantes ayant ete defigurées dans plusieurs Journaux, nous avons retabli ici la veritable leçon.*

LA BEGUEULE,

CONTE MORAL.

DAns ſes écrits un ſage Italien
Dit que le mieux eſt l'ennemi du bien.
Non qu'on ne puiſſe augmenter en prudence
En bonté d'ame, en talens, en ſcience.
Cherchons le mieux ſur ces chapitres-là :
Par tout ailleurs évitons la chimère.
Dans ſon état, heureux qui peut ſe plaire,
Vivre à ſa place, & garder ce qu'il a!
  La belle Arſène en eſt la preuve claire.
Elle était jeune ; elle avait à Paris
Un tendre époux empreſſé de complaire
A ſon caprice, & ſouffrant ſes mépris.
L'oncle, la ſœur, la tante, le beau-père,
Ne brillaient pas parmi les beaux-eſprits ;
Mais ils étaient d'un fort bon caractère.
Dans le logis des amis fréquentaient ;
Beaucoup d'aiſance, une aſſez bonne chère,
Les paſſe-tems que nos gens connaiſſaient,
Jeu, bal, ſpectacle & ſoupers agréables,
Rendaient ſes jours à peu-près tolérables.
Car vous ſavez que le bonheur parfait

Eſt

Eſt inconnu ; pour l'homme il n'eſt pas fait.
Madame Arſène était fort peu contente
De ſes plaiſirs. Son ſuperbe dégout
Dans ſes dédains fuyait ou blamait tout.
On l'apellait la belle impertinente.

Or admirez la faibleſſe des gens.
Plus elle était diſtraite, indiférente,
Plus ils tâchaient, par des ſoins complaiſans,
D'aprivoiſer ſon humeur mépriſante ;
Et plus auſſi notre belle abuſait
De tous les pas que vers elle on faiſait.
Pour ſes amans encor plus intraitable ;
Aiſe de plaire, & ne pouvant aimer,
Son cœur glacé ſe laiſſait conſumer
Dans le chagrin de ne voir rien d'aimable.
D'elle à la fin chacun ſe retira.
De courtiſans elle avait une liſte ;
Tout prit parti ; ſeule elle demeura
Avec l'orgueil, compagnon dur & triſte :
Boufi, mais ſec, ennemi des ébats,
Il renfle l'ame & ne la nourit pas.

La dégoutée avait eu pour maraine
La fée Aline. On ſait que ces eſprits
Sont mitoyens entre l'eſpece humaine
Et la divine, & monſieur Gabalis
Mit par écrit leur hiſtoire certaine.

La fée allait quelquefois au logis
De ſa filleule, & lui diſait: „ Arſène,
„ Es-tu contente à la fleur de tes ans?
„ As-tu des goûts & des amuſemens?
„ Tu dois mener une aſſez douce vie “.
L'autre en deux mots répondait: *je m'ennuye.*
„ C'eſt un grand mal (dit la fée) & je croi
„ Qu'un beau ſecret c'eſt de vivre chez ſoi “.

Arſene enfin conjura ſon Aline
De la tirer de ſon maudit pays.
„ Je veux aller à la ſphère divine:
„ Faites moi voir vôtre beau paradis;
„ Je ne ſaurais ſuporter ma famille,
„ Ni mes amis. J'aime aſſez ce qui brille,
„ Le beau, le rare; & je ne puis jamais
„ Me trouver bien que dans votre palais.
„ C'eſt un goût vif dont je me ſens coefée “.
Très volontiers, dit l'indulgente fée.

Tout auſſi-tôt dans un char lumineux
Vers l'orient la belle eſt tranſportée:
Le char volait; & notre dégoutée,
Pour être en l'air, ſe croyait dans les cieux.
Elle deſcend au ſéjour magnifique
De la maraine. Un immenſe portique,
D'or ciſelé dans un goût tout nouveau,
Lui parut riche & paſſablement beau,

Mais ce n'eſt rien, quand on voit le château.
Pour les jardins c'eſt un miracle unique ;
Marli, Verſaille, & leurs petits jets-d'eau
N'ont rien auprès qui ſurprenne & qui pique.
La dédaigneuſe à cette œuvre angélique
Sentit un peu de ſatisfaction.
Aline dit : „ voilà votre maiſon,
„ Je vous y laiſſe un pouvoir deſpotique,
„ Commandez-y. Toute ma nation
„ Obéira ſans aucune réplique.
„ J'ai quatre mots a dire en Amérique,
„ Il faut que j'aille y faire quelques tours :
„ Je reviendrai vers vous dans peu de jours.
„ J'eſpère au moins, dans ma douce retraite,
„ Vous retrouver l'ame un peu ſatisfaite “.

Aline part. La belle en liberté
Reſte & s'arange au palais enchanté,
Commande en reine ou plutôt en déeſſe.
De cent beautés une foule s'empreſſe
A prévenir ſes moindres volontés.
A-t-elle faim ? Cent plats ſont aportés ;
De vrai nectar la cave était fournie,
Et tous les mets ſont de pure ambroiſie ;
Les vaſes ſont du plus fin diamant.
Le repas fait, on la mène à l'inſtant
Dans les jardins, ſur les bords des fontaines,
Sur les gazons, reſpirer les haleines

Et les parfums des fleurs & des zephyrs.
Vingt chars brillants de rubis, de ſaphirs,
Pour la porter ſe préſentent d'eux-mêmes :
Comme autrefois les trepiés de Vulcain
Allaient au ciel par un reſſort divin
Offrir leur ſiége aux majeſtés ſuprêmes.
De mille oiſeaux les doux gazouillemens,
L'eau qui s'enfuit ſur l'argent des rigoles,
Ont accordé leurs murmures charmans :
Les perroquets répétaient ſes paroles,
Et les échos les diſaient après eux.
Telle Pſyché par le plus beau des dieux
A ſes parens avec art enlevée,
Au ſeul amour dignement réſervée,
Dans un palais des mortels ignoré,
Aux élémens commandait à ſon gré.
Madame Arſéne eſt encor mieux ſervi ;
Plus d'agrémens environnaient ſa vie ;
Plus de beautés décoraient ſon ſéjour :
Elle avait tout, mais il manquait l'amour.
On lui donna le ſoir une muſique,
Dont les accords & les accens nouveaux
Feraient pâmer ſoixante cardinaux.
Ces ſons vainqueurs allaient au fond des ames.
Mais elle vit, non ſans émotion,
Que pour chanter on n'avait que des femmes.
Dans ce palais point de barbe au menton !

A quoi (dit-elle) a pensé ma maraine ?
Point d'homme ici ! Suis-je dans un couvent ?
Je trouve bon que l'on me serve en reine,
Mais sans sujets la grandeur est du vent.
J'aime à régner, sur des hommes s'entend :
Ils sont tous nés pour ramper dans ma chaine.
C'est leur destin, c'est leur premier devoir,
Je les méprise & je veux en avoir.
Ainsi parlait la recluse intraitable.
Et cependant les nymphes sur le soir
Avec respect ayant servi sa table,
On l'endormit au son des instrumens.

Le lendemain mêmes enchantemens,
Mêmes festins, pareille serenade,
Et le plaisir fut un peu moins piquant.
Le lendemain lui parut un peu fade.
Le lendemain fut triste & fatigant.
Le lendemain lui fut insuportable.

Je me souviens du tems trop peu durable,
Ou je chantais dans mon heureux printems
Des lendemains plus doux & plus plaisans.

La belle enfin chaque jour fétoyée
Fut tellement de sa gloire ennuyée,
Que détestant cet excès de bonheur,
Le paradis lui faisait mal au cœur.
Se trouvant seule elle avise une brêche

A certain mur, & ſemblable à la flèche
Qu'on voit partir de la corde d'un arc,
Madame ſaute, & vous franchit le parc.

Au même inſtant palais, jardins, fontaines,
Or, diamans, émeraudes, rubis,
Tout diſparait à ſes yeux ébaubis.
Elle ne voit que les ſtériles plaines
D'un grand déſert, & des rochers afreux:
La dame alors, s'arachant les cheveux,
Demande à Dieu pardon de ſes ſotiſes.
La nuit venait; & déja ſes mains griſes
Sur la nature étendaient ſes rideaux;
Les cris perçans des funebres oiſeaux,
Les hurlemens des ours & des panthères
Font retentir les antres ſolitaires.
Quelle autre fée, hélas! prendra le ſoin
De ſecourir ma folle avanturière?
Dans ſa détreſſe elle aperçut de loin,
A la faveur d'un reſte de lumière,
Au coin d'un bois, un vilain charbonnier,
Qui s'en allait par un petit ſentier
Tout en ſiflant retrouver ſa chaumière.
„ Qui que tu ſois (lui dit la beauté fière)
„ Vois en pitié le malheur qui me ſuit;
„ Car je ne ſais où coucher cette nuit".
Quand on a peur, tout orgueil s'humaniſe.

Le noir pataut, la voyant ſi bien miſe,
Lui répondit : „ Quel étrange démon
„ Vous fait aller dans cet état de criſe,
„ Pendant la nuit, à pied, ſans compagnon?
„ Je ſuis encor très loin de ma maiſon.
„ Ça, donnez moi votre bras, ma mignone;
„ On recevra ſa petite perſonne
„ Comme on poura. J'ai du laid & des œufs.
„ Toute Françaiſe, à ce que j'imagine,
„ Sait, bien ou mal, faire un peu de cuiſine.
„ Je n'ai qu'un lit, c'eſt aſſez pour nous deux“.

Diſant ces mots, le ruſtre vigoureux,
D'un gros baiſer ſur ſa bouche ébahie,
Ferme l'accès à toute repartie,
Et par avance il veut etre payé
Du nouveau gîte à la belle octroyé.
Hélas, hélas! (dit la dame affligée)
Il faudra donc qu'ici je ſois mangée
D'un charbonnier, ou de la dent des loups!
Le déſeſpoir, la honte, le courroux
L'ont ſufoquée, elle eſt évanouie.
Notre galant la rendait à la vie:
La fée arrive, & peut être un peu tard.
Préſente a tout elle était à l'écart.
„ Vous voyez bien (dit-elle à ſa filleule)
„ Que vous étiez une franche bégueule.

Ma chère enfant, rien n'eſt plus périlleux
Que de quitter le bien pour être mieux.

La leçon faite, on reconduit ma belle
Dans ſon logis : tout y changea pour elle
En peu de tems, ſitôt qu'elle changea.
Pour ſon profit elle ſe corrigea.
Sans avoir lu les beaux moyens de plaire
Du ſieur Moncrif, & ſans livre elle plut.
Que falait-il à ſon cœur ?.... Qu'il voulût.
Elle fut douce, atentive, polie,
Vive & prudente, & prit même en ſecret
Pour charbonnier un jeune amant diſcret,
Et fut alors une femme acomplie.

LE MARSEILLOIS ET LE LION.

DAns les sacrés cayers méconnus des profanes,
Nous avons vû parler les serpens & les ânes.
Un serpent fit l'amour à la femme d'Adam ;
Un âne avec esprit gourmanda Balaam.
Le grand parleur Homère, en vérités fertile,
Fit parler & pleurer les deux chevaux d'Achile.
Les habitans des airs, des forêts & des champs,
Aux humains, chez Esope, enseignent le bon sens.
Descartes n'en eut point quand il les crut machines.
Il raisonna beaucoup sur les œuvres divines ;
Il en jugea fort mal & noya sa raison
Dans ses trois élémens au coin d'un tourbillon.
Le pauvre homme ignora dans sa physique obscure
Et l'homme, & l'animal, & toute la nature.
Ce romancier hardi dupa longtems les sots.
Laissons-là sa folie, & suivons nos propos.

Un jour un Marseillois, trafiquant en Afrique,
Aborda le rivage où fut jadis Utique.
Comme il se promenait dans le fond d'un vallon ;
Il trouva nez à nez un énorme lion
A la longue crinière, à la gueule enflammée,

Terrible; & tout semblable au lion de Némée.
Le plus horrible effroi saisit le voyageur.
Il n'était pas Hercule: & tout transi de peur
Il se mit à genoux, & demande la vie.

Le monarque des bois, d'une voix radoucie,
Mais qui faisait encor trembler le Provençal,
Lui dit en bon français; ridicule animal,
Tu veux donc qu'aujourd'hui de souper je me
passe?
Ecoute, j'ai dîné: je veux te faire grace,
Si tu peux me prouver qu'il est contre les loix
Que le soir un lion soupe d'un Marseillois.

Le marchand à ces mots conçut quelque espérance.
Il avait eu jadis un grand fond de science;
Et pour devenir prêtre il apprit du latin;
Il savait Rabelais & son Saint Augustin.

D'abord il établit, selon l'usage antique,
Quel est le droit divin du pouvoir monarchique
Qu'au plus haut des degrés des êtres inégaux
L'homme est mis pour régner sur tous les animaux;
Que la terre est son trône; & que dans l'étendue
Les astres sont formés pour réjouir sa vue.
Il conclut qu'étant Prince un sujet Africain
Ne pouvait sans péché manger son souverain.

Le lion qui rit peu se mit pourtant à rire :
Et voulant par plaisir connaître cet empire,
En deux grands coups de griffe il dépouilla tout nu
De l'univers entier le monarque absolu.

Il vit que ce grand Roi lui cachait sous le linge
Un corps faible, monté sur deux fesses de singe,
A deux minces talons deux gros pieds attachés
Par cinq doigts superflus dans leur marche empêchés,
Deux mammelles sans lait, sans grace, sans usage,
Un crâne étroit & creux couvrant un plat visage,
Tristement dégarni du tissu de cheveux
Dont la main d'un barbier coeffa son front crasseux.
Tel était en effet ce Roi sans diademe,
Privé de sa parure & réduit à lui-même.
Il sentit qu'en effet il devait sa grandeur
Au fil d'un perruquier, aux ciseaux d'un tailleur.

Ah ! dit-il au lion, je vois que la nature
Me fait faire en ce monde une triste figure :
Je pensais être Roi. j'avais certes grand tort.
Vous êtes le vrai maitre en étant le plus fort.
Mais songez qu'un héros doit dompter sa colère.
Un roi n'est point aimé s'il n'est pas débonnaire.
Dieu, comme vous savez, est au-dessus des Rois
Jadis en Arménie il vous donna des loix,
Lorsque dans un grand coffre à la merci des ondes,

Tous les animaux purs, ainsi que les immondes,
Par Noé mon ayeul enfermés si longtems,
Respirerent enfin l'air natal de leurs champs:
Dieu fit avec eux tous une étroite alliance,
Un pacte solemnel..... Oh! la plate impudence!
As-tu perdu l'esprit par excès de frayeur?
Dieu, dis-tu, fit un pacte avec nous?... Oui,
Seigneur,
Il vous recommanda d'être clément & sage,
De ne toucher jamais à l'homme son image:
Et si vous me mangez, l'Eternel irrité
Fera payer mon sang à votre Majesté....

Toi, l'image de Dieu! toi, magot de Provence!
Conçois-tu bien l'excès de ton impertinence?
Montre l'original de mon pacte avec Dieu.
Par qui fut-il écrit? en quel tems? dans quel lieu?
Je vais t'en montrer un, plus sûr, plus véritable.
De mes quarante dents voi la file effroyable,
Ces ongles dont un seul pourrait te déchirer,
Ce gosier écumant prêt à te dévorer,
Cette gueule, ces yeux dont jaillissent des flammes;
Je tiens ces heureux dons du Dieu que tu réclames.
Il ne fait rien en vain: te manger est ma loi,
C'est là le seul traité qu'il ait fait avec moi.
Ce Dieu, dont mieux que toi je connois la prudence,
Ne donne pas la faim pour qu'on fasse abstinence.

Toi-même as fait paſſer ſous tes chétives dents
D'imbécilles dindons, des moutons innocens,
Qui n'étaient pas formés pour être ta pâture.
Ton débile eſtomac, honte de la nature,
Ne pourait ſeulement, ſans l'art d'un cuiſinier,
Digérer un poulet qu'il faut encor payer.
Si tu n'as point d'argent tu jeunes en hermite.
Et moi que l'appétit en tout tems ſollicite,
Conduit par la nature, attentif a mon bien,
Je puis t'avaler crud ſans qu'il m'en coûte rien.
Je te digérerai ſans faute en moins d'une heure.
Le pacte univerſel eſt qu'on naiſſe & qu'on meure.
Appren qu'il vaut autant, raiſonneur de travers,
Etre avalé par moi que rongé par les vers. . . . .

Sire, les Marſeillois ont une ame immortelle.
Ayez dans vos repas quelque reſpect pour elle.

La mienne apparemment eſt immortelle auſſi.
Va, de ton eſprit gauche elle a peu de ſouci.
Je ne veux point manger ton ame raiſonneuſe.
Je cherche une pature & moins fade & moins creuſe:
C'eſt ton corps qu'il me faut; je le voudrais plus gras;
Mais ton ame, croi-moi, ne me tentera pas. . . . .

Vous avez ſur ce corps une entiére puiſſance.

Mais quand on a dîné n'a-t-on point de clémence ?
Pour gagner quelque argent j'ai quitté mon pays,
Je laiſſe dans Marſeille une femme & deux fils ;
Mes malheureux enfans, réduits à la miſère,
Iront à l'hôpital ſi vous mangez leur père.....

Et moi, n'ai-je donc pas une femme à nourir ?
Mon petit lionceau ne peut encor courir,
Ni ſaiſir de ſes dents ton eſpèce craintive.
Je lui dois la pâture ; il faut que chacun vive.
Eh ! pourquoi ſortais-tu d'un terrein fortuné,
D'olives, de citrons, de pampres couronné ?
Pourquoi quitter ta femme & ce pays ſi rare
Où tu fétais en paix Magdelaine & Lazare ?
Dominé par le gain tu viens dans mon canton
Vendre, acheter, troquer, être dupe & fripon ;
Et tu veux qu'en jeunant ma famille pâtiſſe
De ta ſotte imprudence & de ton avarice ?
Répon-moi donc, maraut..... Sire, je ſuis battu.
Vos griffes & vos dents m'ont aſſez confondu.
Ma tremblante raiſon cède en tout à la vôtre.
Oui la moitié du monde à toujours mangé l'autre.
Ainſi Dieu le voulut ; & c'eſt pour notre bien.
Mais, Sire, on voit ſouvent un malheureux chrétien
Pour de l'argent comptant qu'aux hommes on préfère,

Se racheter d'un Turc, & payer un corsaire.
Je comptais à Tunis passer deux mois au plus;
A vous y bien servir mes vœux sont résolus;
Je vous ferai garnir votre charnier auguste
De deux bons moutons gras, valant vingt francs au juste.
Pendant deux mois entiers ils vous seront portés,
Par vos correspondans chaque jour présentés;
Et mon valet, chez vous, restera pour ôtage....

Ce pacte, dit le Roi, me plait bien davantage
Que celui dont tantôt tu m'avais étourdi.
Viens signer le traité; suis-moi chez le Cadi;
Donne des cautions: sois sûr, si tu m'abuses,
Que je n'admettrai point tes mauvaises excuses;
Et que sans raisonner tu seras étranglé,
Selon le droit divin dont tu m'as tant parlé.

Le marché fut signé; tous les deux l'observerent,
D'autant qu'en le gardant tous les deux y gagnèrent.
Ainsi dans tous les tems nos seigneurs les lions
Ont conclu leurs traités aux dépends des moutons.

LES

LES
DEUX SIECLES.

Siècle où je vis briller un I suivi d'un quatre,
Siecle où l'on sut écrire aussi bien que combattre,
D'où vient qu'a nos plaisirs a succédé l'ennui ?
Ressemblons nous du moins au Romain d'aujourd'hui
Qui fier dans l'indigence, & grand dans ses miseres,
Vante en tendant la main les trésors de ses pères ?
Non ; d'un plus noble orgueil notre esprit est blessé.
Nous croions valoir mieux que le bon tems passé.
La sagesse en nos jours a sur nous tant d'empire
Que nous avons perdu la faculté de rire.
C'est dommage, autrefois Moliere était plaisant ;
Il sçut nous égayer, mais en nous instruisant :
Le comique pleureur aujourd'hui veut séduire,
Et sans nous amuser renonce à nous instruire.
Que je plains un Français, quand il est sans gaité !
Loin de son élément le pauvre homme est jetté ;
Je n'aime point Thalie alors que sur la scène
Elle prend gauchement l'habit de Melpomene.

Ces

Ces deux charmantes ſœurs ont bien changé de
ton.
Hors de ſon caractère on ne fait rien de bon.
Molière en rit là bas, & Racine en ſoupire.

Il ne peut ſupoiter l'inſipide délire
De tous ces plats romans mis en vers bourſouflés,
Apoſtrophes aux dieux, lieux communs empoulés,
Maximes ſans raiſon, nœuds d'intrigues bizarres,
Et la ſcene Françaiſe en proye à des barbares

Tant mieux, dit un rêveur ſoi-diſant financier,
Qui gouverne l'état du haut de ſon grenier;
La chute des beaux arts eſt un bien pour la France;
Des revenus du Roi ma main tient la balance:
Je verrai des impôts les Françaıs affranchis.
Vous ennuyez l'état, & moi je l'enrichis.
J'ai ſçu fertiliſer la terre avec ma plume.
J'ai fait contre Colbert un excellent volume;
Le public n'en ſait rien: mais la poſtérité
M'attend pour me conduire à l'immortalité:
Et pour prix des calculs où mon eſprit ſe tue,
Je veux avec Jean Jaque avoir une ſtatue (*)

(*) On a déja vu que Jean Jaque Rouſſeau le Genevois, s'aviſa d'écrire dans une lettre à Monſieur l'Archevêque de Paris que l'Europe aurait dû lui élever une ſtatue à lui Jean Jaque.

Taiſez-vous, lui répond un philoſophe altier,
Et ne vous vantez plus de votre obſcur métier;
Vous gouvernez l'état! quelle triſte manie
Peut dans ce cercle étroit captiver un génie!
Prenez un vol plus haut, gouvernez l'univers.
Prouvez-nous que les monts ſont formés par les mers,
Jettez les Apennins dans l'abîme de l'onde,
Deſcendez par un trou dans le centre du monde.
Pour bien connaître l'ame & nos ſens inégaux,
Allez des Patagons diſſéquer les cerveaux;
Et tandis que Néedham a créé des anguilles,
Courez chez les Lapons & ramenez des filles.
Voilà comme on s'illuſtre en ce ſiecle profond:
De la nature enfin mes yeux ont vu le fond.
Que Dieu parle à ſon gré, qu'a ſa voix tout s'arrange;
Ce trait a ſes beautés; moi je parle, & tout change.
Va, ne t'amuſe plus aux finances du Roi,
Vien t'en créer un monde & ſois dieu comme moi.
A ces diſcours brillants ſaiſi d'un ſaint ſcrupule
L'archidiacre Trublet s'épouvante & recule,
Et pour charmer la cour qui s'y connait ſi bien,
Avec un récolet fait le Journal chrétien.
Les voilà tous les deux qui commentant Moyſe
Pour quinze ſous par mois ſont l'apui de l'Egliſe.
Ils travaillent longtems: leur libraire conclut

Qu'il va mourir de faim, mais qu'il fait son salut.

Un autre fou paraît suivi de sa sorcière
Il veut réduire au gland l'Académie entiere.
Renoncez aux cités, venez au fond des bois,
Mortels, vivez contents, sans secours & sans loix;
Ou si vous persistez dans l'abus effroyable
De goûter les plaisirs d'un être sociable,
A mes soins vigilants osez vous confier.
Je fais d'un gentilhomme un garçon menuisier.
Ma Julie avec moi perdant son pucelage
Accouche d'un fœtus, & n'en est que plus sage.
Rien n'est mal; rien n'est bien, je mets tout de
niveau;
Je marie au Dauphin la fille du boureau:
Les petites maisons où toujours j'étudie,
Valent bien la Sorbonne & sa théologie.
Ainsi sur le pont Neuf parmi les charlatans
L'échapé de Genève ameute les passants,
Grimpé sur les trettaux, qui jadis dans Athène
Avaient servi de loge au chien de Diogene.

Si la philosophie a pris ce noble essor
L'histoire sous nos mains va s'embellir encor.
Des riens aprofondis dans un long répertoire
Sans éclairer l'esprit surchargent la mémoire.

Allons poudreux valets d'insolents imprimeurs,
Petits abbés crotés, faméliques auteurs

Ressassez-moi Petau, copiez-moi Du Cange;
De tous nos vieux écrits compilez le mélange.
Servez d'antiques mets sous des noms empruntés,
A l'apétit mourant des Lecteurs dégoutés:
Mais surtout écrivez en prose poetique:
Dans un stile empoulé parlez-moi de physique;
Donnez du gigantesque, étourdissez les sots.
Si vous ne pensez pas, créez de nouveaux mots,
Et que vôtre jargon digne en tout de nôtre âge:
Nous fasse de Racine oublier le langage.

Jadis en sa volière un riche curieux
Rassembla des oiseaux le peuple harmonieux;
Le chantre de la nuit, le serin, la fauvette,
De leurs sons enchanteurs égayaient sa retraite;
Il eut soin d'écarter les lezards & les rats.
Ils n'osaient aprocher: ce tems ne dura pas.
Un nouveau maître vint, ses gens se négligerent
La voliere tomba, les rats s'en emparerent,
Ils dirent aux lezards, illustres compagnons,
Les oiseaux ne sont plus: & c'est nous qui régnons.

LE PERE NICODEME ET JEANOT.

LE PERE NICODEME.

Jeanot, ſouviens-toi bien que la philoſophie
Eſt un démon d'enfer à qui l'on ſacrifie.
Archimede autrefois gâta le genre humain;
Newton dans nôtre tems fut un franc libertin
Locke a plus corrompu de femmes & de filles
Que Laſs à l'hôpital n'a conduit de familles
Tout chrétien qui raiſonne a le cerveau bleſſé.
Béniſſons les mortels qui n'ont jamais penſé
O bienheureux Larcher, Viret, Cogé, Nonotte,
Que de tous vos écrits la peſanteur dévote
Toujours pour mon eſprit eut de charmes puiſſants.
Le péché n'eſt, dit-on, que l'abus du bon ſens,
Et de peur de l'abus vous banniſſez l'uſage.
Ah! fuyons ſaintement le danger d'etre ſage.
Pour faire ton ſalut ne penſe point, Jeanot,
Abruti bien ton ame, & fai vœu d'etre un ſot.

JEANOT.

Je ſens de vos diſcours l'influence bénigne,
Je baille, & de vos ſoins je me crois déja digne.

J'ai toujours remarqué que l'esprit rend malin.
Vous vous ressouvenez du bon curé Fantin,
Qui prechant, confessant les dames de Versailles
Caressait tour à tour, & volait ses ouailles,
Ce cher Monsieur Billard, & son ami Cursel
Grands porteurs de cilice, & chanteurs de missel,
Qui prenaient nôtre argent pour mettre en œuvres pies;
Tous ces gens là, mon père, étaient de grands génies!

LE PERE NICODEME.

Mon fils, n'en doute pas, ils ont philosophé;
Et soudain leur esprit par le diable échauffé
Brula de tous les feux de la concupiscence.
Dans les bosquets d'Eden l'arbre de la science
Portait un fruit de mort & de corruption.
Nôtre bon pere en eut une indigestion.
Pour lui bien conserver sa fragile innocence
Il eut fallu planter l'arbre de l'ignorance.

JEANOT.

C'est bien dit, mais souffrez que Jeanot l'hébêté
Propose avec respect une difficulté:
De tous les écrivains dont la pesante plume
Barbouilla sans penser tous les mois un volume,
Le plus ignare en grec, en français, en latin

C'eſt nôtre ami Fréron de Kimper-Corentin.
Sa groſſe ame pourtant dans le vice eſt plongée,
De cent mortels poiſons Belzébuth l'a rongée.
Je conclurais de-là, ſi j'oſais raiſonner,
Que le pauvre d'eſprit peut encor ſe damner.

LE PERE NICODEME.

Oui, mais c'eſt quand ce pauvre oſe ſe croire riche.
C'eſt quand du bel eſprit un lourd pédant s'entiche,
Quand le démon d'orgueil, & celui de la faim
Saiſiſſent à la gorge un maudit écrivain;
Le déloyal alors eſt poſſédé du diable.
Chez tout ſot bel eſprit le vice eſt incurable;
Il va trouver enfin pour prix de ſes travers
Desfontaine & Chauſſon dans le fond des enfers.
Au pur ſein d'Abraham il eut volé peut-être,
Si dans ſon humble étage il eut ſçu ſe connaître;
Mais il fut réprouvé ſi-tôt qu'il entreprit
D'allier la ſottiſe avec le bel eſprit.

Autrefois un hibou formé par la nature
Pour fuir l'aſtre du jour au fond de ſa mazure,
Laſſé de ſa retraite eut le projet hardi
De voir comment eſt fait le ſoleil à midi.
Il pria de ſon antre une aigle ſa voiſine

De daigner le conduire a la ſphere divine,
D'ou le blond Apollon de ſes rayons dorés
Perce les vaſtes cieux par lui ſeul éclairés.
L'aigle au milieu des airs le porta ſur ſes aîles.
Mais bientôt ébloui des clartés immortelles
Dont l'éclat n'eſt pas fait pour ſes debiles yeux,
Le mangeur de ſouris tomba du haut des cieux.
Les oiſeaux accourus a ſes plaintes funebres,
Devorerent ſoudain le courier des ténebres.
Profite de ſa faute, & tapi dans ton trou
Fui le jour a jamais en fidele hibou.

JEANOT

On a beau ſe ſoumettre & fermer la paupière;
On voudrait quelquefois voir un peu de lumiere.
J'entends dire en tous lieux que le monde eſt inſtruit,
Qu'avec Saint Loyola le menſonge s'enfuit,
Qu'Aranda dans l'Eſpagne éclairant les fideles
A l'inquiſition vient de rogner les ailes.
Chez les Italiens les yeux ſe ſont ouverts.
Une Auguſte cité ſouveraine des mers
Des filets de Barjone a rompu quelques mailles;
Le Souverain chéri qui naquit dans Verſailles
Annula, m'a t-on dit, ces billets ſi fameux
Que les morts aux enfers emportaient avec eux.
Avec diſcrétion la ſage tolérance.

D'une éternelle paix nous permet l'eſpérance.
D'abord avec effroi j'entendais ces diſcours.
Mais par cent mille voix répétés tous les jours,
Ils réveillent enfin mon ame apeſantie :
Et j'ai de raiſonner la plus terrible envie.

LE PERE NICODEME.

Ah ! te voilà perdu, Jeanot n'eſt plus à moi.
Tous les cœurs ſont gâtés—l'eſprit bannit la foi!
L'eſprit s'étend par-tout.—O divine Bétiſe,
Verſez tous vos pavots ; ſoutenez mon Egliſe.
A quels ſaints recourir dans cette extrêmité ?

O mon fils, cher enfant de la ſtupidité,
Quel ennemi t'arrache au doux ſein de ta mère ?
On te l'a dit cent fois, malheur à qui s'éclaire.
Ne va point contriſter les cœurs des gens de bien.
Courage, allons, rends toi, lis le journal chrétien,
De Jean George crois moi, lis le diſcours ſublime.
C'eſt pour ton mal qui preſſe un excellent régime.
Tu peux guérir encor. Oui, Paris dans ſes murs
Voit encor grace à Dieu des eſprits lourds, obſcurs,
D'argumens rebatus déterminez copiſtes,
Tout farcis de lambeaux des premiers janſéniſtes ;
Jette toi dans leurs bras, dévore leurs leçons ;
Apren d'eux à donner des mots pour des raiſons.
Fais des phraſes Jeanot, ma douleur t'en conjure.

Par ce palliatif adoucis ta blessure.
Ne sois point philosophe.

JEANOT.

Ah ! vous percez mon cœur.
Allons, ne voyons goute ; & chérissons l'erreur.
C'est vous qui le voulez. Mais quel fruit tirerai-je
De demeurer un sot au sortir du Collège ?

LE PERE NICODEME.

Jeanot, je te promets un bon canonicat.
Et peut-être à ton tour deviendras-tu prélat.

QUEL-

QUELQUES PETITES HARDIESSES *DE Mr. CLAIR*, A L'OCCASION D'UN PANEGIRIQUE *DE St. LOUIS.*

EN liſant le Panégirique de ſaint Louïs, prononcé par Mr. Mauri devant nôtre illuſtre Académie, je croyais, à l'article des Croiſades, entendre ce Cucupietre ou Pierre l'hermite, changé en Demoſthène & en Cicéron. Il donne preſque envie de voir une Croiſade. J'avoue que je ne ferais pas faché qu'on en fit une contre l'Empire Ottoman. J'aime l'Egliſe grecque; elle eſt la mère de l'Egliſe latine. J'ai oui dire qu'il y a quelques Princes qui, dans l'occaſion, s'uniraient pour relever (non pas trop haut, mais ſur ſes pieds) le Patriarche de Conſtantinople écraſé par le Muphti. Je verrais avec plaiſir la belle Grece, la patrie d'Alcibiade & d'Anacréon délivrée de ſon long eſclavage. Il ferait doux de souper dans Athènes libre avec Aspasie & Périclès au sortir d'une tragédie de Sophocle.

Mais pour aller faire la guerre vers Immaus & Corozaim, je confesse que ce n'est pas mon goût.

Tous les premiers historiens des Croisades semblent mordus des memes tarentules que les Croisés. Il semble à les entendre qu'on rendait un service important à Dieu en abandonnant la culture des terres les plus fertiles de l'Occident, en portant son or & son argent dans un pays aride, en visitant les Saints-lieux sur un cheval de charette avec sa maîtresse en croupe, & en se fesant tuer par des Turcs & par des Sarrazins à dix-huit cent lieues de sa patrie.

De droit, on n'en avait aucun. Quelle fut donc l'origine de cette fureur épidémique qui dura deux cent années, & qui fut toujours signalée par toutes les cruautés, toutes les perfidies, toutes les débauches, toute la démence dont la nature humaine est capable.

L'arme pietose el capitano, che grand sepolcro libero di Christo col senno e con la mano est fort bon dans un Poeme épique, mais il n'en est pas de même dans l'histoire telle que le *senno* l'exige aujourd'hui.

Je hazarde de dire avec soumission, & en me trompant peut-etre, que les Papes conçurent ce vaste & hardi dessein de transporter l'Europe militaire en Asie. Les pélérinages étaient fort à la mode, ils avaient commencé dans l'Orient à la Mecque, où les savants Arabes prétendaient qu'Abraham & Ismael étaient enterrés. On avait imité ces émigrations passagères dans l'Occident. On allait visiter à Rome les tombeaux de S. Pierre & de S Paul, dont les corps reposent dans cette ville, selon les savants occidentaux; mais l'opinion répandue depuis très longtems parmi les Chrétiens que le monde allait finir, avait, depuis près de cent ans, détourné les Fideles du pélérinage de Rome au pélérinage de Jérusalem. Le tombeau de Jésus-Christ l'emportait, comme de raison, sur le tombeau de ses disciples: quoi qu'après tout la saine critique n'aît pas plus de preuve démonstrative de l'endroit précis, où nôtre Seigneur fut enseveli, que de celui où gît le corps d'Abraham.

Le monde ne finissant point, & les Turcs maîtres de Jérusalem rançonnant les pélérins, ces pieux voyageurs latins se plaignirent non-seulement des Turcs qui leur fesaient payer trop cher leur devotion; mais encore plus des Arabes qui les dépouillaient, & beaucoup plus des Grecs Chrétiens qui ne les assistaient pas à leur retour par Constantinople. Car les malheureux & les imprudents s'irritent plus contre leur frères qui ne les sécourent pas, que contre les ennemis qui les dépouillent.

Le premier qui imagina d'armer l'Occident contre l'Orient sous prétexte d'aider les pélérins, & de délivrer les Saints-lieux fut ce Pape Grégoire VII, ce moine si audacieux, cet homme si fourbe à la fois & si fanatique, si chimérique & si dangereux, cet ennemi de tous les Rois; qui établit sa Chaire de St. Pierre sur des Trônes renversés. On voit par ses lettres qu'il s'était proposé de publier une Croisade contre les Turcs. Mais cette Croisade devait nécessairement être dirigée contre l'Empire chrétien de Constantinople: on ne pouvait rétablir l'Eglise latine en Asie que sur les ruines de la Grecque sa rivale éternelle; & on ne pouvait écraser cette Eglise qu'en prenant Constantinople.

Urbain second eut le même dessein. C'est cet Urbain second qui agrava la persécution commencée par Grégoire VII, contre le grand & infortuné Empereur Henri quatre. C'est lui qui arma le fils contre le Pere & qui sanctifia ce crime. C'est lui qui, né sujet du Roi de France Philippe premier, osa excommunier ſon Souverain dans la France même, où il precha la Croiſade.

Le deſſein était ſi bien pris de s'emparer de Conſtantinople, que l'Evèque Monteil Légat du Pape & guerrier, voulut abſolument qu'on commençat l'expédition par le ſiége de cette capitale, & qu'on exterminat les Chrétiens Grecs avant d'aller aux Turcs. Le Comte Bohemondo, qui était dans le ſecret, n'eut jamais d'autre avis HUGUES, frère du Roi de France, n'ayant ni troupes, ni argent, ayant hautement ſoutenu ce projet, fut aſſez imprudent pour aller faire une viſite à l'Empereur Aléxis Comnene qui le fit arrêter, & qui eut enſuite la générosité de le relacher. Enfin ce Goffreddo, qui n'était point du tout le chef des Croiſés, comme on l'a cru, attaqua les fauxbourgs de la ville impériale *col ſenno e con la mano*, pour ſon premier exploit, mais trop heureux de faire ſa paix avec l'Empereur, il en obtint enfin la permiſſion d'aller à Jéruſalem, dont le Comte de Toulouſe & le Prince de Tarente lui ouvrirent le chemin par la priſe, ou plutôt par la ſurpriſe d'Antioche. En un mot, le but de cette Croiſade était ſi bien de ſe ſaiſir de l'Empire Grec, que les Croiſés s'en emparèrent en 1204, & en furent les maîtres pendant environ cinquante ans.

Si tout cela fut juste, je m'en rapporte à Grotius *de jure belli & pacis.*

Alors les Papes se virent élevés à ce point de grandeur dont les Califes descendaient. Ces Califes avaient commencé par porter le glaive & l'encensoir : les Papes qui commencèrent par l'encensoir, se servirent ensuite du glaive des Princes. S'ils s'en étaient armés eux-mêmes, ils auraient peut-être, à l'aide du fanatisme de ces temps, réuni sous leurs loix les Empires d'Orient & d'Occident du même bras dont ils terrassaient Henri quatre, Fréderic Barberousse & Fréderic second, mais ils restèrent dans Rome & ils ne combattirent qu'avec des Bulles.

On sait comment les Grecs chassèrent les Latins, & reprirent leur malheureux Empire : ont sait comment les Musulmans exterminèrent presque tous les Croisés dans l'Asie mineure & dans la Syrie. Il ne resta de ces multitudes de Barbares émigrants que quelques ordres de Réligieux qui firent vœu au Dieu de paix de verser le sang humain.

Ce fut dans ces circonstances, que Saint LOUIS eut le malheur de faire le même vœu a Paris dans un acces de fievre, pendant lequel il crut entendre une voix céleste qui lui ordonnait d'entreprendre une Croisade. Il devait bien plutôt écouter la véritable voix céleste, celle de la raison, qui lui ordonnait de rester chez lui, de continuer à faire fleurir dans son Royaume l'agriculture, le commerce & les loix, d'etre le Pere de son Peuple & l'arbitre de ses voisins Il jouissait de cette gloire, & s'il voulait conquérir, il pouvait etre plus à propos de reprendre la Guyenne que d'aller lui-même se faire prendre en Egypte, en appauvrissant & en dépeuplant son Royaume.

Il suivait, dit-on, le préjugé du temps. C'était a sa grande ame à se mettre au dessus du préjugé. Il lui appartenait de changer son siecle. Il avait déjà donné cet utile exemple en résistant avec piété aux entreprises de la Cour de Rome Que ne résistait-il de même a la démence des Croisades? lui qui regardait le bien de son Etat comme son premier devoir. Qu'est-ce donc que la France avait à démeler avec Jérusalem? Quel intérêt, quelle raison, quel Traité l'appellaient en Egypte? S'il y avait quelques Français esclaves dans cette contrée, le vieux & sage Meleisala, qui demandait la paix, les lui aurait rendus pour mille & mille fois moins d'argent que ne lui couta sa fatale entreprise. Nulle nation ne le pressait d'aller faire en Egypte une guerre qui l'aurait ruiné, quand même elle eut été heureuse. Au contraire, toutes les nations de l'Europe étaient lasses de ces Croisades ridicules & affreuses, à commencer par Rome même.

On reproche à nôtre siecle de ne condamner sa Croisade que parce qu'il était un Saint; mais c'est (nous osons le dire) parce qu'il était un Saint, qu'il ne devait pas l'entreprendre. Il la fit en Saint & en Héros sans doute; mais s'il eut employé autrement ses grandes vertus, il eût éte plus Saint & plus Héros.

C'est parce que nous révérons sa mémoire avec amour, que nous pleurons sur lui, qui se rendit le plus malheureux des hommes; sur sa femme qui accoucha dans une prison de l'Egypte dans la crainte continuelle de la mort; sur son fils qui périt avec le pére dans ces entreprises funestes, sur son frère le Comte d'Artois dont les vainqueurs porterent la tete au bout d'une lance, sur la fleur de la chevalerie égorgée à ses yeux, sur cinquante mille Français perdus dans cette expédition désastreuse.

Nous chérissons sa mémoire, nous nous prosternons devant ses autels; mais qu'on nous permette d'estimer son vainqueur Almoadan qui le fit guérir de la peste, & qui lui remit deux-cent mille *besans* d'or de sa rançon. On le sait, & on doit le dire : les Orientaux étaient alors les peuples instruits & civilisés; & nous étions les barbares.

Enfin Blanche sa mère qui savait gouverner, désapprouva hautement cette Croisade, & l'on peut faire gloire de penser comme la reine Blanche.

Je suppose maintenant qu'on raconte à un homme de bon sens l'histoire de cette Croisade de Saint Louis, & qu'on lui dise tout ce qu'il a fait de sage, de grand, de beau, c'est-à-dire de juste, avant cette héroique imprudence (*). L'homme de bon sens dira sans doute, ce grand Roi n'en commettra pas une seconde. Mais qu'il sera étonné! quand vous lui apprendrez qu'il retourne encore en Afrique; qu'il fait encor une Croisade plus funeste que la premiere, puisqu'elle couta a la France le meilleur de ses Rois, & le plus grand homme de l'Europe. Ce n'est plus en Egypte qu'il por-

(*) L'Abbé de Veli avoue dans son histoire qu'on la traita de *pieuse extravagance, & qu'un Roi sage ne devait ni l'autoriser, ni la projetter.*

Joinville s'exprime bien plus fortement. Voici ses paroles. *J'ai oui dire que ceux qui conseillerent au bon Roi cette entreprise firent un très grand mal, & pécherent mortellement.*

Au reste il faut savoir que le *Joinville* que nous avons est une traduction faite du temps de François premier. Le jargon de Joinville ne s'entend plus.

te la guerre, c'eſt à Tunis. Et pour qui va-t-il faire cette guerre funeſte? pour un de ſes frères, à la verité, mais pour un uſurpateur, pour un barbare ſouillé lâchement du ſang de Conradin, légitime héritier des deux Siciles, & du Duc d'Autriche; pour un monſtre (appellons les choſes par leur nom, ſi nous eſpérons d'effrayer les Tyrans.) pour un monſtre qui fit ſervir la religion & la juſtice, le Pape & les bourreaux au ſupplice de deux têtes couronnées innocentes & reſpectables.

Ce Charles d'Anjou réclamait un petit ſubſide que lui devait le Roi de Tunis, & dans la vue de recouvrer ce peu d'argent pour Naples, on chargea la France d'impóts ſi accablants, que le Peuple fit entendre partout ſes cris de douleur, & que tout le Clergé refuſa longtemps de payer.

Charles d'Anjou fit accroire à ſon frère que le Roi de Tunis voulait ſe faire Chrétien, & qu'il n'attendait que l'armée Françaiſe pour déclarer ſa converſion. St. Louis partit ſur cette étrange eſpérance.

Il voulait de Tunis aller vers la Paleſtine; il n'y avait plus de Chrétiens dans ce triſte pais, nul reſte de ces multitudes innombrables, ſinon quelques eſclaves qui avaient renoncé à leur religion.

Le fameux Bondocdar (*) autrefois l'un des Emirs qui avaient le plus servi aux défaites de St. Louis, était soudan de Damas, de la Syrie & de l'Egypte. Ses armées montaient dit-on, à trois cent mille hommes; il avait toujours été vainqueur. Nos Chroniqueurs en parlent comme d'un brigand; tous les Orientaux le regardent comme un héros égal aux Saladins, aux Omar, & aux Aléxandre.

C'était contre ce grand homme que St. Louis avait le courage d'aller combattre sur les oste-

(*) NB. Véli dans son Histoire de France fait dire à ce Bondocdar, *Qu'il aimait mieux un petit nombre de gens sobres, qu'une multitude d'effeminés: vils esclaves plus propres à briller dans l'obscurité des tavernes & des ruelles que dans les nobles champs du Dieu Mars.* Il n'est guères probable qu'un Soudan ait tenu un tel discours, qu'il ait parlé du Dieu Mars, des tavernes & des ruelles que les Musulmans ne connaissaient pas. Ils n'y avait point chez eux de tavernes, encor moins de ruelles. L'Abbé Veli lui prête son langage, où plutôt le langage des écrivains des charniers du tems de Louis XIII. Il y a des morceaux bien faits dans Veli, on lui doit des eloges & de la reconnaissance, mais il faudrait avoir le stile de son sujet, & pour faire une bonne Histoire de France il ne suffirait pas d'avoir du discernement & du goût, il faudrait assembler longtems tous ses matériaux à Paris, & aller faire imprimer son ouvrage en Hollande.

ments de deux millions de Croisés morts en Sirie, avec une faible armée, déja découragée par les défaites de celles qui l'avaient précédée, il n'eut pas le malheur de parvenir jusqu'à Bondocdar; il mourut de la peste sur les sables de l'Afrique, & laissa son Royaume dans la désolation & dans la pauvreté: quels sentiments doit-il inspirer? il faut le révérer à jamais, le chérir, l'admirer & le plaindre. (*)

Nous avons parlé des guerres de ce Prince infortuné: parlons des loix de ce Prince juste, on lui attribue une Pragmatique sanction, & les établissements qui portent son nom. Mais comment n'avons nous pas du moins une copie autentique & légale de ces deux fameuses piéces, quand nous en avons de ses simples ordonnances! Comment peut-on croire que St. Louis ait cité le Code & le Digeste qui n'étaient nullement connus de son temps en France?

On se fonde sur l'opinion commune qui lui

(*) Véli dit, *que St. Louis songeait a rendre son fils Philippe digne du premier Sceptre du Monde.* Cela n'est pas poli pour l'Empereur, ni pour l'Impératrice de Russie, ni pour le grand Seigneur, ni pour le grand Mogol, ni pour l'Empereur de la Chine Le Sceptre de la France était un très beau Sceptre, mais la modestie l'aurait embelli encore.

attribua ces loix plusieurs années apres sa mort. Mais n'a-t-on pas imputé au Cardinal de Richelieu ce Testament ridicule qui déshonnoierait sa mémoire s'il était de lui, & qu'on a reconnu trop tard n'être pas son ouvrage?

A Dieu ne plaise que St. Louis ait fait un Code où l'on ordonnait de brûler vive une pauvre femme qui recelait un petit vol pour lequel le voleur était pendu.

Qu'il ait privé les enfans de la succession mobiliaire d'un Pere mort malheureusement sans s'être confessé après huit jours de maladie

Qu'il ait fait arracher les yeux a ceux qui *emblent un cheval.*

Qu'il ait permis qu'on excommuniat pour dettes.

Qu'il ait condamné à la corde tout Gentilhomme qui se serait sauvé de prison.

Qu'on coupat le poing au fabriquant qui vendrait du drap trop étroit.

Ce sont là des Loix de Dragon, & non des Loix de St Louis. N'outrageons point sa mémoire jusqu'a l'en croire l'auteur.

Défions nous de tout ce qu'on a écrit dans ces temps d'ignorance & de barbarie. Comparons un moment ces nuits de ténebres à nos beaux jours, comparons la multitude de nos florissantes villes avec ces prisons qu'on appellait Fertés, Chatels, Roches, Basties, Bastilles ; nos arts perfectionnés à la disette de tous les arts, la politesse à la grossiéreté : les scandales sanglants & abominables de Rome a la paix à la décence a la politique circonspecte qui rendent aujourd'hui le séjour de Rome délicieux, l'absurde atrocité Anglaise au siecle de Newton, la raison humaine perfectionnée à l'instinct humain abruti, nos mœurs douces & polies, aux mœurs agrestes & féroces. St. Louis en sera plus grand pour s'etre élevé dans ses domaines peu étendus, au dessus de la fange ou l'Europe était plongée. Mais nous en serons plus heureux en considérant que nous n'avons été que des barbares dans un si grand nombre de siècles, & que nous ne le sommes plus.

LET-

LETTRE DE Mr. THIRIOT, A MADAME DU P***.

JE vous envoye, Madame, selon vos ordres, la priere à Dieu qui est à la fin du traité de la Tolerance, & les vers de Mr. de Rulhiere sur la dispute. Ce sont deux excellents morceaux, chacun dans son genre. Le traité de la Tolérance à l'occasion du meurtre de Calas vous parviendra par le carosse d'Orléans avec les autres livres. Ce traité fait déja beaucoup de bien. Celà est rare aux livres; ils amusent, ou ils ennuient, mais ils ne font gueres d'autre effet.

Les vers sur la dispute vous amuseront sans doute beaucoup. Mr. de Voltaire m'a mandé qu'a quelques négligences près, ce petit ouvrage lui paraît égal aux meilleurs de Boileau.

Vous serez bien étonnée que la priere à Dieu soit du même homme qui a fait le Russe à Paris, le Pauvre Diable & l'Ecossaise. Mais on l'a poussé à bout, & il m'a bien promis que doresnavant il s'égayerait aux dépends de ceux qui l'attaquent sans cesse. Il n'est pas mal de répondre en riant aux calomniateurs qui font les graves, &c. &c.

DISCOURS EN VERS SUR LES DISPUTES

PAR

MR. DE RULIERE.

VIngt têtes, vingt avis, nouvel an, nouveau goût,
Autre ville, autre mœurs, tout change, on détruit tout.
Examine pour toi ce que ton voisin pense,
Le plus beau droit de l'homme est cette indépendance.
Mais ne dispute point : les desseins éternels,
Cachés au sein de Dieu, sont trop loin des mortels ;
Le peu que nous savons d'une façon certaine,
Frivole comme nous, ne vaut pas tant de peine
Le monde est plein d'erreurs, mais de-là je conclus
Que prêcher la raison n'est qu'une erreur de plus.

En parcourant au loin la planète où nous sommes

Que verrons nous ? Les torts, & les travers des hommes.
Ici c'eſt un ſynode, & là c'eſt un divan,
Nous verrons le muphti, le derviche, l'iman,
Le bonze, le lama, le talapoin, le Pope,
Les antiques rabins, & les abbés d'Europe,
Nos moines, nos prélats, nos docteurs aggrégés;
Etes-vous diſputeurs, mes amis? Voyagez.

Qu'un jeune ambitieux ait ravagé la terre,
Qu'un regard de Vénus ait allumé la guerre,
Qu'à Paris, au Palais l'honnête citoyen
Plaide pendant vingt ans pour un mur mitoyen.
Qu'au fond d'un dioceſe un vieux prêtre gémiſſe,
Quand un abbé de cour enlève un bénéfice,
Et que dans le parterre un poete envieux
Ait, en battant des mains, un feu noir dans les yeux,
Tel eſt le cœur humain: mais l'ardeur inſenſée
D'aſſervir ſes voiſins à ſa propre penſée,
Comment la concevoir? Pourquoi, par quel moyen
Veux-tu que ton eſprit ſoit la règle du mien?

Je hais ſur-tout, je hais tout cauſeur incommode,
Tous ces demi-ſavans, gouvernés par la mode,
Ces gens, qui, pleins de feu, peut-être pleins d'eſprit,

Soutiendront contre vous ce que vous aurez dit.
Un peu musiciens, philosophes, poetes
Et grands-hommes d'état, formés par les gazettes :
Sachant tout, lisant tout, prompts à parler de tout,
Et qui contrediraient *Voltaire* sur le goût,
Montesquieu sur les loix, de *Broglie* sur la guerre,
Ou la jeune d'*Egmont* sur le talent de plaire.

Voyez-les s'emporter sur les moindres sujets,
Sans cesse répliquant, sans répondre jamais,
„ Je ne céderais pas au prix d'une couronne...
„ Je sens.. le sentiment ne consulte personne..
„ Et le roi serait là.... je verrais là le feu...
„ Messieurs, la vérité mise une fois en jeu,
„ Doit-il nous importer, de plaire, ou de déplaire?

C'est bien dit, mais pourquoi cette roideur austere?
Hélas! c'est pour juger de quelques nouveaux airs
Ou des deux Poinsinet lequel fait mieux des vers.

Auriez-vous, par hazard, connu feu monsieur d'Aube,
Qu'une ardeur de dispute éveillait avant l'aube?
Contiez-vous un combat de votre régiment,
Il savait mieux que vous, ou, contre qui, comment.
Vous seul en auriez eu toute la renommée,

N'importe, il vous citait ses lettres de l'armée;
Et, Richelieu présent, il aurait raconté
Ou Genes défendue, ou Mahon emporté.
D'ailleurs homme de sens, d'esprit, & de mérite;
Mais son meilleur ami redoutait sa visite.
L'un, bientôt rebuté d'une vaine clameur,
Gardait, en l'écoutant, un silence d'humeur.
J'en ai vu, dans le feu d'une dispute aigrie,
Près de l'injurier, le quitter de furie;
Et, rejettant la porte à son double battant,
Ouvrir à leur colère un champ libre en sortant.
Ses neveux, qu'à sa suite attachait l'espérance,
Avaient vu dérouter toute leur complaisance.
Un voisin asmatique, en l'embrassant un soir,
Lui dit: Mon médecin me défend de vous voir.
Et, parmi cent vertus, cette unique faiblesse,
Dans un triste abandon, réduisit sa vieillesse.
Au sortir d'un sermon, la fiévre le saisit,
Las d'avoir écouté sans avoir contredit.
Et, tout près d'expirer, gardant son caractère,
Il fesait disputer le prêtre & le notaire.

Que la bonté divine, arbitre de son sort,
Lui donne le repos, que nous rendit sa mort!
Si du moins il s'est tû devant ce grand arbitre.

Un jeune bachelier, bientôt docteur en titre,
Doit, suivant une affiche, un tel jour, en tel lieu,

Répondre à tout venant fur l'effence de Dieu.
Venez-y, venez voir, comme fur un théâtre,
Une difpute en règle, un choc opiniâtre,
L'entimême ferré, les dilemmes preffans,
Poignards à double lame, & frappant en deux fens,
Et le grand fillogifme en forme régulière;
Et le fophifme vain de fa fauffe lumière,
Des moines échauffés, vrai fléau des docteurs,
De pauvres Hibernois, complaifans difputeurs,
Qui, fuyant leur pays pour les faintes promeffes,
Viennent vivre à Paris d'argumens, & de meffes;
Et l'honnête public, qui même écoutant bien,
A la faine raifon de n'y comprendre rien.
Voilà donc les leçons qu'on prend dans vos écoles!

Mais tous les argumens font-ils faux, ou frivoles?
Socrate difputait jufques dans les feftins,
Et tout nud quelquefois argumentait aux bains.
Etait-ce dans un fage une folle manie?
La contrariété fait fortir le génie.
La veine d'un caillou recele un feu qui dort,
Image de ces gens, froids au premier abord,
Et qui, dans la difpute, à chaque répartie
Sont pleins d'une chaleur, qu'on n'avait point fentie.

C'eft un bien, j'y confens. Quant au mal, le voici.

Plus on a disputé, moins on s'est éclairci.
On ne redresse point l'esprit faux, ni l'œil louche,
Ce mot *j'ai tort*, ce mot nous déchire la bouche.
Nos cris, & nos efforts ne frappent que le vent,
Chacun dans son avis demeure comme avant.
C'est mêler seulement aux opinions vaines
Le tumulte insensé des passions humaines.
Le vrai peut quelquefois n'etre point de saison;
Et c'est un très-grand tort que d'avoir trop raison.

Autrefois la justice, & la vérité nues,
Chez les premiers humains, furent long-tems connues;
Elles régnaient en sœurs : mais on sait que depuis,
L'une a fui dans le ciel, & l'autre dans un puits,
La vaine opinion régne sur tous les âges,
Son temple est, dans les airs, porté sur les nuages.
Une foule de dieux, de démons, de lutins,
Sont au pied de son trône; & tenant dans leurs mains
Mille riens enfantés par un pouvoir magique,
Nous les montrent de loin sous des verres d'optique.
Autour d'eux, nos vertus, nos biens, nos maux divers
En boules de savon, sont épars dans les airs;
Et le soufle des vents y promène sans cesse,

De climats en climats, le temple & la déesse.
Elle fuit & revient. Elle place un mortel
Hier sur un bucher, demain sur un autel.
Le jeune Antinous eut autrefois des prêtres.
Nous rions maintenant des mœurs de nos ancêtres;
Et qui rit de nos mœurs ne fait que prévenir
Ce qu'en doivent penser les siècles à venir.
Une beauté frapante, & dont l'éclat étonne,
Les Français la peindront, sous les traits de *Brionne*,
Sans croire qu'autrefois un petit front serré,
Un front à cheveux d'or fut toûjours adoré.
Ainsi l'opinion, changeante, & vagabonde,
Soumet la beauté même, autre reine du monde.
Ainsi dans l'univers ses magiques effets,
Des grands événemens, sont les ressorts secrets.
Comment donc espérer qu'un jour aux pieds d'un sage
Nous la voyons tomber du haut de son nuage,
Et que la vérité se montrant aussi-tôt
Vienne au bord de son puits voir ce qu'on fait en-haut?

Il est pour les savans, & pour les sages même,
Une autre illusion : cet esprit de systême,
Qui bâtit en rêvant des mondes enchantés,
Et fonde mille erreurs sur quelques vérités.
C'est par lui qu'égarés après de vaines ombres,
L'in-

L'inventeur du calcul chercha Dieu dans les nombres,
L'auteur du *mécanisme* attacha follement
La liberté de l'homme aux loix du mouvement;
L'un du soleil éteint veut composer la terre,
„ La terre, dit un autre, est un globe de verre. " (a)
De-là ces différends, soutenus à grand cris;
Et sur un tas poudreux d'inutiles écrits,
La dispute s'assied dans l'asile du sage,

La contrariété tient souvent au langage
On peut s'entendre moins, formant un même son,
Que si l'un parlait basque, & l'autre bas-breton.
C'est-là, qui le croirait? un fléau redoutable;
Et la pâle famine, & la peste effroyable
N'égalent point les maux, & les troubles divers
Que les mal-entendus sément dans l'univers.

Peindrai-je des dévots les discordes funestes,
Les saints emportemens de ces ames célestes,
Le fanatisme, au meurtre, excitant les humains,
Des poisons, des poignards, des flambeaux dans les mains,
Nos villages déserts, nos villes embrasées,
Sous nos foyers détruits nos meres écrasées,

Q

(a) C'est une des idées de *Buffon*.

Dans nos temples sanglans abandonnés du ciel,
Les ministres rivaux, égorgés sur l'autel,
Tous les crimes unis, meurtre, inceste, pillage,
Les fureurs du plaisir se mêlant au carnage,
Sur des corps expirans, d'infames ravisseurs,
Dans leurs embrassemens, reconnaissant leurs sœurs,
L'étranger dévorant le sein de ma patrie,
Et sous la piété déguisant sa furie,
Les pères conduisant leurs enfans aux bourreaux,
Et les vaincus toûjours trainés aux échaffauts ?...
Dieu puissant ! permettez que ces tems déplorables
Un jour par nos neveux soient mis au rang des fables.

Mais je vois s'avancer un fâcheux disputeur,
Son air d'humilité couvre mal sa hauteur ;
Et son austérité, pleine de l'Evangile,
Paraît offrir à Dieu le venin qu'il distille.
„ Monsieur, tout ceci cache un dangereux poison ;
„ Personne, selon vous, n'a ni tort, ni raison
„ Et sur la vérité n'ayant point de mesure,
„ Il faut suivre pour loi l'instinct de la nature ! „

Monsieur, je n'ai pas dit un mot de tout cela. ...
„ Eh ! quoique vous ayez déguisé ce sens-là,
„ En vous interprétant la chose devient claire. “.

Mais en termes précis j'ai dit tout le contraire.
Cherchons la vérité, mais d'un commun accord
Qui discute a raison, & qui dispute a tort.
Voilà ce que j'ai dit, & d'ailleurs qu'à la guerre,
A la ville, a la cour, souvent il faut se taire....
„ Mon cher monsieur, ceci cache toûjours deux
sens;
„ Je distingue... " Monsieur, distinguez, j'y consens,
J'ai dit mon sentiment, je vous laisse les vôtres,
En demandant pour moi ce que j'accorde aux autres ..
„ Mon fils, nous vous avons défendu de penser;
„ Et pour vous convertir je cours vous dénoncer."

Heureux! ô trop heureux qui, loin des fanatiques,
Des causeurs importuns, & des jaloux critiques,
En paix sur l'Hélicon pourait cueillir des fleurs!
Tels on voit, dans les champs, de sages laboureurs,
D'une ruche irritée évitant les blessures,
En dérober le miel a l'abri des piquûres.

DISCOURS

DE Me. BELLEGUIER, ANCIEN AVOCAT.

Sur le Texte proposé par l'Université de la Ville de Paris, pour le sujet des Prix de l'année 1773.

Non magis Deo quàm Regibus infensa est ista quæ vocatur hodie philosophia.

Cette, qu'on nomme aujourd'hui Philosophie, n'est pas plus ennemie de Dieu que des Rois.

JE ne compose pas pour les Prix de l'Université. Je n'ai pas tant d'ambition; mais ce sujet me paraît si beau & si bien énoncé, que je ne puis résister à l'envie d'en faire mon theme.

Non sans doute, la philosophie n'est & ne peut être l'ennemie de Dieu, ni des Rois, s'il est permis de mettre des hommes à côté de l'Etre éternel & suprême. La Philosophie est expressement l'amour de la sagesse ; & ce serait le comble de la folie d'etre l'ennemi de Dieu qui nous donne l'existence, & des Rois qui nous sont donnés par lui, pour rendre cette existence heureuse, ou du moins tolérable. Osons d'abord dire un petit mot de Dieu : nous parlerons ensuite des Rois. Il y a l'infini entre ces deux objets.

De Dieu.

Socrate fut le martir de la Divinité, & Platon en fût l'Apôtre. Zaleucus, Carondas, Pythagore, Solon & Locke, tous Philosophes & Législateurs, ont recommandé dans leurs Loix l'amour de Dieu & du Gouvernement sous lequel il nous a fait naître. Les beaux vers du véritable Orphée, que nous trouvons épars dans Clément d'Aléxandrie, parlent de la grandeur de Dieu avec sublimité. Zoroastre l'annonçait à la Perse, & Confutzée à la Chine ; quoiqu'en ait dit l'ignorance apuyée de la malignité. La Philosophie fut dans tous les temps la mere de la religion pure & des loix sages.

S'il y eut tant d'athées chez les Grecs trop subtils, & chez les Romains leurs imitateurs, n'imputons qu'à des menteurs publics, avares, cruels & fourbes, aux prêtres de l'antiquité l'excès monſtrueux où ces athées tombèrent. Les uns nièrent la Divinité; parce que les Sacrificateurs la rendaient odieuſe; & que les Oracles la rendaient ridicule. Les autres, comme les Epicuriens, indignés du rôle qu'on feſait jouer aux Dieux dans le gouvernement du monde, prétendaient qu'ils ne daignaient pas ſe mêler des miſérables occupations des hommes. Le char de la fortune allait ſi mal qu'il parut impoſſible que des êtres bienfaiſants en tinſſent les rènes. Epicure & ſes diſciples, d'ailleurs aimables & honnêtes gens, étaient de ſi mauvais phyſiciens; qu'ils avouaient ſans difficulté qu'il y a un Dieu dans le ſoleil & dans chaque planète; mais ils croyaient que ces Dieux paſſaient tous leur temps à boire, à ſe réjouir & à ne rien faire. Ils en feſaient des Chanoines d'Allemagne

Les véritables Philoſophes ne penſaient pas ainſi. Les Antonins, ſi grands ſur le trône du monde alors connu, Epictète dans les fers, reconnaiſſaient, adoraient un Dieu tout puiſſant & juſte; ils tâchaient d'êtres juſtes comme lui.

Ils n'auraient pas prétendu, comme l'auteur du SYSTEME DE LA NATURE, que le Jéſuite Néedham avait créé des anguilles, & que Dieu n'avait pas pû créer l'homme. Néedham ne leur eut pas paru philosophe, & l'auteur du Systême de la nature n'eût été regardé que comme un discoureur par l'Empereur Marc-Antonin.

L'Astronome, qui voit le cours des astres établi selon les loix de la plus profonde mathématique, doit adorer l'éternel Géomètre. Le Physicien, qui observe un grain de bled ou le corps d'un animal, doit reconnaître l'éternel Artisan. L'homme moral, qui cherche un point d'appui à la vertu doit admettre un être aussi juste que suprême. Ainsi Dieu est nécessaire au monde en tout sens, & l'on peut dire avec l'auteur de l'épitre au griffonneur du plat livre des Trois Imposteurs.

Si Dieu n'existait pas, il faudrait l'inventer.

Je conclus de là que *ista quæ vocatur hodiè philosophia*, ce qu'on nomme aujourd'hui philosophie, est le plus digne soutien de la Divinité, si quelque chose peut en être digne sur la terre Le ciel me préserve de faire des phrases pour énerver une vérité si importante.

Du Gouvernement.

Les Philosophes, qui ont reconnu un Dieu, & les Sophistes qui l'ont nié, ont tous, sans aucune exception, avoué cet autre vérité reconnue de tout le monde, qu'un Citoyen doit être soumis aux loix de sa patrie, qu'il faut être bon Républicain à Venise & en Hollande; bon sujet à Paris & à Madrid: sans quoi ce monde serait un coupe-gorge, comme il l'a été trop souvent, graces à ceux qui n'étaient pas philosophes.

Lorsque l'ancien Parlement de Paris, & l'Université de Paris vinrent reconnaître à genoux l'Anglais Henri V pour Roi de France; qui fut fidele à son Roi légitime? ..... *Gerson*: le Philosophe *Gerson*, l'honneur éternel de l'Université; cet homme qui osait s'opposer d'une main aux fureurs de quatre antipapes également coupables, & présenter l'autre pour relever, s'il le pouvait, le trône renversé de son maître. Il mourut à Lyon dans un exil qui le rendait encor plus vénérable aux Sages; tandis que ses confrères les Théologiens, arrachés à leur saint ministère par la rage des guerres civiles, fesaient leur cour aux Anglais, & n'en recevaient que des mépris des outrages & des chaînes.

Hélas! était-il bien occupé des propriétés de la matière, de l'antiquité du monde & des loix de la gravitation, celui qui justifia, qui canonisa publiquement le meurtre abominable du Duc d'Orléans frere de Charles VI le bien aimé?

C'était un Docteur en théologie : c'était Jean Petit, très dévôt à la Vierge, pour laquelle il avait composé une priere dans le goût de l'oraison des trente jours. Etaient-ils Platoniciens ou Académiciens, ou Stratoniciens ceux qui, sous le même régne, firent réjaillir sur le Dauphin le sang de deux Maréchaux de France, & qui massacrèrent dans les rues de Paris trois mille cinq cent Gentilshommes ? On les nommaient les Maillotins, les Cabochiens. Ce n'est pas là une secte de philosophie.

Si lorsqu'on brula vive dans Rouen l'Héroïne champêtre qui sauva la France, il s'était trouvé dans la Faculté de théologie un philosophe, il n'eut pas souffert que cette fille, à qui l'antiquité eut dressé des autels, fut brulée vive dans un bucher élevé sur une platte-forme de dix piés de haut, afin que son corps jetté nû dans les flammes pût etre contemplé du bas en haut par les devôts spectateurs. Cette exécrable barbarie fut ordonnée sur une requête de la sacrée Faculté, par sentence de Cauchon Evèque de Beauvais, de frere Martin, Vicaire-Général de l'inquisition, de neuf Docteurs de Sorbonne, de trente-cinq autres Docteurs en théologie. Ces barbares n'auraient pas abusé du sacrement de la confession pour condamner la guerriere vengeresse du trône au plus affreux des supplices. Ils n'auraient pas caché deux prêtres derriere le confessional pour entendre ses péchés, & pour en former contre elle une accusation : ils n'auraient pas, comme on l'a déja dit, été sacrilèges pour être assassins.

Ce crime si horrible & si lache ne fût point commis par les Anglais ; il le fut uniquement par des théologiens de France payés par le Duc de Bethfort. Deux de ces Docteurs, à la vérité, furent condamnés depuis a périr par le même suplice, quand Charles VII. fut victorieux. Mais, la plus belle expiation de la Sorbonne fut son répentir, & sa fidélité pour nos Rois, quand les conjonctures devinrent plus favorables.

Je passe à regret aux horreurs de la Ligue contre Henri III, & le grand Henri IV. Ces temps, depuis François second, furent abominables, mais il est doux de pouvoir dire que le philosophe Montagne, le philosophe Charon, le philosophe Chancelier de l'Hôpital, le philosophe de Thou, le philosophe Ramus, ne tremperent jamais dans les factions. Leur vertu demande grace pour leur siecle.

La journée de la St Barthelemi, dont la mémoire durera autant que le monde, ne leur sera jamais imputée.

J'avouerai encor, si l'on veut, aux Jésuites, éternels & déplorables ennemis du Parlement & de l'Université, que l'ancien Parlement de Paris, qui n'était pas philosophe, commença un procès criminel contre Henri III son Roi, & nomma, pour informer les Conseillers Courtin & Michon, qui n'étaient pas philosophes non plus.

Je ne dissimulerai point que le Docteur Rose, le Docteur Guincestre, le Docteur Boucher, le Docteur Aubri, le Docteur Pelletier condamné depuis à la roue, furent les trompettes du meurtre & du carnage. On a souvent dit que le Docteur Bourgoin fit descendre une statue de la Ste. Vierge, pour encourager frère Jacques Clément au parricide; je l'accorde en gémissant. On me répète que soixante & dix Docteurs de Sorbonne déclarèrent, au nom du St. Esprit, tous les Sujets déliés de leur serment de fidélité; j'en conviens avec horreur.

On me crie que dans le temps où Henri IV préparait son abjuration, & lorsque les citoyens présenterent requete pour faire quelque accommodement avec ce grand Homme, ce bon Roi, ce conquérant & ce pere de la France, toute la Faculté de théologie assemblée condamna la requête comme *inepte*, *séditieuse*, *impie*, *absurde*, *inutile, attendu qu'on connaît l'obstination de Henri le relaps.* La Faculté déclare expressément tous ceux qui parlent d'engager le Roi à professer la religion catholique, *parjures, séditieux, perturbateurs du royaume, heretiques, fauteurs d'heretiques, suspects d'herésie, sentant l'hérésie; & qu'ils doivent etre chassés de la ville, de peur que ces bêtes pestiférees n'infectent tout le troupeau.*

Ce Décret du 1er. Novembre 1592. est tout au long dans le journal de Henri IV. page 260. Le respectable de Thou raporte des Décrets encor plus horribles & qui font dresser les cheveux.

Bénissons les philosophes qui ont appris aux hommes qu'il faut prodiguer ses biens & sa vie pour son Roi, fut-il de la religion de Mahomet, de Confucius, de Brama, ou de Zoroastre.

Mais je répondrai toujours que la Sorbonne s'est répentie de ces écarts, & qu'on ne doit les imputer qu'au malheur des temps. Une compagnie peut s'égarer; elle est composée d'hommes: mais aussi ces hommes réparent leurs fautes. La raison, la saine doctrine, la modestie, la défiance de soi-même reviennent se mettre a la place de l'ignorance, de l'orgueil, de la démence & de la fureur. On n'ose plus condamner personne apres avoir été si condamnable. On devient meilleur pour avoir été méchant. On eſt l'édification d'une patrie dont on fut l'horreur & le ſcandale.

Les Jéſuites ont fatigué la France du récit de tant de crimes. Mais l'Univerſité de ſon côté a reproché aux frères Jéſuites d'avoir mis le couteau a la main de *Jean Chatel*, d'avoir forcé le grand Henri IV. à dire au Duc de Sulli qu'il aimait mieux les rappeller & s'en faire des amis que de craindre continuellement le poignard & le poiſon. Elle les a peints dans tous ſes procès contre eux comme des ſoldats en robe d'une puiſſance dangereuſe, comme des eſpions de toutes les Cours, des ennemis de tous les Rois, des traitres à toutes les patries.

Combien de fois le docteur Arnaud, le docteur Boileau, le docteur Petit-pied, & tant d'autres docteurs, n'ont-ils pas reproché à ces ci-devant Jéſuites, la banqueroute de Seville, qui précéda d'un ſiecle la banqueroute de frere La Valette, leurs calomnies contre le bienheureux Don Juan de Palafox; & après huit volumes entiers de pareils reproches, ne leur ont-ils pas remis ſous les yeux la conſpiration des poudres, & trois Jéſuites écartelés pour ce crime inconcevable? Les Jéſuites en ont-ils été moins fiers? non, tout écraſés qu'ils ſont, il leur reſte trois doigts dont ils ſe ſervent pour imprimer dans Avignon que les docteurs de Sorbonne sont des ignorants insolents, & pour répéter en plagiaires ce que Mr. Des Landes de l'Académie des Sciences a mis en note dans son troisième tome page 299. *Que la Sorbonne est aujourd'hui le corps le plus meprisable du royaume.*

Ces outrages, ces injures réciproques n'ont rien de philosophique. Je dirai plus; elles n'ont rien de chrétien.

J'observerai avec la satisfaction d'un bon sujet que dans les troubles de la Fronde, non moins affreux peut-être que la conspiration des poudres, mais infiniment plus ridicules, ce ne fut ni Descartes, ni Gassendi, ni Pascal, ni Fermat, ni Roberval, ni Méziriac, ni Rohaut, ni Chapelle, ni Bernier, ni St. Evremont; ni aucun autre philosophe, qui mit à prix la tête du Cardinal premier Ministre. Nul d'eux ne vola l'argent du Roi pour payer cette tête; nul ne força Louis XIV. & sa Mère de s'enfuir du Louvre & d'aller coucher sur la paille à St. Germain; nul ne fit la guerre à son Roi, & ne leva contre lui le régiment des Portes-cocheres, & le régiment de Corinthe; &c. &c.

Je conviendrai avec le Jésuite auteur du petit livre TOUT SE DIRA. „ Que ces petites

„ fautes commiſes à bonne intention, l'étaient „ par Maître Quatre hommes, Maître Quatre „ ſous, Maître Bitaud, Maître Pitaut, Maî- „ tres Boiſſau, Gratau, Martinau, Boux, „ Crepin, Cullet &c... &c... tous Tuteurs des Rois & qui avaient acheté la tutelle. Ils n'étaient pas philoſophes. Ce n'eſt pas moi qui parle; c'eſt le Jéſuite auteur de TOUT SE DIRA & de L'APPEL A LA RAISON. Je ne ſais s'il eſt plus philoſophe que Mrs. Cullet & Crépin. Ce que je ſais certainement avec l'Europe, c'eſt que tant que GONDI-RETS fut Archevêque de Paris, il fut vain, inſolent, débauché, factieux, criminel de Lèze-Majeſté. Quand il devint philoſophe, il fut bon ſujet, bon citoyen; il fut juſte.

Je répondrai ſurtout aux détracteurs de l'ancien Parlement de Paris, comme à ceux de l'Univerſité; je dirai, il ſe répentit, il fut fidele à Louis XIV.

On a prétendu que Malagrida & l'aſſaſſin du Roi de Pologne, & ceux de deux autres grands Princes avaient une teinture de philoſophie. Mais, à l'examen, cette accuſation a été reconnue fauſſe.

Enfin ſi nous remontons du temps préſent aux temps antérieurs dans les autres pays de l'Europe, nous trouverons que la philoſophie ne fut ſoupçonnée par perſonne de l'aſſaſſinat de

FARNESE Duc de Parme, bâtard du Pape PAUL III; de l'aſſaſſinat de GALEAS SFORZE dans une égliſe; de l'aſſaſſinat des MEDICIS dans une autre égliſe pendant l'élévation de l'Euchariſtie, afin que le peuple proſterné ne vit pas le crime, & que Dieu ſeul en fut témoin.

La philoſophie ne fut point complice des aſſaſſinats & des empoiſonnemens nombreux, commis par le Pape ALEXANDRE VI, & par ſon bâtard Céſar BORGIA. Allez juſqu'au Pape SERGIUS III; je vous défie de trouver aucun philoſophe coupable du moindre trouble, pendant tant de ſiècles où l'Italie fut troublée ſans ceſſe.

On a vendu dans les Etats d'Italie, appartenants au Roi d'Eſpagne, cette fameuſe Bulle de la Cruzade, qui, moyennant deux réaux de plate ſauve une ame du feu éternel de l'Enfer, & permet à ſon corps de manger de la viande le ſamedi. On trafiquait de cette autre Bulle de la Componende qui permet aux voleurs de garder une partie de ce qu'ils ont volé, pourvu qu'ils en mettent une partie en œuvres-pies; mais cette Bulle vaut dix ducats. On achetait des Diſpenſes de tout à tout prix. Les Phrines & les Gitons triomphaient depuis Milan juſqu'à Tarente. Les bénéfices

néfices institués pour nourrir les pauvres, se vendaient publiquement pour nourrir le luxe; & les bénéficiers employaient le stilet & la cantarella contre les bénéficiers qui leur dérobaient leurs Gitons & leurs Phrines. Rien n'égalait les débauches, les perfidies, les sacrileges de certains moines. Cependant Galilée, le restaurateur de la raison, démontrait tranquillement le mouvement de la terre & des autres planètes dans leurs orbites élliptiques, autour du soleil immobile dans sa place au centre du monde & tournant sur lui-même.

Oh l'homme dangereux! Oh l'ennemi de tous les Rois & du Grand Duc de Toscane & de la sainte Eglise! s'écrierent les Universités. Le monstre! Il ose prouver que c'est la terre qui tourne, tandis que le savant Josué assure formellement que le soleil s'arrêta sur Gabaon, & la lune sur Aialon en plein midi!

Galilée ne fut pas brulé. Le Grand Duc le protégeait. Le saint Office se contenta de le déclarer absurde & hérétique, sentant l'hérésie: il ne fut condamné qu'à garder la prison, à jeûner au pain & à l'eau, & à réciter le rozaire. Il récita sans doute son rozaire, ce grand Galilée! *Iste qui vocabatur philosophus.*

Tournez les yeux vers cette île fameuse,

longtems plus ſauvage que nous-mêmes, habitée comme nôtre malheureux pais par l'ignorance & le fanatiſme, couverte comme la France du ſang de ces citoyens; demandez lui quel prodige l'a changée, pourquoi elle n'a plus de Fairfax, de Cromwell & d'Ireton? Comment à ces guerres auſſi abominables que religieuſes, qui firent tomber la tête d'un Roi ſur un échaffaut à ſuccédé une paix intérieure qui n'eſt troublée que par des querelles au ſujet de l'élection de Milord Maire, ou du bilan de la compagnie des Indes, ou du numero 45. L'Angleterre vous répondra, graces en ſoient rendues à Locke, à Newton, à Shaftsburi, à Collins, à Trenchar, à Gordon, à une foule de ſages qui ont changé l'eſprit de la nation, & qui l'ont détourné des diſputes abſurdes & fatales de l'école pour le diriger vers les ſciences ſolides.

Cromwell à la tête de ſon régiment des frères rouges, portait la Bible à l'arçon de ſa ſelle; & leur montrait les paſſages où il eſt dit: *heureux ceux qui éventreront les femmes groſſes, & qui ecraſeront les enfans ſur la pierre!* Locke & ſes pareils ne voulaient point qu'on traitat ainſi les femmes & les enfans. Ils ont adouci les mœurs des peuples sans énerver leur courage.

La philosophie est simple, elle est tranquille, sans envie, sans ambition; elle médite en paix loin du luxe, du tumulte & des intrigues du monde; elle est indulgente; elle est compatissante. Sa main pure porte le flambeau qui doit éclairer les hommes; elle ne s'en est jamais servie pour allumer l'incendie en aucun lieu de la terre. Sa voix est faible, mais elle se fait entendre; elle dit, elle répete: *Adorez Dieu, servez les Rois; aimez les hommes.* Les hommes la calomnient; elle se console en disant: ils me rendront justice un jour. Elle se console même souvent sans espérer de justice.

Ainsi la partie de l'Université de Paris, consacrée aux beaux arts, à l'éloquence & à la vérité, ne pouvait choisir un sujet plus digne d'elle que ces belles paroles: *Non magis Deo quam Regibus infensa est ista quæ vocatur hodiè philosophia.*

O toi, qui seras toujours compté parmi les Rois les plus illustres; toi qui vis naître le long siècle des héros & des beaux arts, & qui les conduisis tous dans les divers sentiers de la gloire; toi, que la nature avait fait pour régner, Louis XIV, petit fils de Henri IV, plut au Ciel que ta belle ame eut été aſſez éclairée par la philoſophie pour ne point détruire l'ouvrage de ton grand-père ? Tu n'aurais point vu la huitième partie de ton peuple abandonner ton royaume, porter chez tes ennemis les manufactures, les arts & l'induſtrie de la France. Tu n'aurais point vû des Français combattre ſous les étendarts de Guillaume III. contre des Français, & leur diſputer longtemps la victoire. Tu n'aurais point vu un Prince catholique armer contre toi deux régimens de Français proteſtants Tu aurais ſagement prévenu le fanatiſme barbare des Cévennes, & le châtiment non moins barbare que le crime. Tu le pouvais, tout t'était ſoumis; les deux religions t'aimaient, te révéraient également Tu avais devant les yeux l'exemple de tant de nations chez qui les cultes différents n'altèrent point la paix qui doit régner parmi les hommes, unis par la nature. Rien ne t'était plus aiſé que de ſoutenir & de contenir tous tes ſujets. Jaloux du nom de GRAND, tu ne connus pas ta grandeur. Il eut mieux valu avoir ſix régimens de plus de Français proteſtants, que de ménager encor ODESCALKI, Innocent XI., qui prit ſi hautement contre toi le parti du Prince d'Orange huguenot. Il eut mieux valu te priver des Jésuites, qui ne travaillaient qu'à établir la grace suffisante le congruisme & les lettres de cachet, que te priver de plus de quinze cent mille bras qui enrichissaient ton beau royaume, & qui combattaient pour sa défense

Ah Louis XIV. Louis XIV. que n'étais-tu philosophe ! Ton siecle a été grand, mais tous les siècles lui reprocheront tant de Citoyens expatriés, & ARNAUD sans sépulture.

Et toi que nous voyons avec une tendresse respectueuse assis sur le trône de Henri IV & de Louis XIV, dont le sang coule dans tes veines, vainqueur à Fontenoi, à Rocou, à Fribourg, & pacificateur dans Versailles, écoute toujours la voix de la philosophie, c'est-à-dire de ta sagesse.

C'est par elle que tu as assoupi pour jamais ces disputes du Jansénisme & du Molinisme qui nous rendaient à la fois malheureux & ridicules. C'est elle qui t'inspira quand tu donnas la paix aux vivants & aux mourants, en nous délivrant de l'impertinence des billets pour l'autre monde, & du scandale des sacrements conférés la bayonette au bout du fusil. Tu es un vrai philosophe, lorsque tu fermes l'oreille à la calomnie, aux bruits mensongers qui éclatent avec tant d'impudence, ou qui se glissent avec tant d'artifice. L'Empereur Marc-Aurèle, dit que les hommes ne feront heureux que quand les Rois feront Philofophes. Penfe, agi toujours comme Marc-Aurèle, & que ta vie foit plus longue que celle de ce Monarque le modele des hommes.

AVIS DE L'EDITEUR.

Nous avons cru devoir réimprimer à la fuite du difcours de Me. Belleguier, la Prière à Dieu *qui fe trouve à la fin du* Traité de la Tolérance, *livre rempli de vérités & de cette piété folide qui eft de tous les temps & de tous les lieux.*

PRIERE

PRIERE A DIEU.

CE n'eſt donc plus aux hommes que je m'adreſſe, c'eſt à toi, Dieu de tous les êtres, de tous les mondes & de tous les tems. S'il eſt permis à de faibles créatures perdues dans l'immenſité, & imperceptibles au reſte de l'univers, d'oſer te demander quelque choſe, à toi qui as tout donné, à toi dont les décrets ſont immuables comme éternels; daigne regarder en pitié les erreurs attachées à nôtre nature! que ces erreurs ne faſſent point nos calamités! Tu ne nous as point donné un cœur pour nous haïr, & des mains pour nous égorger; fais que nous nous aidions mutuellement à ſupporter le fardeau d'une vie pénible & paſſagère! que les petites différences entre les vêtemens qui couvrent nos débiles corps, entre tous nos langages inſuffiſans, entre tous nos uſages ridicules, entre toutes nos loix imparfaites, entre toutes nos opinions inſenſées, entre toutes nos conditions ſi diſproportionnées à nos yeux, & ſi égales devant toi; que toutes ces petites nuances qui diſtinguent les atomes appellés hommes, ne ſoient pas des ſignaux de haine & de perſécution! que ceux qui allument des cierges en plein midi pour te célébrer, supportent ceux qui se contentent de la lumière de ton soleil! que ceux qui couvrent leur robe d'une toile blanche pour dire qu'il faut t'aimer, ne détestent pas ceux qui disent la même chose sous un manteau de laine noire! qu'il soit égal de t'adorer dans un jargon formé d'une ancienne langue, ou dans un jargon plus nouveau! que ceux dont l'habit est teint en rouge ou en violet, qui dominent sur une petite parcelle d'un petit tas de la boue de ce monde, & qui possèdent quelques fragmens arrondis d'un certain métal, jouissent sans orgueil de ce qu'ils appellent grandeur & richesse, & que les autres les voyent sans envie, car tu sais qu'il n'y a dans ces vanités ni de quoi envier, ni de quoi s'enorgueillir.

Puissent tous les hommes se souvenir qu'ils sont frères! qu'ils ayent en horreur la tyrannie exercée sur les ames, comme ils ont en exécration le brigandage, qui ravit par la force le fruit du travail & de l'industrie paisible! Si les fléaux de la guerre sont inévitables, ne nous haïssons pas, ne nous déchirons pas les uns les autres dans le sein de la paix, & employons l'instant de nôtre existence à bénir également en mille langages divers, depuis Siam jusqu'à la Californie, ta bonté qui nous a donné cet instant!

LE PHILOSOPHE

PAR

Mr. DU MARSAY.

Cette Pièce est connue depuis longtems & s'est conservée dans les Porte-feuilles de tous les curieux, elle est de l'année 1730. Voyez l'éloge de Mr. du Marsay dans le troisième tome du grand Dictionnaire Enciclopédique.

IL n'y a rien qui coute moins à acquérir que le nom de philosophe. Une vie obscure & retirée, quelques dehors de sagesse avec un peu de lecture, suffisent pour mériter ce nom à des personnes qui s'en décorent sans aucun droit; d'autres qui ont eu la force de se défaire des préjugés de l'éducation, se regardent comme les seuls & véritables philosophes.

Le philosophe est une être organisé comme les autres hommes: mais qui par sa constitution réfléchit sur ses mouvements. Les autres hommes ſont déterminés à ſentir, ſans connaître les cauſes qui les font ſentir, ſans même ſonger qu'il y en ait. Le philoſophe au contraire démêle ces cauſes autant qu'il eſt en lui, & ſouvent même les prévient & ſe livre à elles avec connaiſſance. C'eſt une horloge qui ſe monte quelquefois pour ainſi dire, elle-même; ainſi il évite les objets qui peuvent lui cauſer des ſentiments qui ne conviennent ni au bien être, ni à l'être raiſonnable, & cherche ceux qui peuvent exciter en lui des affections convenables à l'état où il ſe trouve.

Le philoſophe forme & établit ſes principes ſur une infinité d'obſervations particulières, le peuple adopte le principe ſans penſer aux obſervations qui l'ont produit. Il croit que la maxime exiſte pour ainſi dire par elle-même; mais le philoſophe prend la maxime dans ſa ſource, il en examine l'origine, il en connait la propre valeur, & n'en fait que l'uſage qui convient.

De cette connaiſſance que les principes ne naiſſent que des obſervations particulières, le philoſophe en conçoit de l'eſtime pour la ſcience des faits. Il aime à s'inſtruire des détails, & de tout ce qui ne ſe devine point, ainſi il regarde comme une maxime très opposée aux progrès des lumières de l'esprit, de se borner à la seule méditation, & de croire que l'homme ne tire la vérité que de son propre fond.

Certains (*) métaphysiciens disent, évitez les impressions des sens, laissez aux historiens la connaissance des faits, & celle des langues aux grammairiens. Nos philosophes au contraire sont persuadés que toutes nos connaissances nous viennent des sens, que nous ne nous sommes fait des régles que sur l'uniformité des impressions sensibles, que nous sommes au bout de nos lumières, quand nos sens ne sont ni assez déliés ni assez forts pour nous en fournir. Convaincus que la source de nos connaissances est hors de nous, ils nous exhortent à faire une ample provision d'idées, en nous livrant aux impressions extérieures des objets; mais en nous y livrant en disciple qui consulte & écoute, est non en maître qui décide & qui impose silence, il veulent que nous étudions l'impression précise que chaque objet fait en nous

(*) C'est au Père Mallebranche & au petit nombre de Sectateurs qu'il avait encor, que ceci s'adresse.

& que nous évitions de la confondre avec celles qu'un autre objet à causées.

De là la certitude & les bornes des connaissances humaines; certitude quand on sent qu'on a reçu du dehors l'impression propre & précise, que chaque jugement supose. Car tout jugement supose une impression extérieure qui lui est particulière; bornée, quand on ne saurait recevoir des impressions; ou par la nature de l'objet, ou par la faiblesse des organes, augmentez. Augmentez s'il est possible la puissances des organes, vous augmenterez les connaissances.

Ce n'est que depuis l'invention du telescope, & du microscope, qu'on a fait tant de progrès dans l'astronomie & dans la physique.

C'est aussi pour augmenter le nombre de nos connaissances & de nos idées, que nos philosophes étudient les hommes d'autrefois & les hommes d'aujourd'hui Répandez-vous comme des abeilles, vous disent-ils, dans le monde passé & dans le monde présent; vous reviendrez ensuite dans vôtre ruche composer vôtre miel.

Le philosophe s'applique à la connaissance de l'univers & de lui-même. Mais comme l'œil ne saurait se voir, le philosophe connaît qu'il ne saurait se connaître parfaitement, puisqu'il ne faurait recevoir des impreſſions extérieures du dedans de lui-même, & que nous ne connaiſſons rien que par des ſemblables impreſſions, cette penſée n'a rien d'affligeant pour lui, parce qu'il ſe prend lui-même tel qu'il eſt, non pas tel qu'il paraît à l'imagination qu'il pourrait être. D'ailleurs, cette ignorance n'eſt pas en lui une raiſon de décider qu'il eſt compoſé de deux ſubſtances oppoſées. Ainſi, comme il ne ſe connait point parfaitement il dit qu'il ne connait pas comment il penſe, mais il ſent qu'il penſe dépendamment de tout lui-meme, il reconnait que ſa ſubſtance eſt capable de penſer, de la meme maniere qu'elle eſt capable d'entendre & de voir.

La penſée eſt dans l'homme une eſpèce de ſens, ſi on l'oſe dire, fautes de termes, comme la vue & l'ouie dépendent également d'une conſtitution organique. Le feu ſeul peut exciter la chaleur, les yeux ſeuls peuvent voir, les ſeules oreilles peuvent entendre, & la ſubſtance du cerveau eſt ſuſceptible de recevoir des penſées. Que ſi les hommes ont tant de peine d'unir l'idée de la penſée avec l'idée de l'étendue, c'eſt qu'ils n'ont jamais vu d'étendue penſer; ils ſont à cet égard ce qu'un aveugle né eſt à l'égard des couleurs, un ſourd de naiſſance, à l'égard des ſons. Ceux-ci ne ſauraient unir ces idées avec l'étendue qu'ils tâtent, parce qu'ils n'ont jamais vu cette union. Mais dès qu'on réfléchit à la puiſſance infinie de l'être ſupréme auteur de tout, & qu'on voit évidemment que l'homme n'eſt auteur de rien on conçoit aiſément que Dieu qui donne la penſée, peut la donner & la conſerver à tel être qu'il daignera choiſir.

Chaque jugement, comme on l'a déja remarqué, ſupoſe un motif extérieur qui doit l'exciter. Le philoſophe ſent quel doit être le motif propre du jugement qu'il doit porter. Si ce motif manque il ne juge point, il l'attend, il ſe conſole quand il voit qu'il l'attend inutilement.

Le monde eſt plein de perſonnes d'eſprit, & de beaucoup d'eſprit, qui jugent toujours; toujours ils devinent, car c'eſt deviner que de juger ſans ſentir qu'on a le motif propre du jugement; ils ignorent qu'elle eſt la portée de l'eſprit humain, ils croyent qu'il peut tout connaître; ainſi ils trouvent de la honte à ne point porter de jugement, & il s'imaginent que l'eſprit conſiſte à juger, le philoſophe eſt plus content de lui-même quand il a ſuſpendu la faculté de ſe déterminer, que s'il était déterminé avant que d'avoir le motif propre de la décision. Ainsi il juge & parle moins ; mais il juge plus surement & parle mieux. Il n'évite point les traits vifs qui se présentent naturellement à l'esprit par un prompt assemblage d'idées qu'on est souvent étonné de voir unies. C'est dans cette prompte & subite liaison que consiste ce que communément on appelle esprit. Mais aussi c'est ce qu'il recherche le moins, il préfère à ce brillant le soin de bien distinguer les idées, & d'en connaître la juste étendue, & la liaison précise, il évite de prendre le change, en portant trop loin quelque raport particulier que des idées auraient entre elles ; c'est dans ce discernement que consiste ce qu'on appelle le jugement & la justesse d'esprit.

A cette justesse se joignent encor la souplesse & la netteté. Le philosophe n'est pas tellement attaché à un système qu'il ne sente toute la force des objections. Mais la plûpart des hommes ordinaires sont si fort livrés à leurs opinions, qu'ils ne prennent pas seulement la peine de pénétrer celles des autres.

Le philosophe comprend le sentiment qu'il rejette avec la même étendue & la même netteté qu'il entend celui qu'il a adopté. L'esprit philosophique consiste donc dans un esprit d'observation & de justesse, qui raporte tout à ses véritables principes.

Mais ce n'est pas l'esprit seul que le philosophe cultive, il porte plus loin ses attentions & ses soins. L'homme n'est point un monstre, qui ne doive vivre que dans les abîmes de la mer, ou dans le fond d'une forêt. Les seules commodités de la vie lui rendent le commerce des autres nécessaire, & dans quelque état qu'il se puisse trouver, ses besoins & son bien être l'engagent à vivre en societé. Ainsi la raison exige de lui qu'il connaisse, qu'il étudie, & qu'il travaille à acquérir les qualités sociables. Il est étonnant que les hommes s'attachent si peu à tout ce qui est de pratique, & qu'ils s'échauffent si fort sur de vaines spéculations. Voyez les désordres affreux que tant de disputes théologiques ont causées ; elles ont toujours roulé sur des points inexplicables, & quelquefois tres ridicules.

Nôtre philosophe ne se croit point en exil dans ce monde, il ne croit point être en pays ennemi, il veut jouir en sage économe des biens que la nature lui offre, il veut trouver des plaisirs avec les autres, & pour en trouver il faut en faire aux autres, ainsi il cherche à con-

convenir à ceux avec qui le hazard ou son choix le font vivre ; & il trouve en même temps ce qui lui convient, c'est un honnete homme qui veut plaire & se rendre utile.

La plûpart des grands à qui les dissipations ne laissent pas assez de temps pour méditer, sont féroces envers ceux qu'ils ne croyent pas leurs égaux. Les philosophes ordinaires qui méditent trop, ou plutôt qui méditent mal, le sont envers tout le monde.

Il serait inutile de remarquer ici combien le Philosophe est jaloux de tout ce qui s'appelle honneur & probité.

Les sentiments de probité entrent autant dans la constitution du Philosophe que les lumières de l'esprit. Plus vous trouverez de raison dans un homme, plus vous trouverez de probité en lui. C'est le contraire où règne le fanatisme & la superstition, les passions & l'emportement.

Ce qui fait l'honnête-homme ce n'est pas d'agir par amour, ou par haine, par espérance ou par crainte, c'est d'agir par esprit d'ordre & par raison.

La faculté d'agir est pour ainsi dire, comme la corde d'un instrument de musique, montée sur un certain ton ; elle ne saurait rendre un ton contraire ; il craint de ſe détonner, de ſe déſaccorder avec lui-même ; & ceci me fait ſouvenir de ce que Velleius dit de Caton d'Utique ; il n'a jamais fait de bonnes actions pour paraître les avoir faites, mais parce qu'il n'était pas en lui de faire autrement. *Nunquam rectè fecit, ut facere videretur ; ſed quia aliter facere non poterat.* Liv. II. cap. 35.

ELOGE

ÉLOGE DES BEAUX ARTS ET DE LOUIS XIV,

PAR MONSIEUR
LE MARQUIS DE CHIMENE.

Cette Pièce est regardée par les Gens de Lettres comme une des meilleures qui fut jamais présentée à l'Académie Françaiſe. On ſait que Mr. DE VOLTAIRE *en feſait grand cas. Cependant l'Académie ne donna point de Prix cette année.*

LES LETTRES

ONT AUTANT CONTRIBUÉ A LA GLOIRE DE LOUIS XIV, QU'IL AVOIT CONTRIBUÉ A LEURS PROGRÈS.

Sujet donné par l'Academie Françaiſe, pour le Prix de l'année 1750.

POÈME.

ILs n'étaient plus ces jours, où par des ſoins heureux
Du puiſſant Charles-Quint le Rival généreux
De nos champs déſolés chaſſant la barbarie,
Tranſplanta les beaux Arts au ſein de ſa Patrie,
Et cultivait les fruits de ces Arbres naiſſants
A l'abri de ſon Trône, autour de lui croiſſants.
Bientôt le Fanatiſme, enfant de l'ignorance,
De leur germe encor faible étouffant la ſemence,
Diſperſa leurs rameaux deſſechés & flétris;

Le règne, hélas! trop court du plus grand des Henris,
De ce Monarque humain, bienfaisant, intrépide,
(Ce règne éternisé dans un autre * Enéide,)
A peine des Français put essuyer les pleurs,
Et la chûte des Arts fut un de ses malheurs.

Ils languissaient ces Arts, lorsqu'ils virent paraître
Sur le Trône des Lys, un Roi digne de l'être;
Qui dans tous ses projets, pour leur gloire entrepris,
Eut l'Immortalité pour objet & pour prix.

La Vertu la mérite, & les Muses la donnent.
Rois, vous avez besoin que leurs mains vous couronnent;
Sans elles, vos honneurs vos titres impuissants
S'abîment avec vous dans le gouffre du tems.

Louis, d'un pas rapide, entra dans la carrière;
Les Muses devant lui présentèrent la lumière,
Sa gloire en alluma le durable flambeau,
Son règne était le leur, son Trône leur berceau:
Elles lui devaient tout, & leurs mains immortelles
Le couvraient des lauriers qu'il fit croître pour elles.

---

* La Henriade.

Répondez à ma voix, ſortez de vos tombeaux,
Mortels, dont ce grand Homme animait les travaux,
Eſprits de tous les tems, reſpectables Génies,
Qui parcourant des Arts les routes infinies,
Sous les yeux d'un Héros, par vous-même excité,
Eclairates ſon Siecle & la Poſtérité.

Parais, Emule heureux de l'aîné des Corneilles,*
Toi! qui dans Athalie enchantais nos oreilles,
Quand Louis t'échauffait de ſes puiſſans regards,
Dont le feu Créateur enflammait tous les Arts.

Cicéron de la Chaire! Oracle de l'Egliſe! †
Viens faire entendre encore à notre ame ſurpriſe
Cette voix, qui ſemblait commander à la mort,
Et du vainqueur de Lens éternisait le Sort.

Raproche-toi de lui, toi! ſon Rival aimable, §
Qui d'un crayon plus doux non moins inimitable
Nous peignis la Vertu ſous les traits de l'Amour.

Quelle nuit tout à coup fait place au plus beau jour!
Dans ſon cours plus certain la Phyſique épurée

* Mr. Racine.
† Mr. Boſſuet.
§ Mr. de Fenelon.

Par d'antiques erreurs n'eſt plus défigurée:
On meſure la Terre, on meſure les Cieux,
Le ſein de la Nature eſt ouvert à nos yeux.

Les tems étaient cachés dans des nuages ſombres,
Une Aurore nouvelle en éclaircit les ombres.
L'Antiquité produit ſes plus beaux monumens;
L'Hiſtoire, à leur clarté, compte & marque les tems;
L'Aiguille ſçait tout peindre & le Bronze reſpire.

Spectacles des Romains! prodiges qu'on admire!
Dans un moins vaſte eſpace avec art étalés
Des chefs-d'œuvres nouveaux vous ont tous égalés. *

Il eſt des Rois ſans force & nés pour l'indolence
Que la molleſſe endort, que l'intérêt encenſe,
Phantômes élevés ſur un Trône avili
Ils paſſent comme un ſonge & tombent dans l'oubli.
Sous ces règnes de deuil, le mérite inutile
Languit decouragé dans un obſcur aſyle;
Et des hommes divins y vivent inconnus
Mais laiſſent, en mourant, un nom qui ne meurt plus.

---

* Les Fêtes données par Louis XIV à Verſailles en 1664, il y parut un homme que n'avaient point égalé les Grecs ni les Latins. Cet homme eſt Moliere.

Illuſtres malheureux! vos ombres conſolées
Abandonnent aux Rois l'orgueil des Mauſolées;
La mort y foule aux pieds le faſte qui les ſuit.
Votre empire commence où leur règne eſt détruit.

Siècle heureux des talens! Muſes, dont la lumiere
Perça le voile épais de l'ignorance altière,
La Gloire de LOUIS fut votre unique appui,
La votre eſt ſon ouvrage & rejaillit ſur lui.

Ainſi du Laboureur ſurpaſſant l'eſpérance
La Terre dans ſes champs fait germer l'abondance,
Et rend avec uſure au travail de ſa main
Les dons & les tréſors qu'il verſa dans ſon ſein.

Ainſi du Globe immenſe auteur de la lumière
Les traits multipliés embraſent la matière,
Lorſque l'acier, frappé par ſes rapides feux,
Ramaſſe & réfléchit la chaleur qu'il tient d'eux.

Ainſi puiſſent les Arts, rivaux ſans jalouſie,
Puiſer dans leur concorde une nouvelle vie!
Puiſſe un autre LOUIS, témoin de leur ſplendeur,
Etendre encor ſa Gloire en redoublant la leur!

LETTRE

LETTRE
DE Mr. THIRIOT,
A Mr. DE VILLE,
ETABLI
A LA MARTINIQUE.

MA Lettre Monſieur, vous parviendra un peu plutôt que la caiſſe de vos livres, vous trouverez ſur-tout dans cette caiſſe les Saiſons de Mr. de Saint Lambert, & la traduction des Géorgiques par Mr. De Lile. Je n'ai pas eu le courage d'y joindre la mauvaiſe Critique qu'un nommé Clément à faite de ces deux Ouvrages; elle a été oubliée en naiſſant, & elle eſt morte ſur les quais.

Quoique vous ne cultiviez que des cannes de ſucre dans vôtre nouveau monde, vous ſerez charmé de voir les deſcriptions de toutes les autres cultures de l'ancien hémiſphère.

Voici un morceau du quatrième chant des

Saiſons qui doit vous donner une grande envie de voir le reſte.

Muſes, je vous aimai dès l'age le plus tendre;
Je voulais tout ſentir, tout peindre, tout apprendre.
Ciel! avec quel tranſport, quel plaiſir vif & pur
J'apris à diſtinguer ſur le céleſte azur,
Ces globes dont Neuton meſura la carrière,
Et que l'aſtre du jour dore de ſa lumière;
De ces brillants ſoleils qui couvrent de leurs feux
Des mondes ignorés ſuſpendus autour d'eux,
Revenu ſur la terre à ce point inviſible
Qui décrit dans l'eſpace un trait imperceptible.
J'obſervais les reſſorts, les mœurs des animaux;
Je ſavais dans leur rang placer les végétaux:
J'étais ravi de voir à travers un méandre
La Sève en circulant s'élever & deſcendre.
J'apris pourquoi les mers malgré la peſanteur,
Vont deux fois en un jour du pôle à l'équateur;
Je cherchais dans les airs les cauſes du tonnerre
J'aurais voulu percer le centre de la terre.
Voir ſous la main du temps les marbres s'y former,
Et ſous les monts tremblants les métaux s'enflammer.
Mais c'eſt l'homme aujourd'hui que j'aſpire connaître:

Je cherche à pénétrer les ſecrets de ſon être,
A retrouver en lui ces principes des mœurs
Qu'ont altérés les temps, nos loix & nos erreurs.
J'ouvre dans ce deſſein les faſtes de l'hiſtoire;
Ces monumens confus de miſere & de gloire
Me montrent des états l'un par l'autre abattus,
Le choc des nations, & trop peu de vertus;
Mais j'y vois les beaux arts & la philoſophie
Paſſer d'un peuple à l'autre & conſoler la vie.

Souvent les voyageurs m'entrainent ſur leurs pas;
J'erre avec Magellan de climats en climats;
Sur l'eſcadre d'Anſon je traverſe les ondes;
Je compare les loix & les mœurs des deux mondes.
J'aime à voir ces beaux lieux où les vents aliſés
Dépoſent la fraicheur ſur les champs embraſés;
Où tout nait, tout meurit, ſans art & ſans culture.

Ces vers vous feront ſouvenir du beau morceau du ſecond chant de Virgile.

Me vero dulces teneant ante omnia muſæ, &c.

Je crois que vous ſerez content de la traduction de Mr. De l'Ile, elle a le mérite de la difficulté ſurmontée.

Mr. De Voltaire n'a point fait de Poeme ſur

Philadelphie comme on vous l'a dit, il eſt vrai qu'il l'avait commencé, mais il l'a abandonné pour des choſes qui nous regardent de plus près: je vous confierai qu'en 1753 il avait eu deſſein d'aller fonder un établiſſement dans ce païs, qui par tout ce que j'en entends dire, eſt digne d'être habité par des philoſophes, & où l'on jouit de la plus grande & de la plus honnete liberté; mais il a préféré les environs de Genève, dont le climat ne vaut pas à beaucoup près celui de la Penſilvanie.

La littérature tombe beaucoup en France, *multiplicaſti gentem non magnificaſti lætitiam*; le nombre des mauvaiſes brochures & des petits romans inſipides eſt infini.

On m'a parlé d'un livre qui peut réparer nôtre honneur & dans lequel il y a des choſes excellentes, il eſt intitulé DE LA FÉLICITÉ PUPLIQUE, mais il ne m'eſt pas encor parvenu.

Les ſatires & les libelles pleuvent ici de tous côtés & paſſent auſſi vite que la pluye.

Le petit Sabatier dont vous me parlez, & qui eſt de vôtre païs, eſt venu augmenter le nombre des malheureux déſœuvrés qui viennent chercher du pain à Paris. Mr. d'Alembert lui a fait fermer ſa porte. Monſieur le Comte de Lautrec la chaſſé de chez lui pour choſe très grave, on disait chez Madame de G... qu'il y avait trop de ces petits gredins qui se font Auteurs au lieu d'être de bons menuisiers, de bons cuisiniers : Ah ! pour bons cuisiniers dit-elle Dieu m'en préserve ; ils m'empoisonneraient : vôtre Sabatier est un homme qui ne sortira de la boue que pour aller trouver l'abbé La Coste à Toulon.

Voici un petit Madrigal impromptu assez plaisant, fait par un jeune Conseiller au Parlement l'année passée, un peu avant les grandes avantures.

Un jour au temple de Thémis
On opinait sans rien conclure,
Un chat vint sur les fleurs de Lys
Etaler aussi sa fourure.
Oh oh ! dit un des magistrats,
Ce chat prend-il la compagnie
Pour conseil tenu par les rats !
Non répond son voisin tout bas,
Mais il a flairé la bouillie
Que l'on fait ici pour les chats.

Vous savez avec quelle sagesse le Roi a changé tous les chaudrons ou l'on fesait cette bouillie. Je n'écris jamais de nouvelles sur ce qui se passe dans le gouvernement, & je ne me mêle que de littérature, &c.

EXTRAIT D'UNE LETTRE DE Mr. CLÉMENT DE DIJON, A Mr. DE VOLTAIRE.

Du 6 Decembre 1769.

JUgez si vôtre silence peut ne pas m'affliger, peut-être hélas! vous êtes vous imaginé, que vous me verriez payer vôtre amitié, vos bienfaits par la plus noire ingratitude; que je serais assez lache, assez criminel pour n'en être pas plus reconnaissant. Ah! Monsieur, n'ayez pas, si vous le voulez, égard à mes autres prieres, mais ne me faites pas l'injure de soupçonner ainsi ma probité, c'est le seul bien qui me reste; c'est ce bien précieux que je voudrais délivrer de la contagion générale, vos soupçons le flétriraient, vôtre générosité, vôtre grandeur d'ame peuvent en conserver & en relever l'éclat: ma tendresse, mon zele, mon respect voilà mes seuls biens, ils sont tous à vous, ils y seront toujours, &c.

NB. C'est le même qui a fait des Libelles affreux contre Mr. de Voltaire.

LETTRE

LETTRE DU ROI DE PRUSSE A Mr. D'ALEMBERT.

Communiquée par Mr. DUCLOS, *d'après l'original conservé dans les Archives de l'Académie.*

A Sans souci le 28. *Juillet* 1770.

LE plus beau monument de vôtre ami est celui qu'il s'est érigé lui-même; ses Ouvrages. Ils subsisteront plus longtemps que la Basilique de St. Pierre, & tous ces bâtiments que la vanité consacre à l'éternité. On ne parlera plus Français, que Voltaire sera encor traduit dans la langue qui lui aura succédé, cependant, rempli du plaisir que m'ont fait ses productions si variées, & chacune si parfaite en leur genre, je ne pourais sans ingratitude me refuser à la proposition que vous me faites de contribuer au monument que lui élève la reconnaissance publique. Vous n'avez qu'à m'informer de ce qu'on exige de ma part, je ne

refuserai

refuſerai rien pour cette ſtatue, plus glorieuſe pour les gens de Lettres qui la lui conſacrent, que pour Voltaire même. On dira que dans ce dix-huitiéme ſiecle où tant de gens de Lettres le déchiraient par envie, il s'en eſt trouvé d'aſſez nobles, d'aſſez généreux pour rendre juſtice à un homme de génie & de talents ſupérieurs, on dira que nous avons mérité de poſſeder Voltaire, & la poſtérité la plus reculée nous enviera encor cet avantage. Diſtinguer les hommes célebres, rendre juſtice au mérite, c'eſt encourager les talents & les vertus. C'eſt la ſeule récompenſe des belles ames; elle eſt bien due à tous ceux qui cultivent ſupérieurement les Lettres, elles nous procurent les plaiſirs de l'eſprit plus durables que ceux du corps, elles adouciſſent les mœurs les plus féroces, elles répandent leur charme, ſur tout le cours de la vie, elles rendent nôtre exiſtence ſupportable & la mort moins affreuſe. Continuez donc, Meſſieurs, de protéger & de célebrer ceux qui s'y appliquent, & qui ont le bonheur en France d'y réuſſir. Ce ſera ce que vous pourrez faire de plus glorieux pour vôtre nation, &c.

LETTRE DE L'IMPERATRICE DE RUSSIE, CATHERINE II.

Dont elle a permis la publicité & dont nous avons recouvré une Copie fidèle.

A Pétersbourg ce 9e Juillet 1766.

MOnſieur : la lueur de l'étoile du Nord n'eſt qu'une aurore boréale. Ce n'eſt rien que de donner un peu à ſon prochain de ce dont on a un grand ſuperflu ; mais c'eſt s'immortaliſer que d'être l'Avocat du genre humain, le défenſeur de l'innocence opprimée. Les deux cauſes des Calas & des Sirven vous attirent la vénération due à de tels miracles. Vous avez combattu les ennemis réunis des hommes, la ſuperſtition, le fanatiſme, l'ignorance, la chicane, les mauvais Juges, & la partie du pouvoir qui repoſe entre les mains des uns & des autres. Il faut bien des vertus & des qualités pour ſurmonter ces obſtacles. Vous avez montré que vous les poſſédés, vous avez vaincu. Vous déſirez, Monſieur, un ſecours modique pour les Sirven. Le puis-je refuſer? me louerez-vous de cette action? Y a-t-il de quoi? En partant de-là je vous avoue que j'aimerais mieux qu'on ignorat ma Lettre de change. Si cependant vous penſez que mon nom tout peu harmonieux qu'il eſt fera du bien à ces victimes de l'eſprit de perſécution, je m'en remets à vôtre prévoyance; & vous me nommerez, pourvu ſeulement que cela même ne leur nuiſe pas.

La méſavanture de l'Evèque de Roſtof a été traitée publiquement, & vous en pouvez communiquer, Monſieur, le mémoire à vôtre gré, comme une pièce autentique qne vous tenez d'une voye irréprochable.

J'ai lû avec beaucoup d'attention l'imprimé qui accompagnait vôtre Lettre. Il eſt bien difficile de réduire les principes qu'il contient en pratique. Malheureuſement le grand nombre y sera longtems opposé. Il est cependant possible d'émousser la pointe des opinions qui menent à la destruction des humains. Voici mot à mot ce que j'ai inséré entr'autres à ce sujet dans une instruction pour un comité qui refondra nos loix.

Dans un grand Empire qui étend sa domination sur autant de peuples divers qu'il y a de différentes croyances parmi les hommes, la faute la plus nuisible au repos & à la tranquillité de ses citoyens, serait l'intolérance de leurs différentes religions. Il n'y a même qu'une sage tolérance également avouée de la religion orthodoxe & de la politique, qui peut ramener ces brebis égarées à la vraye croyance. La persécution irrite les esprits, la tolérance les adoucit & les rend moins obstinés en étouffant ces disputes contraires au repos de l'état, & à l'union des citoyens.

Après cela, suit un précis de l'esprit des loix sur la magie &c. qu'il serait trop long de raporter ici, où il est dit tout ce qu'on peut dire pour préserver d'un côté les citoyens des maux que peuvent produire de pareilles accusations, sans cependant troubler de l'autre la tranquillité des croyances, ni scandaliser les consciences des croyants. J'ai cru que c'était l'unique voye praticable d'introduire les loix de la raison, que de les poser sur le fondement de la tranquillité publique, dont chaque individu sent continuellement le besoin & l'utilité.

Le petit Comte Schouvaloff de retour dans sa patrie, m'a fait le récit de l'intérêt que vous lui avez témoigné prendre à tout ce qui me regarde. Je finis par vous en marquer ma gratitude &c.

PIECES AUTHENTIQUES ANNEXÉES A CETTE LETTRE.

LEs biens fonds du clergé étaient mal régis, leurs sujets souffrant des véxations souvent tiranniques, auxquelles le fréquent changement de maître contribuait beaucoup, se revoltèrent vers la fin du règne de l'Impératrice Elisabeth. Et six mois après sa mort ils étaient au nombre de pres de cent mille rebelles, ce qui fit qu'a la fin de l'année 1762, on reprit le projet qu'on méditait depuis soixante ans, de changer l'administration de ses biens & d'assurer & de fixer les revenus du Clergé. Arsénie Evêque de Rostou s'y opposa. Il était poussé par quelques-uns de ses confreres qui ne trouvèrent pas à propos cependant de se nommer, avant qu'ils sçussent au juste comment celui-ci réussirait. Arsénie envoya à deux reprises des mémoires où il voulait établir le principe *de deux Puissances*, il en avait déja produit de pareils du tems de l'Impératrice Elisabeth. On s'était contenté de lui imposer silence, mais son insolence ou sa folie redoublant, on le cita, & il fut jugé par ses confrères, Demetri Métropolite de Novogorod à la tête, & en partie par ceux qui l'avaient poussé, à la tres grande pluralité des voix, comme fanatique, imbu de principes latins pernicieux & contraires à la foi orthodoxe, autant qu'au pouvoir Souverain, & par conséquent déchu de son Evèché & de la prétrise, & livré au bras séculier. Je n'acquiesçai a cette sentence qu'en confirmant le dechet des dignités de l'église & de la prétrise, & il fut enfermé comme simple moine pour le reste de ses jours dans un couvent.

Il y a encor deux exemples pareils de la sévérité de l'église grecque contre les fanatiques & les fous, qui ont moins été solemnels, mais qui sont également curieux.

L'Impératrice Elisabeth avait fait vœu qu'après la paix elle s'en irait porter à Rostou un tombeau d'argent à St. Demetri. Apres mon couronnement je me trouvais engagée a remplir son vœu, & comme on avait commencé à rebâtir ce Couvent, j'y laissai une somme considérable pour l'achever, & je m'en retournait à Pétersbourg. Peu après je reçus une ſuplique de ce couvent ſignée de l'abbé, qui me priait d'envoyer de l'argent, parce que disait-il, il n'avait pas de quoi acheter du vin, & les choſes néceſſaires pour le ſervice divin. J'envoya cette ſuplique au Sinode, lui recommandant ſimplement de ne laiſſer manquer de rien cette égliſe. Le Sinode ayant examiné cette affaire, rendit un arrêt par lequel il ſuſpendit cet abbé comme fanatique ſuperſtitieux, qui avait voulu, & oſé ſurprendre la bonne foi du Souverain, que par la-il était a ſupoſer qu'il n'en avait pas mieux agi avec le reſte des fideles qui ſe rendaient en grand nombre dans ſon couvent, & par conſéquent ne le laiſſaient manquer de rien, & on mit un autre abbé à ſa place, auquel on donna une inſtruction pour ſa conduite, qui eſt en vérité ſi belle & ſi dégagée de ſuperſtition, que ſi elle était imprimée elle ferait honneur à ces Meſſieurs, quoi qu'elle ne ſoit pas datée de la date du Mandement.

La Tolérance eſt générale dans cet Empire, il n'y a que les Jéſuites qui n'y ſont pas ſoufferts. Des Capucins qu'on tolere a Moſcou s'etant opiniatrés cet hyver a ne pas vouloir enterrer un français qui était mort subitement, sous prétexte qu'il n'avait pas reçu les sacrements, Abraham Chaumeix fit un factum contre eux pour leur prouver qu'il devaient enterrer un mort. Mais ce factum, ni deux réquisitions du Gouverneur ne purent porter ces peres à obéir. A la fin on leur fit dire de choisir ou de passer la frontière ou d'enterrer ce français, ils partirent, & j'envoyai d'ici des Augustins plus dociles, qui voyant qu'il n'y avait pas à badiner, firent tout ce qu'on voulut.

DIA-

DIALOGUE
AUX
CHAMPS ELISÉES,
ENTRE
DESCARTES ET CHRISTINE
REINE DE SUEDE.

Prononcé à l'Académie des Sciences devant le Roi de Suède par Mr. d'Alembert.

CHRISTINE.

AH! vous voila mon cher Defcartes? Que je fuis ravie de vous revoir après une fi longue abfence!

DESCARTES.

Depuis près d'un fiècle que nous fommes ici tous deux il n'a tenu qu'à vous de m'y retrouver beaucoup plutôt, mais je ne fuis pas furpris que vous m'ayez laiffé à l'écart. Vous favez que fur la terre même les Princes & les

Philosophes ne vivent pas beaucoup ensemble, s'ils se recherchent quelquefois, c'est par le sentiment passager d'un besoin ré iproque, les Princes pour s'instruire, les Philosophes pour être protégés, les uns & les autres pour être célèbres; car chez les Rois & même chez les Sages, la vanité se tait rarement. Mais quand une fois on est arrivé dans le triste & paisible séjour où nous sommes, Rois & Philosophes n'ont plus rien à prétendre, à espérer, ni à craindre les uns des autres; ils se tiennent donc chacun de leur côté; cela est dans l'ordre.

CHRISTINE.

Quelque froideur que vous me fassiez paraître, & quelque indifférence que vous me reprochiez à vôtre égard, j'ai toujours conservé pour vous des sentiments de reconnaissance & d'estime; & ces sentiments viennent d'être réveillés par des nouvelles que j'ai à vous apprendre, & qui pourront vous intéresser.

DESCARTES.

Des nouvelles qui m'intéresseront! Cela sera difficile. Depuis que je suis ici, j'ai souvent entendu les morts converser entr'eux, ils débitaient ce qui s'est passé sur la terre depuis que je l'ai quittée. J'ai tant appris de sottises que je suis dégouté de nouvelles. D'ailleurs comment voulez-vous que je me soucie de ce qui se passe la haut depuis que je n'y suis plus? J'y prenais bien peu de part quand j'y étais: c'était pourtant une grande époque celle de la fameuse guerre de 30 ans, & des célèbres négociations qui l'ont suivie; on faisait alors les plus grandes & les plus belles actions, on s'égorgeait & on se trompait d'un bout de l'Europe à l'autre, c'était, à ce qu'on dit, le tems des grands Princes, des grands Généraux & des grands Ministres. Je ne prenais part ni à leurs illustres massacres, ni à leurs augustes secrets, & je méditais paisiblement dans ma solitude.

CHRISTINE.

Vous n'en faisiez par mieux; un sage comme vous aurait pû être beaucoup plus utile au monde: au lieu d'être enfermé dans vôtre poele au fond de la Nort-Hollande, occupé de Géométrie, de Physique, & quelquefois, soit dit entre nous, d'une métaphysique assez creuse, vous auriez bien mieux fait d'aller dans les armées & dans les Cours & d'y persuader aux hommes de vivre en paix.

DESCARTES.

J'y aurais vraiment été bien reçû; persuader aux hommes de ne pas s'égorger, surtout quand ils ne savent pas pourquoi ils s'égorgent! Quand on est réduit à prouver des choses si claires, c'est perdre sa peine que de l'entreprendre. Je me souviens de ce qui arriva pendant la guerre de Vespasien & de Vitellius a un certain Philosophe dont parle Tacite; il s'avança entre les deux armées qui étaient en présence, & voulut, par une belle déclamation contre la guerre, leur persuader de mettre bas les armes, & de s'en aller chacune de leur côté. Le Philosophe fut baffoué & roué de coups, & on se se battit mieux que jamais.

CHRISTINE.

On assure que vous seriez aujourd'hui plus content de l'espece humaine Tous les morts qui viennent ici depuis quelque tems, & les philosophes memes qui nous arrivent, conviennent que les esprits s'éclairent & que la raison fait des progres.

DESCARTES.

Si elle en fait, c'est, je crois, bien insensiblement. Il est inconcevable avec quelle lenteur les Nations en corps cheminent vers le bien & vers le vrai. Jettez les yeux sur l'histoire du monde depuis la destruction de l'Empire Romain jusqu'a la renaissance des Lettres en Europe ; vous serez effrayée du degré d'abrutissement où le genre humain a langui pendant près de douze siècles.

CHRISTINE.

Les peuples cheminent lentement, il est vrai; mais enfin ils cheminent, & ils arrivent tôt ou tard. La raison peut se comparer à une montre; on ne voit point marcher l'aiguille, elle marche cependant, & ce n'est qu'au bout de quelque tems qu'on s'apperçoit du chemin qu'elle a fait; elle s'arrête à la vérité quelquefois, mais il y a toujours au dedans de la montre un ressort qu'il suffit de mettre en action pour donner du mouvement à l'aiguille.

DESCARTES.

A la bonne heure; tout ce que je sais, c'est que de mon tems l'aiguille n'allait guères ; le ressort même, s'il y en avait un, était si relâché que je l'ai crû détruit pour jamais, tant j'ai essuyé de contradictions & de traverses pour avoir voulu enseigner aux hommes quelques vérités de pure ſpéculation, & qui ne pouvaient troubler la paix des Etats.

CHRISTINE.

Ce tems de dégoût & de diſgrace eſt paſſé pour vous, on vous rend enfin juſtice; on vous rend même les honneurs qui vous ſont dûs.

DESCARTES.

On m'a tourmenté pendant que je pouvais y être ſenſible; on me rend des honneurs quand ils ne peuvent plus me toucher; la perſécution a été pour ma perſonne, & la gloire eſt pour mon ombre. Il faut avouer que tout cela eſt arrangé le mieux du monde pour ma plus grande ſatisfaction.

CHRISTINE.

Heureuſement pour l'honneur du genre humain on ne traite pas toujours avec la même injuſtice les hommes dont les talents illuſtrent leur patrie. Je viens d'apprendre qu'en France même, & dans le moment où je vous parle, une ſociété conſidérable de gens de Lettres élève une ſtatue au plus célebre écrivain de la Nation; on ajoute que des perſonnes reſpectables par leur rang & par leurs lumières, tant en France que dans les pays Etrangers font a cette louable entreprise l'honneur d'y concourir.

DESCARTES.

Cela eſt vrai, mais ſavez-vous ce que j'apprends de mon côté ? C'eſt qu'il ſe trouve en même tems des hommes qui voudraient bien décrier cet acte de patriotiſme, par une raiſon qu'ils n'oſent à la vérité dire tout haut; c'eſt que l'homme de génie qui eſt l'objet de ce monument, aura la ſatisfaction de le voir & d'en jouir. Ces diſpenſateurs équitables de la gloire demandent pourquoi on n'exige pas plutôt des ſtatues à Corneille, à Racine & à Moliere, & ils le demandent parce que Corneille, Racine & Moliere ſont morts; ils n'auraient eu garde de faire la queſtion du vivant de ces grands hommes, dont le premier eſt mort pauvre, le ſecond dans la diſgrace, & le troiſième preſque ſans ſépulture.

CHRISTINE.

On pourrait, ce me ſemble, repréſenter l'envie égorgeant d'une main un génie vivant, & de l'autre offrant de l'encens a un Génie qui n'eſt plus. Mais laiſſons-là ces hommes ſi zélés

pour

pour honorer le mérite, à condition qu'il n'en faura rien; & ne parlons que de ce qui vous concerne. Si on a le tort de vous avoir oublié longtems, il semble qu'on veuille aujourd'hui réparer cet oubli d'une manière éclatante. Savez vous qu'on vous éleve actuellement un mausolée?

DESCARTES.

Un mausolée à moi! La France me fait beaucoup d'honneur, mais il me semble que si elle m'en jugeait digne, elle aurait pû ne pas attendre 120 ans après ma mort.

CHRISTINE.

Ce n'est point en France qu'on vous l'élève. On y songera bientôt sans doute; & il s'en offre une belle occasion; car on reconstruit actuellement avec la plus grande magnificence l'Eglise où vos cendres ont été apportées; & il me semble qu'un monument à l'honneur de Descartes décorerait bien autant cette Eglise que de belles orgues ou une belle sonnerie. Mais en attendant, on vous érige un Mausolée à Stockolm, dans le pais où vous avez été mouri. C'est à un jeune Prince qui regne aujourd'hui sur la Suede que vous avez cette obligation; je n'ai point eu, comme vous savez, l'ambition de me donner un héritier; mais que j'aurais été empressée d'en avoir, si j'avais pû espérer que le Ciel m'accordat un tel Prince pour fils! Je m'intéresse vivement à lui par tout ce que j'entends dire de ses lumieres, de ses connaissances, de sa modestie, ou plutôt, & ce qui vaut bien mieux encore, de sa simplicité, car la modestie est quelquefois hypocrite, & la simplicité ne l'est jamais.

DESCARTES.

Je ne puis pas dire que je voudrais voir ici ce Prince pour le remercier. J'espère même, pour le bonheur de la Suede, qu'il ne viendra nous trouver de longtems. Mais je voudrais du moins que ma nation m'acquittat un peu envers lui. Je sais qu'elle est légère & frivole, mais au fond elle est sensible & honnète; & si elle n'a rien fait pour moi, ce sera m'en dédommager en quelque sorte que de se montrer reconnaissante des honneurs que les étrangers me rendent. Je n'ai ni la vanité d'etre ébloui de ces honneurs, ni l'orgueil de les dédaigner; une ombre a le bonheur ou le malheur de voir les choses comme elles sont; mais quand je n'aurais rendu d'autre service aux philosophes, que d'ouvrir la carrière d'ou ils tirent les matériaux du grand édifice de la raison, j'aurais, ce me semble, quelque droit au souvenir de la postérité.

CHRISTINE.

Quant à moi je partage bien vivement les obligations que vous & la France avez en ce moment à la Suede. Car le mausolée qu'on vous y éleve est une dette que j'avais un peu contractée envers vous.

DESCARTES.

Il est vrai, soit dit sans vous en faire de reproches, qu'après avoir assez bien traité ma personne, vous avez un peu négligé ma cendre. J'étais mort dans vôtre Palais d'une fluxion de poitrine que j'avais gagnée à me lever pendant trois mois en hyver, à cinq heures du matin pour aller vous donner des leçons. On dit que vous me regrettates quelques jours, que vous parlates même de me faire construire un tombeau magnifique; mais que bientôt vous n'y pensates plus. La plupart des Princes sont comme les enfans, ils caressent vivement & oublient vite.

CHRISTINE.

J'aurais certainement fait quelque chose pour

vôtre mémoire, si je n'eusse pas abdiqué la couronne bientôt après.

DESCARTES.

Et pourquoi l'avez-vous abdiquée ? il me semble que vous auriez beaucoup mieux fait de rester sur le trône de Suède, d'y travailler au bonheur de vos Peuples, d'y protéger les sciences & la philosophie, que d'aller traîner une vie inutile au milieu de ces Italiens qui vous traitaient assez mal. Avouez que l'envie de paraître singulière, & pour tout dire, un peu de vanité, vous a portée a cette abdication; vous auriez pensé autrement, si vous eussiez été plus pénétrée du sentiment & de l'amour de la véritable gloire, qui est si différent de la vanité.

CHRISTINE.

Je ne voudrais pas répondre que la vanité ne fut entrée dans mon projet; car elle se glisse partout, & elle est faite pour tout gâter, mais j'avais pour abdiquer un motif plus puissant, & qui paraîtra peu surprenant à un philosophe, les dégouts & l'ennui du trône. J'avoue cependant que j'aurais du supporter ces dégouts & ces ennuis, par la satisfaction si douce de remplir les devoirs consolans que le trône impose. Heureusement ce trône va être occupé par un Prince qui réparera tous mes torts, qui sentira comme moi le poids de la couronne, mais qui saura la porter.

DESCARTES.

Vous auriez ce me semble, un intérêt particulier de ne pas priver les gens de Lettres de l'azyle & de l'appui qu'ils trouvaient auprès de vôtre trône; car assurément ils n'ont pas été ingrats à vôtre égard.

CHRISTINE.

Il est vrai, & je ne puis me le dissimuler, que si la postérité a conservé pour moi quelque estime je la dois au peu que j'ai fait pour les Lettres. On s'en souvient beaucoup plus que de quelques autres actions, qui pourraient cependant tenir une place dans mon histoire; par exemple l'influence que j'ai eûe dans le traité de Westphalie. Vous pouvez en effet vous souvenir qu'a l'occasion de ce fameux traité vous fites des vers a mon honneur.

DESCARTES.

Oui, je me souviens que je fis d'assez mauvais vers, & dont même on a pris la peine fort inutile de se moquer depuis ma mort, comme si ma philosophie y avait mis quelque prétention, & comme si tous les rimeurs de mon tems, qui se croyaient Poetes, avaient fait de meilleurs vers que moi, a l'exception de Corneille. Quoi qu'il en soit. mes vers sont oubliés, comme l'obligation qu'on vous a d'avoir contribué au grand traité qui pacifia l'Europe, & qui assura l'Etat de l'Empire.

CHRISTINE.

J'avoue qu'on ne m'en sait aucun gré, & à parler franchement on n'est pas injuste. Ce traité était plus l'ouvrage de mes Ministres que le mien, il n'en est pas de même de la protection que j'ai eu le bonheur d'accorder aux Lettres & a la Philosophie, c'est une gloire que je ne partage avec personne, & la reconnaissance que tant d'Ecrivains célebres m'en ont témoignee, m'a fait pardonner plus d'un écart que je me reproche.

DESCARTES.

Vous n'êtes pas la seule qui ayez éprouvé l'effet de leur reconnaissance, ils ont aussi presque fait oublier les proscriptions d'Auguste & les fautes de François Ier. Tôt ou tard les hommes qui pensent & qui écrivent, gouvernent l'opinion, & l'opinion, comme vous savez, gouverne le monde.

CHRISTINE.

Ne dites pas cela trop haut; car on reprocherait aux gens de Lettres, à ces hommes qui pensent & qui écrivent, de n'être bons qu'à gâter les Princes.

DESCARTES.

Le reproche serait fort injuste. Les Princes qu'on a loués d'avoir aimé les Lettres, Auguste & François Ier. entr'autres, sont devenus meilleurs & plus sages du moment où ils ont commencé à les aimer. Cela seul prouverait, s'il était nécessaire, combien les Princes ont intérêt d'etre éclairés, & pour leurs peuples & pour eux-mêmes.

CHRISTINE.

Mais croyez-vous qu'il en soit des sujets comme des souverains; que les Nations aient toujours besoin d'etre instruites, & qu'il ne soit pas utile de tenir le peuple dans l'ignorance, & meme de le tromper quelquefois?

DESCARTES.

C'eſt une grande queſtion, & qui demanderait une diſcuſſion auſſi longue qu'inutile pour nous ; car qu'importe-t-il aux morts de ſavoir s'il eſt bon de tromper les vivans ? Pour moi, je ne ſais s'il peut y avoir des erreurs utiles ; mais s'il y en avait, je crois qu'elles tiendraient la place des vérités plus utiles encore. Il eſt vrai cependant que pour combattre utilement & ſurement l'erreur & l'ignorance, il faut rarement les heurter de front. Un philoſophe, apparemment mécontent de ſes Contemporains, diſait l'autre jour ici que s'il revenait ſur la terre, & qu'il eut la main pleine de vérités (*), il ne l'ouvrirait pas pour les en laiſſer ſortir. Mon Confrere, lui dis-je, vous avez tort & raiſon, il ne faut pas ſans doute ouvrir la main tout a la fois ; il faut ouvrir les doigts l'un après l'autre, la vérité s'en échappe peu à peu, ſans faire courir aucun riſque à ceux qui la tiennent, & qui la laiſſent échapper.

(*) C'eſt un mot qu'on attribue à Fontenelle. En effet après les dangers que l'allegorie de Méro & d'Enegu, & l'hiſtoire des oracles lui firent courir, il craignait fort les vérités & les Jéſuites.

LETTRE
DE
Mr. DE VOLTAIRE
A Mr. PIGAL.

CHer Phidias, vôtre Statue
Me fait mille fois trop d'honneur;
Mais quand vôtre main s'évertue
A ſculpter vôtre ſerviteur,
Vous égaiez l'eſprit railleur
De certain peuple rimailleur
Qui depuis ſi longtemps me hue.
L'ami Fréron le barbouilleur
D'écrits qu'on jette dans la rue
Sourdement de ſa main crochue
Mutilera vôtre labeur.

Attendez que le deſtructeur
Qui nous conſume & qui nous tue,
Le temps, aidé de mon paſteur
Ait d'un bras exterminateur
Enterré ma tete chenue.

Que ferez vous d'un pauvre auteur
Dont la taille & le cou de grue,
Et la mine tres peu jouflue
Feront rire le connaiſſeur?

Sculptez nous quelque beauté nue
De qui la chair blanche & dodue
Séduiſe l'œil du ſpectateur:
Et qui dans ſon ame inſinue
Ces doux deſirs & cette ardeur,
Dont Pigmalion le ſculpteur,
Vôtre digne prédéceſſeur,
Brula, ſi la fable en eſt crue.

Au marbre il ſut donner un cœur,
Cinq ſens, inſtrument du bonheur,
Une ame en ces ſens répandue;
Et ſoudain fille devenue
Cette fille reſta pourvue,
De doux appas que ſa pudeur,
Ne dérobait point à la vue.
Meme elle fut plus diſſolue,
Que ſon père & ſon créateur.
Que cet exemple ſi flatteur
Par vos beaux ſoins ſe perpétue!

LES

LES SYSTÊMES.

LOrsque le seul puissant, le seul grand, le seul sage,
De ce monde, en six jours, eut achevé l'ouvrage,
Et qu'il eut arrangé tous les celestes corps,
De sa vaste machine il cacha les ressorts,
Et mit sur la nature un voile impénétrable.

J'ai lu chez un Rabin que cet Etre inéfable
Un jour, devant son trône, assembla nos docteurs,
Fiers enfans du sophisme, éternels disputeurs,
Le bon Thomas d'Aquin (1), Scot (2), & Bonaventure (3),
Et jusqu'au Provençal élève d'Epicure (4),
Et ce maître René (5) qu'on oublie aujourd'hui,
Grand fou persécuté par de plus fous que lui,
Et tous ces beaux esprits dont le savant caprice
D'un monde imaginaire a bâti l'edifice.

Ça, mes amis, dit Dieu, *devinez mon secret :*
Dites-moi qui je suis, & comment je suis fait.
Et dans un suplement dites moi qui vous êtes :
Quelle force, en tous sens, fait courir les comètes,
Et pourquoi, dans ce globe, un destin trop fatal,
Pour une once de bien mit cent quintaux de mal.
Je sais que grace aux soins des plus nobles genies,
Des prix sont proposes par les Academies :
J'en donnerai. Quiconque aprochera du but
Aura beaucoup d'argent, & fera son salut.

Il dit, Thomas se leve a l'auguste parole,

Thomas le Jacobin, l'ange de nôtre école,
Qui de cent argumens se tira toujours bien,
Et répondit à tout, sans se douter de rien.

Vous êtes, lui dit-il, *l'existence & l'essence* (6),
Simple avec attributs, acte pur & substance,
Dans les tems, hors des tems: fin, principe & milieu,
Toujours présent par tout sans être en aucun lieu.

L'Eternel, à ces mots qu'un bachelier admire,
Dit: *courage, Thomas!* & se mit à sourire.
Descartes prit sa place avec quelque fracas,
Cherchant un tourbillon qu'il ne rencontrait pas;
Et le front tout poudreux de matière subtile,
N'ayant jamais rien lu, pas même l'Evangile.

Seigneur, dit-il à Dieu, *ce bon homme Thomas*
Du rêveur Aristote a trop suivi les pas.
Voici mon argument, qui me semble invincible:
Pour être, c'est assez que vous soyez possible (7).
Quant à vôtre Univers, il est fort imposant;
Mais quand il vous plaira, j'en ferai tout autant (8);
Et je puis vous former d'un morceau de matière
Elémens, animaux, tourbillons & lumière,
Lorsque du mouvement je saurai mieux les loix.
Dieu sourit de pitié pour la seconde fois.

L'incertain Gassendi, ce bon prêtre de Digne,
Ne pouvait du Breton souffrir l'audace insigne,
Et proposait à Dieu ses atômes crochus (9),
Quoique passés de mode, & dès longtems déchus.
Mais il ne disait rien sur l'essence suprême.

Alors un petit Juif, au long nez, au teint blême,
Pauvre, mais satisfait, pensif & retiré,
Esprit subtil & creux, moins lu que célébré,

Caché ſous le manteau de Deſcartes ſon maître,
Marchant à pas comptés, s'aprocha du grand Etre.
Pardonnez-moi, dit-il en lui parlant tout bas;
Mais je penſe, entre nous, que vous n'exiſtez pas (10).
Je crois l'avoir prouvé par mes mathématiques.
J'ai de plats écoliers, & de mauvais critiques.
Jugez nous. — A ces mots, tout le globe trembla;
Et d horreur & d'éfroi St. Thomas recula.
Mais Dieu clément & bon, plaignant cet infidèle,
Ordonna ſeulement qu'on purgeât ſa cervelle.
Ne pouvant déſormais compoſer pour les prix,
Il partit, eſcorté de quelques beaux eſprits.

Nos docteurs, qui voyaient avec quelle indulgence
Dieu daignait compatir à tant d'extravagance,
Etalèrent bientôt cent belles viſions,
De leur eſprit pointu nobles inventions:
Ils parlaient, diſputaient, & criaient tous enſemble.
Ainſi, lorſqu'à dîner une vieille raſſemble
Quinze ou vingt raiſonneurs, auteurs, commentateurs,
Rimeurs, compilateurs, chanſonneurs, traducteurs,
La maiſon retentit des cris de la cohue,
Les paſſans ébahis s'arrêtent dans la rue.
D'un air perſuadé Mallebranche aſſûra
Qu'il faut parler au Verbe, & qu'il nous répondra (11).
Arnaud dit que de Dieu la bonté ſouveraine,
Exprès pour nous damner, forma la race humaine (12).
Leibnitz avertiſſait le Turc & le Chrétien,
Que ſans ſon harmonie on ne comprendra rien (13),
Que Dieu, le monde & nous, tout n'eſt rien ſans monades.
Le courier des Lapons, dans ſes turlupinades (14),
Veut qu'on aille au détroit où vogua Magellan

Pour se former l'esprit, disséquer des géans.
Notre consul Maillet (15) (non pas consul de Rome)
Sait comment ici-bas nâquit le premier homme.
D'abord il fut poisson. De ce pauvre animal
Le berceau très changeant fut du plus fin cristal,
Et les mers des Chinois sont encore étonnées
D'avoir, par leurs courans, formé les Pirenées.
Chacun fit son sistême, & leurs doctes leçons
Semblaient partir tout droit des petites-maisons.

Dieu ne se facha point : c'est le meilleur des pères :
Et sans nous engourdir par des loix trop austères,
Il veut que ses enfans, ces petits libertins,
S'amusent en jouant de l'œuvre de ses mains.
Il renvoya le prix à la prochaine année,
Mais il vous fit partir, dès la même journée,
Son ange Gabriel, ambassadeur de paix,
Tout pétri d'indulgence, & porteur de bienfaits.

Le ministre emplumé vola dans vingt provinces,
Il visita des Saints, des Papes & des Princes,
De braves Cardinaux & des Inquisiteurs,
Dans le siecle passé dévôts persécuteurs.
Messeigneurs, leur dit-il, *le bon Dieu vous ordonne*
De vous bien divertir, sans molester personne.
Il a su qu'en ce monde on voit certains savans,
Qui sont ainsi que vous, de fieffés ignorans :
Ils n'ont ni volonté, ni puissance de nuire :
Pour penser de travers, hélas ! faut-il les cuire ?
Un livre, croyez-moi, n'est pas fort dangereux,
Et votre signature & plus funeste qu'eux.
En Sorbonne, aux Charniers (16), tout se mêle d'écrire ;
Imitez le bon Dieu qui n'en a fait que rire.

NOTES

Par Mr. DE MORZA.

(1) *Le bon Thomas d'Aquin.....*

Nous n'avons de St. Thomas d'Aquin que dix-ſept gros volumes bien averés, mais nous en avons vingt & un d'Albert. Auſſi celui ci a éte ſurnomme *le Grand.*

(2) *Scot......*

Scot eſt le fameux rival de *Thomas.* C'eſt lui qu'on a cru mal-a-propos l'inſtituteur du dogme de l'*Immaculée Conception*, mais il fut le plus intrepide defenſeur de l'*Univerſel de la part de la choſe.*

(3) *Bonaventure......*

Nous avons de S. *Bonaventure* le Miroir de l'ame, l'Itineraire de l'eſprit à Dieu, la Diette du Salut, le Roſſignol de la Paſſion, le bois de vie, l'aiguillon de l'amour, les flammes de l'amour, l'art d'aimer, les vingt-cinq mémoires, les quatre vertus cardinales, les ſept chemins de l'Eternité, les ſix aîles des Cherubins, les ſix aîles des Séraphins, les cinq fêtes de l'Enfant Jéſus, &c.

(4)... *Provençal, élève d'Epicure.*

Gaſſendi, qui reſſuſcita pendant quelque tems le Syſtême d'Epicure. En effet, il ne s'eloigne pas de penſer que l'homme a trois ames, la végétative qui fait circuler toutes les liqueurs, la sensitive qui reçoit toutes les impressions, & la raisonnable qui loge dans la poitrine. Mais aussi il avoue l'ignorance éternelle de l'homme sur les premiers principes des choses, & c'est beaucoup pour un Philosophe.

(5) *Et ce maître René.....*

Descartes était le contraire de Gassendi : celui ci cherchait, & l'autre croyait avoir trouvé. On sait assez que toute la philosophie de Descartes n'est qu'un roman mal tissu, qu'on ne se donne plus la peine ni de refuter, ni d'examiner. Quel homme aujourd'hui perd son tems à rechercher comment des dez, tournant sur eux-mêmes dans le plein, ont produit des soleils, des planettes, des terres & des mers? Les partisans de ces chimères les apellaient les hautes sciences, & ils se moquaient d'Aristote, & ils disaient : nous avons de la methode. On peut comparer le systême de Descartes a celui de Lass, tous deux étaient fondés sur la synthèse. Descartes vint dans un tems où la raison humaine était egarée. Lass se mit à philosopher en France, lorsque l'argent du royaume était plus égaré encore. Tous deux elevèrent leur édifice sur des vessies. Les tourbillons de Descartes durèrent une quarantaine d'annees, ceux de Lass ne subsistèrent que dix-huit mois. On est plutôt detrompé en arithmetique qu'en philosophie.

(6).... *L'existence & l'essence, &c.*

Ce sont les propres paroles de St. Thomas d'Aquin. D'ailleurs toute la partie metaphysique de sa *somme* est fondee sur la metaphysique d'Aristote.

(7)

(7) *Pour être, c'est assez que vous soyez possible.*

Voici où est (ce me semble) le défaut de cet argument ingénieux de Descartes. Je conclus l'existence de l'Etre necessaire & éternel, de ce que j'ai aperçu clairement que quelque chose existe nécessairement & de toute éternité, sans quoi il y aurait quelque chose qui aurait été produit du néant & sans cause, ce qui est absurde : donc un Etre a existé toujours nécessairement & par lui même. J'ai donc conclu son existence de l'impossibilité qu'il ne soit pas, & non de la possibilité qu'il soit. Cela est délicat, & devient plus délicat encore, quand on ose sonder la nature de cet Etre éternel & nécessaire. Il faut avouer que tous ces raisonnemens abstraits sont assez inutiles, puisque la plupart des têtes ne les comprennent pas. Il serait assurément d'une horrible injustice & d'un énorme ridicule, de faire dépendre le bonheur & le malheur éternel du genre humain de quelques argumens que les neuf dixiémes des hommes ne sont pas en état de comprendre. C'est à quoi ne prennent pas garde tant de scholastiques orgueilleux & peu sensés qui osent enseigner & menacer. Quand un philosophe serait le maître du monde, encore devrait-il proposer ses opinions modestement. C'est ainsi qu'en usait Marc-Aurelle & même Julien. Quelle différence de ces grands hommes à Garasse, à Nonote, à l'Abbé Guion, à l'auteur de la gazette ecclesiastique, à Paulien l'ex-jesuite, & à tant d'autres.

(8) *J'en ferai tout autant.*

Donnez moi de la matière & du mouvement, & je ferai

un monde. Ces paroles de Descartes sont un peu téméraires, elles n'auraient pas été permises à Platon. Passe qu'Archimede ait dit : Donnez moi un point fixe dans le ciel, & j'enleverai la terre : il ne s'agissait plus que de trouver le levier. Mais qu'avec de la matière & du mouvement on fasse des organes sentans & des têtes pensantes, cela est bien fort. Je doute même que Descartes & le Pere Mersenne ensemble eussent pu donner à la matière la gravitation vers un centre. Après tout, Descartes avait de la matière & du mouvement, nous n'en manquons pas. Que ne travaillait-il ? Que ne faisait-il un petit automate de monde ? Avouons que dans toutes ces imaginations on ne voit que des enfans qui se jouent.

(9) ..... *Ses atômes crochus.*

Democrite, Epicure, & Lucrece, avec leurs atômes declinans dans le vuide, etaient pour le moins aussi enfans que Descartes avec ses tourbillons tournoyans dans le plein, & l'on ne peut que deplorer la perte d'un tems précieux employé à étudier serieusement ces fadaises par des hommes qui auraient pu être utiles.

Où est l'homme de bon sens qui ait jamais conçu clairement que des atômes se soient assemblés pour aller en ligne droite, & pour se detourner ensuite à gauche, moyennant quoi ils ont produit des astres, des animaux, des pensees ? Pourquoi de tant de fabricateurs de mondes, ne s'en est-il pas trouvé un seul qui soit parti d'un principe vrai, & reçu de tous les hommes raisonnables ? Ils ont adopté des chimères, & ont voulu les expliquer, mais quelle explication ! Ils ressemblaient parfaitement aux commentateurs des anciens historiens. La tour de

Babel avait vingt mille pieds de haut, donc les maçons avaient des grues de plus de vingt milles pieds pour elever leurs pierres. Le lit du roi Og etait de quinze pieds. Le serpent, qui eut de longues conversations avec Eve, ne put lui parler qu'en hebreu; car il devait lui parler en sa langue pour être entendu, & non en la langue des serpens, & Eve devait parler le pur hebreu, puisqu'elle était la mère des Hebreux, & que ce langage n'avait pu encore se corrompre. C'est sur des raisons de cette force que furent apuyes long-tems tous les commentaires & tous les systêmes. Herodote a dit que le soleil avait changé deux fois de levant & de couchant, & sur cela on a recherche par quel mouvement ce phénomène s'etait operé. Des savans se sont distillés le cerveau pour comprendre comment le cheval d'Achille avait parlé grec, comment la nuit que Jupiter passa avec Alcmene fut une fois plus longue qu'elle ne devait être, sans que l'ordre de la nature fut derangé, comment le soleil avait reculé au souper d'Atree & de Thieste, par quel secret Hercule etait reste trois jours & trois nuits enseveli dans le ventre d'une baleine, par quel art au son d'un instrument les murs de.... Enfin on a compile & empile des écrits sans nombre pour trouver la vérite dans les plus absurdes & les plus insipides fables.

(10) *Mais je pense entre nous que vous n'existez pas.*

Spinosa, dans son fameux livre, si peu lu, ne parle que de Dieu, & on lui a reproché de ne point reconnaître de Dieu. C'est qu'il n'a point séparé la Divinite du grand tout qui existe par elle. C'est le Dieu de Straton, c'est le Dieu des Stoiciens.

X 2

Jupiter est quodcumque vides, quòcumque moveris.

C'est le Dieu d'Aratus dans le sens d'une philosophie audacieuse.

In Deo vivimus, movemur & sumus.

La marche de Spinosa est plus géométrique que celle de tous les philosophes de l'antiquité. C'est le premier Athee qui ait procédé par lemmes & par théorêmes.

Bayle, en prenant la doctrine de Spinosa à la lettre, en raisonnant d'après ses paroles, trouve cette doctrine contradictoire & ridicule. En effet, qu'est-ce qu'un Dieu dont tous les êtres seraient des modifications, qui serait jardinier & plante, médecin & malade, homicide & mourant, destructeur & detruit?

Bayle paraît oposer a Spinosa une dialectique très-supérieure. Mais quel est le sort de toutes les disputes! Jurieu regardait Bayle comme un compilateur d'idées plus dangereuses que Spinosa. Arnaud & ses partisans tombaient sur Jurieu comme sur un fanatique absurde. Les jésuites acusaient Arnaud d'être au fond un ennemi de la religion, & tout Paris voyait dans les jésuites les corrupteurs de la raison & de la morale, & des fabricateurs de lettres de cachet. Pour Spinosa, tout le monde en parlait, & personne ne le lisait.

Voici l'analyse de tous ses principes.

Il ne peut exister qu'une substance, car qui est par soi doit être un, & ne peut être limité. La substance doit donc être infinie.

Il est impossible qu'une substance en produise une autre sans qu'il y ait quelque chose de commun entre elles.

Or ce quelque chose de commun ne peut exister avant la substance produite, donc la création est impossible.

Une substance ne peut en faire une autre, puisqu'étant infinie par sa nature, un infini ne peut en créer un autre.

Il n'y a donc qu'un infini, dont tout est mode.

L'intelligence & la matière existent, donc l'intelligence & la matière entrent dans la nature de cet infini

La substance étant infinie doit avoir une infinité d'attributs, donc l'infinité d'attributs est Dieu, donc Dieu est tout.

Ce système a été assez refuté par l'humain Fénelon, par le subtil Lami, & sur-tout de nos jours, par M. l'abbé de Condillac, par M. l'abbé Pluquet.

Si d'illustres adversaires peuvent servir en quelque sorte à la gloire d'un auteur, on voit que jamais homme n'a été honoré d'ennemis plus respectables. Il a été attaqué par deux cardinaux des plus savans & des plus ingénieux qu'ait eu la France, tous deux chéris à la cour, tous deux ministres & ambassadeurs à Rome. Le premier lui fait la guerre en beaux vers latins dans son anti-Lucrèce, le second en beaux vers français dans une épitre instructive & agréable.

Voici quelques-uns des vers latins.

Dogmata complexus, partim vesana Stratonis
Restituit commenta, suisque erroribus auxit
Omnigeni Spinosa Dei fabricator, & orbem
Appellare Deum, ne quis Deus imperet orbi,
Tanquam esset domus ipsa domum qui condidit, ausus.
Sic rediviva novo se se munimine cinxit
Impietas, tumidumque altâ caput extulit arce.

Scilicet ex toto rerum glomeramine numen
Construxit, cui sint pro corpore corpora cuncta,
Et cunctæ mentes pro mente, simulque perenni
Pro vitâ atque ævo, fuga temporis ipsa caduci
Et qui seclorum jugis devolvitur ordo.
Panaputes.

Voici quelques-uns des vers français.

Cesse de méditer dans ce sauvage lieu,
Homme, plante, animaux, esprit, corps, tout est Dieu.
Spinosa le premier connut mon existence,
Je suis l'être complet & l'unique substance,
La matière & l'esprit en sont les attributs,
Si je n'embrassais tout, je n'existerais plus.
Principe universel, je comprends tous les êtres,
Je suis le souverain de tous les autres maîtres,
Les membres différens de ce vaste univers
Ne composent qu'un tout dont les modes divers
Dans les airs, dans les cieux, sur la terre & sur l'onde,
Embellissent entr'eux le théâtre du monde,
Et c'est l'accord heureux des êtres réunis,
Qui comblent mes trésors & les rend réunis.

Le livre du *Système de la nature*, qu'on nous a donné depuis peu, est d'un genre tout diférent, c'est une Philippique contre Dieu. L'auteur prétend que la matière existe seule, & qu'elle produit seule la sensation & la pensée. Pour avancer une idée aussi étrange, il faudrait au moins tâcher de l'appuier sur quelque principe, & c'est ce que l'auteur ne fait pas. Il a pris cette opinion chez Hobbes, mais Hobbes se borne à la supposer, il ne l'afirme pas, il dit que des philosophes savans ont prétendu que tous les corps ont du sentiment. *Qui corpora omnia sensu esse prædita statuerunt.*

Depuis Brama, Zoroastre & Thaut, jusqu'à nous, chaque philosophe a fait son système, & il n'y en pas deux qui soient de même avis. C'est un cahos d'idées, dans lequel personne ne s'est entendu. Le petit nombre des sages est toujours parvenu à détruire les châteaux enchantés, mais jamais à pouvoir en bâtir un logeable. On voit par sa raison ce qui n'est pas, on ne voit point ce qui est. Dans ce conflict éternel de témérités & d'ignorances, le monde est toujours allé comme il va; les pauvres ont travaillé, les riches ont joui, les puissans ont gouverné, & les philosophes ont argumenté, tandis que des ignorans se partageaient la terre.

(11) *Qu'il faut parler au Verbe, & qu'il vous repondra.*

Par quelle fatalité le système de Mallebranche paraît-il retomber dans celui de Spinosa, comme deux vagues qui semblent se combattre dans une tempête, & le moment d'après s'unissent l'une dans l'autre ?

Dieu, dit Mallebranche, *est le lieu des esprits, de même que l'espace est le lieu des corps. Notre ame ne peut se donner d'idees. — Nos idees sont efficaces, puisqu'elles agissent sur notre esprit. Or rien ne peut agir sur notre esprit que Dieu. —— Donc il est necessaire que nos idees se trouvent dans la substance efficace de la Divinite.* Livre 3, de l'esprit pur, partie 2.

Voila les propres paroles de Mallebranche. Or si nous ne pouvons avoir de perceptions que dans Dieu, nous ne pouvons donc avoir de sentiment que dans lui, ne faire aucune action que dans lui, cela me paraît évident. On peut donc en inférer que nous ne sommes que des modifications de lui-même. Il n'y a donc dans l'univers qu'une seule substance. Voila le spinosisme, le stratonisme tout pur. Et Mallebranche pousse les illusions qu'il se fait a lui même jusqu'à vouloir autoriser son systême par des passages de St. Paul & de St. Augustin.

Je ne dis pas que ce savant prêtre de l'Oratoire fut spinosiste, a Dieu ne plaise, je dis qu'il servait d'un plat dont un spinosiste aurait mangé très volontiers. On sait que depuis il s'entretint familiérement avec le Verbe. Eh! pourquoi avec le Verbe plutôt qu'avec le St. Esprit? Mais comme il n'y avait personne en tiers dans la conversation, nous ne rendrons point compte de ce qui s'est dit. Nous nous contentons de plaindre l'esprit humain, de gémir sur nous mêmes, & d'exhorter nos pauvres confreres les hommes a l'indulgence.

(12) *Exprès pour nous damner.*

Il faut avouer que ce systême, qui supose que l'Etre tout puissant, & tout bon, a créé exprès des millions de milliards d'êtres raisonnables & sensibles, pour en favoriser quelques douzaines, & pour tourmenter tous les autres a tout jamais, paraîtra toujours un peu brutal à quiconque a des mœurs douces.

(13) *Que sans son harmonie....*

Notre ame étant *simple*, (car on supose que son existance & sa *simplicite* sont prouvees) elle peut resider dans l'étoile du nord ou du petit chien, & notre corps végéter sur ce globe. L'ame a des idées la haut, & notre corps fait ici les fonctions correſpondantes à ces idées, à peu près comme un homme prêche, tandis qu'un autre fait les geſtes, ou plutôt l'ame eſt l'horloge, & le corps ſonne ici les heures. Il y a des gens qui ont étudie cela ſerieuſement, & l'inventeur de ce ſyſtême eſt celui qui a diſputé contre Newton, & qui peut même avoir eû raiſon ſur quelques points.

Quant aux *monades*, tout être phyſique étant compoſe doit être un réſultat d'êtres ſimples, car dire qu'il eſt fait d'êtres compoſes, c'eſt ne rien dire. Des *monades* ſans parties & ſans étendue font donc l'étendue & les parties, elles n'ont ni lieu, ni figure, ni mouvement, quoiqu'elles conſtituent des corps qui ont figure & mouvement dans un lieu.

Chaque *monade* doit être differente d'un autre ſans quoi ce ſerait un double emploi.

Chaque *monade* doit avoir des raports avec toutes les autres, parce qu'il y en a entre les corps dont ces *monades* font l'aſſemblage une union néceſſaire. Ces raports entre ces *monades ſimples, inétendues*, ne peuvent être que des idées, des perceptions. Il n'y a pas de raiſon, pour laquelle une monade, ayant des raports avec une de ſes compagnes, n'en ait pas avec toutes. Chaque monade voit donc toutes les autres, & par conſequent eſt un miroir concentrique de l'univers. Il y a un pays où cela s'eſt enſeigné dans des écoles a des gens qui avaient de la barbe au menton.

(14) .... *Dans ces turlupinades.*

On a fait aſſez connaître l'idée d'aller diſſéquer des cervelles de Patagons pour voir la nature de l'ame, d'examiner les songes, pour savoir comment on pense dans la veille, d'enduire les malades de poix résine, pour empêcher l'air de nuire, de creuser un trou jusqu'au centre de la terre, pour voir le feu central. Et ce qu'il y a de déplorable, c'est que ces folies ont causé des querelles & des infortunes.

(15) *Notre consul Maillet ....*

On connaît aussi le systême vraisemblable par lequel la mer a formé les montagnes, & la terre est de verre, mais celui-là n'a encore rien de funeste. Certes ceux qui ont inventé la charrue, la navette & les poulies, étaient des dieux bienfaisans, en comparaison de tous ces rêveurs. Et il est vrai qu'un opéra comique vaut mieux que les systêmes de Cudworth, de Wiston, de Burnet & de Woodward. Car ces systêmes n'ont appris aucune vérité & n'ont fait aucun plaisir, mais l'opéra des gueux & le déserteur ont fait passer très agréablement le tems à plus de cent mille hommes.

(16) .... *Aux Charniers, tout se mêle d'écrire.*

Charniers des Sts. Innocents, belle place de Paris, près du palais royal, & non loin du Louvre. C'est-là qu'on enterre tous les gueux, au lieu de les porter hors de la ville, comme on fait par tout ailleurs. On y voit plusieurs écrivains qui font les placets au Roi, les lettres des cuisinieres a leurs amans, & les critiques des pieces nouvelles. On y a travaillé long-tems a l'annee litéraire. Il y a le style a cinq sous, & le style a dix sous.

Qu'on écrive les imaginations de M. Oufle, les mémoires d'un homme de qualité, les soliloques d'une ame dévote, que l'on condamne les idées innées, & que l'on condamne ensuite ceux qui les rejettent, qu'on donne au public les lettres de Therèse à Sophie, ou qu'on dise en mauvais latin, (*) *que la vraie religion a été selon la variété des tems, variée & diverse, quant à sa forme & quant à la clarté de la révélation, & que cependant elle a toujours été la même depuis Adam, quant à ce qui apartient à la substance*, que ces belles choses, dis je, partent des Charniers St. Innocent, ou de l'imprimerie de la veuve Simon, cela est bien égal, *imitons le bon Dieu, qui n'en a fait que rire.*

Concluons sur-tout, qu'une nation qui s'amuse continuellement de tant de sotises, doit être une nation extrêmement opulente & extrêmement heureuse, puisqu'elle est si oisive.

(*) *Veram religionem, etsi quantum ad sui formam & revelationis perspicuitatem, &c.* page 21 d'un ouvrage latin, rempli de solecismes & de barbarismes, impute faussement à la Sorbonne, il est intitulé, *Determinatio Sacræ Facultatis Parisiensis in libellum cui titulus, BELISAIRE Parisiis* 1767. Censure de la Faculté de Theologie de Paris, contre le livre qui a pour titre BELISAIRE, à Paris 1767, chez la veuve Simon, &c.

Voyez aussi les trente-sept vérités oposées aux trente-sept impiétés, par un Bachelier Ubicuistre.

LES

LES

CABALES.

Barbouilleurs de papier, d'où viennent tant d'intrigues,
Tant de petits partis, de cabales, de brigues?
S'agit-il d'un emploi de fermier-général,
Ou du large chapeau qui coeffe un cardinal?
Etes vous au conclave? Aspirez-vous au trône (1)
Où l'on dit qu'autrefois monta Simon-Barjone?
Ça, que prétendez-vous? — De la gloire — Ah! gredin,
Sais-tu bien que cent rois la briguèrent en vain?
Sais-tu ce qu'il couta de périls & de peines
Aux Condés, aux Sullis, aux Colberts, aux Turennes,
Pour avoir une place au haut du mont sacré,
De sultan Moustapha pour jamais ignoré?
Je ne m'attendais pas qu'un crapaut du Parnasse
Eut pu dans son bourbier s'enfler de tant d'audace.

» Monsieur, écoutez moi, j'arrive de Dijon,
» Et je n'ai ni logis, ni credit, ni renom.
» J'ai fait de méchans vers, & vous pouvez bien croire
» Que je n'ai pas le front de pretendre à la gloire,
» Je ne veux que l'ôter a quiconque en jouit.
» Dans ce noble métier l'ami Fréron m'instruit,
» Monsieur l'abbé *Profond* m'introduit chez les dames,
» Avec deux beaux esprits nous ourdissons nos trames.
» Nous serons dans un mois l'un de l'autre ennemis,

» Mais le beſoin préſent nous tient encore unis.
» Je me forme ſous eux dans le bel art de nuire,
» Voila mon ſeul talent, c'eſt la gloire où j'aſpire.

Laiſſons la de Dijon ce pauvre garnement (2),
Des bâtards de Zoile imbécile inſtrument,
Qu'il coute à l'hôpital où ſon deſtin le mène.

Allons-nous réjouir aux jeux de Melpomène...
Bon! j'y vois deux partis l'un à l'autre opoſés.
Léon dix & Luther étaient moins diviſés.
L'un claque, l'autre ſifle, & l'autre du parterre (3)
Et les cafés voiſins ſont le champ de la guerre.

Je vais chercher la paix au temple des chanſons;
J'entends crier » Lulli, Campra, Rameau, Bouffons (4),
» Etes-vous pour la France ou bien pour l'Italie?
Je ſuis pour mon plaiſir, meſſieurs. Quelle folie
Vous tient ici debout, ſans vouloir écouter?
Ne ſuis je à l'opéra que pour y diſputer?

Je ſors, je me dérobe aux flots de la cohue,
Les laquais aſſemblés cabalaient dans la rue.
Je me ſauve avec peine aux jardins ſi vantés
Que la main de Le Nôtre avec art a plantés.

D'autres fous à l'inſtant une troupe m'arrête,
Tous parlent à la fois, tous me rompent la tête....
» Avez-vous lu ſa piéce? il tombe, il eſt perdu,
» Par le dernier journal je le tiens confondu.
Qui? de quoi parlez-vous? D'où vient tant de colère?
Quel eſt votre ennemi? — « C'eſt un vil téméraire,
» Un rimeur inſolent qui cauſe nos chagrins,

» Il croit nous égaler en vers alexandrins.
Fort bien : de vos debats je conçois l'importance.

Mais un gros de bourgeois de ce côté s'avance.
» Choisissez, (me dit on) du vieux ou du nouveau.
Je croyais qu'on parlait d'un vin qu'on boit sans eau,
Et qu'on examinait si les gourmets de France
D'une vendange heureuse avaient quelque espérance.
Ou que des érudits balançaient doctement
Entre la loi nouvelle & le vieux testament.
Un jeune candidat, de qui la chevelure
Passait de Clodion la royale coefure (5),
Me dit d'un ton de maitre, avec peine adouci,
» Ce sont nos parlemens dont il s'agit ici.
» Lequel preferez-vous? — Aucun d'eux, je vous jure.
Je n'ai point de proces, & dans ma vie obscure
Je laisse au roi mon maître, en pauvre citoyen,
Le soin de son royaume, où je ne pretends rien.
Assez de grands esprits, dans leur troisieme étage,
N'ayant pu gouverner leur femme & leur ménage (6),
Se sont mis, par plaisir, a régir l'univers,
Sans quitter leur grenier, ils traversent les mers,
Ils raniment l'Etat, le peuplent, l'enrichissent,
Leurs marchands de papier sont les seuls qui gemissent.
Moi, j'attends dans un coin que l'imprimeur du roi
M'aprenne, pour dix sous mon devoir & ma loi.
Tout confus d'un édit, qui rogne mes finances,
Sur mes biens écornés je règle mes dépenses.
Rebuté de Plutus, je m'adresse à Cérès,
Ses fertiles bontés garnissent mes guérêts.
La Campagne en tout tems, par un travail utile,
Repara tous les maux qu'on nous fit à la ville.

On est un peu fâché, mais qu'y faire ? — obéir.
A quoi bon cabaler, quand on ne peut agir ?

» Mais, monsieur, des Capets les loix fondamentales,
» Et le grenier à sel, & les cours féodales,
» Et le gouvernement du chancelier Duprat....

Monsieur, je n'entends rien aux matières d'Etat.
Ma loi fondamentale est de vivre tranquille.
La fronde étoit plaisante, & la guerre civile (7)
Amusoit la Grand'Chambre & le coadjuteur.
Barricadez-vous bien, je m'enfuis, serviteur.

A peine ai-je quitté mon jeune énergumène,
Qu'un groupe de savans m'envelope & m'entraîne.
D'un air d'autorité l'un d'eux me tire à part....
» Je vous goûtai, dit-il, lorsque de saint Médard (8)
» Vous crayonnâtes gaiement la cabale grossière
» Gambadant pour la grace au coin d'un cimetière,
» Les billets au porteur des chrétiens trépassés,
» Les fils de Loyola sur la terre éclipsés,
» Nous aplaudîmes tous à votre noble audace,
» Lorsque vous nous prouviez qu'un maroufle à besace
» Dans sa classe orgueilleuse à charge au genre humain,
» S'il eût bêché la terre, eût servi son prochain.
» Jouissez d'une gloire avec peine achetée.
» Acceptez à la fin votre brevet d'athée.

Ah ! vous êtes trop bon. Je sens au fond du cœur
Tout le prix qu'on doit mettre à cet excès d'honneur.
Il est vrai, j'ai raillé saint Médard & la bulle,
Mais j'ai sur la nature encor quelque scrupule.
L'univers m'embarasse, & je ne puis songer

Que cet horloge exiſte, & n'ait point d'horloger (9).
Mille abus, je le ſais, ont régné dans l'Egliſe,
Fleuri le confeſſeur en parle avec franchiſe (10).
J'ai pu de les ſiffler prendre un peu trop de ſoin.
Eh! quel auteur, hélas! ne va jamais trop loin?
De ſaint Ignace encore on me voit ſouvent rire.
Je crois pourtant un Dieu, puiſqu'il faut vous le dire....

» Ah traître! ah malheureux! je m'en étais douté.
» Va, j'avais bien prévu ce trait de lâcheté:
» Alors que de Maillet inſultant la mémoire (11),
» Du monde qu'il forma tu combatis l'hiſtoire....
» Ignorant! vois l'effet de mes combinaiſons.
» Les hommes autrefois ont été des poiſſons.
» La mer de l'Amérique a marché vers le Phaſe.
» Les huîtres d'Angleterre ont formé le Caucaſe.
» Nous te l'avions appris, mais tu t'es éloigné
» Du vrai ſens de Platon par nous ſeuls enſeigné.
» Lâche! oſes-tu bien croire une eſſence ſuprême?
Mais oui. — « De la nature as-tu lu le ſyſtême?
» Par ſes propos diſus n'es tu pas foudroyé?
» Que dis tu de ce livre? — Il m'a fort ennuyé.... (12)
» C'en eſt aſſez, ingrat? ta perfide inſolence
» Dans mon premier concile aura ſa récompenſe.
» Va, ſot adorateur d'un fantôme impuiſſant,
» Nous t'avions juſqu'ici préſervé du néant.
» Nous t'y ferons rentrer ainſi que ce grand Etre
» Que tu prends baſſement pour ton unique maître
» De mes amis, de moi, tu ſeras mépriſé. ——
Soit. — « Nous inſulterons à ton génie uſé ——
J'y conſens. — « Des fatras de brochures ſans nombre
» Dans ta bière à grands flots vont tomber ſur ton ombre

Je n'en sentirai rien. — » Nous t'abandonnerons
» Aux puissans Langlevieux, aux immortels Frerons (13).

Ah! bachelier du Diable, un peu plus d'indulgence.
Nous avons, vous & moi, besoin de tolerance.
Que deviendrait le monde & la société,
Si tout jusqu'à l'athee etait sans charité!
Permettez qu'ici bas chacun fasse à sa tête.
J'avouerai qu'Epicure avait une ame honnête,
Mais le grand Marc-Aurelle etait plus vertueux.
Lucrèce avait du bon, Cicéron valait mieux.
Spinosa pardonnait à ceux dont la faiblesse
D'un moteur eternel admirait la sagesse.
Je crois qu'il est un Dieu, vous osez le nier,
Examinons le fait sans nous injurier.

J'ai desiré cent fois, dans ma verte jeunesse,
De voir notre St. pere, au sortir de la messe,
Avec le grand Lama dansant un cotillon,
Bossuet le funèbre embrassant Fenelon,
Et le verre à la main, Le Tellier & Noailles
Chantant chez Maintenon des couplets dans Versailles.
Je preferais Chaulieu coulant en paix ses jours
Entre le dieu des vers & celui des amours,
A tous ces froids savans dont les vieilles querelles
Trainaient si pesamment les degoûts après elles.

Des charmes de la paix mon cœur était frapé,
J'espérais en jouir, je me suis bien trompé.
On cabale à la cour, à l'armee, au parterre.
Dans Londres, dans Paris, les esprits sont en guerre,
Ils y seront toujours. La discorde autrefois,

Ayant brouillé les dieux, defcendit chez les rois;
Puis dans l'églife fainte établit fon empire,
Et l'étendit bientôt fur tout ce qui refpire.
Chacun vantait la paix que partout on chaffa.
On dit que feulement par grace on lui laiffa
Deux aziles fort doux, c'eft le lit & la table.
Puiffe-t-elle y fixer un règne un peu durable!
L'un d'eux me plaît encore. Allons, amis, buvons,
Cabalons pour Cloris, & faifons des chanfons.

NOTES

NOTES
SUR LES CABALES.
Par Mr. de MORZA.

(1) *Le trône.*

Ce trône eſt très-reſpectable. Il eſt ſans doute l'objet d'une louable émulation. Simon, fils de Jones, nommé Céphas ou Pierre, eſt un très-grand ſaint, mais il n'eut point de trône. Celui, au nom duquel il parlait avait défendu expreſſement a tous ſes envoyés de prendre même le nom de *docteur*, de *maître*, & avait déclaré que qui voudrait être le premier ſerait le dernier. Les choſes ſont changées, & dans la ſuite des tems le trône devint la récompenſe de l'humilité paſſée.

(2) *De Dijon ce pauvre garnement.*

Ce garnement de Dijon eſt un nommé Clément, maître de quartier dans un collège de Dijon, qui a fait un livre contre meſſieurs de St. Lambert, de Lille, de Vatelet, Dorat & pluſieurs autres perſonnes. L'auteur des Cabales fut maltraité dans ce livre où règne un air de ſufiſance, un ton décisif & tranchant qui a eté tant blâmé par tous les honnêtes gens dans les hommes les plus accredités de la littérature, & qui eſt le comble de l'inſolence & du ridicule dans un jeune provincial ſans experience & ſans génie. Il s'eſt couvert d'opprobre par des libelles auſſi affreux qu'abſurdes, que la police n'a pas punis parce qu'elle les a ignorés. Les malheureux qui ont composé de tels libelles pour vivre comme Clément, la Baumelle, Sabatier natif de Castres, ressemblent précisément au *Pauvre Diable*, qui est si naturellement peint dans la pièce de ce nom. Il n'est point de vie plus déplorable que la leur.

(3) *Et l'antre du parterre.*

C'est principalement au parterre de la comédie française, à la représentation des pièces nouvelles, que les cabales éclatent avec le plus d'emportement. Le parti qui fronde l'ouvrage, & le parti qui le soutient, se rangent chacun d'un côté. Les émissaires reçoivent à la porte ceux qui entrent, & leur disent : Venez-vous pour siffler, mettez-vous là : venez vous pour aplaudir, mettez-vous ici. On a joué quelquefois au dez la chûte ou le succès d'une tragédie nouvelle au café de Procope. Ces cabales ont dégouté les hommes de génie, & n'ont pas peu servi a décréditer un spectacle qui avait fait si long tems la gloire de la nation.

(4) *Rameau, Bouffons.*

La même manie a passé à l'opéra & a été encore plus tumultueuse. Mais les cabales au theâtre français ont un avantage que les cabales de l'opéra n'ont pas, c'est celui de la satire raisonnée. On ne peut a l'opéra critiquer que des sons. Quand on a dit cette chaconne, cette loure me deplaît, on a tout dit. Mais a la comedie on examine des idees, des raisonnemens, des passions, la conduite, l'exposition, le nœud, le denouement, le langage. On peut vous prouver methodiquement, & de consequence en conséquence, que vous êtes un sot, qui avez voulu avoir de l'esprit, & qui avez assemblé quinze cents personnes pour leur prouver que vous en savez plus qu'eux. Chacun de ceux qui vous écoutent est sans le savoir un peu jaloux de vous, il est en droit de vous critiquer & vous êtes en droit de lui repondre. Le seul malheur est que vous êtes trop souvent un contre mille.

Il en va autrement en fait de musique, il n'y a que le potier qui soit jaloux du potier, & le musicien du musicien, disait Hésiode. Il y faut seulement ajoûter encore les partisans du musicien, mais ceux-la sont ennemis, & ne sont point jaloux. Dans les talens de l'esprit au contraire, tout le monde est jaloux en secret, & voila pourquoi tous les gens de lettres, méprisés quand ils n'ont pas réussi, ont eté persecutes des qu'ils ont eu de la réputation.

(5) *La royale coefure.*

Il n'y a pas long-tems que les jeunes conseillers allaient au tribunal les cheveux etales, & poudres blanc, ou blanc poudrés.

(6) *N'ayant pu gouverner.*

L'Europe est pleine de gens qui, ayant perdu leur fortune, veulent faire celle de leur patrie, ou de quelque état voisin. Ils presentent aux ministres des mémoires qui rétabliront les afaires publiques en peu de tems, & en atendant, ils demandent une aumône qu'on leur refuse. Boisguilbert qui ecrivit contre le grand Colbert, & qui ensuite osa attribuer sa dîme royale au marechal de

Vauban, s'était ruiné. Ceux qui ſont aſſez ignorans pour le citer encore aujourd'hui, croyant citer le maréchal de Vauban, ne ſe doutent pas que ſi on ſuivait ſes beaux ſyſtêmes, le royaume ſerait auſſi miſérable que lui. Celui qui a imprimé le moyen d'enrichir l'Etat, ſous le nom du Comte de Boulainvilliers, eſt mort à l'hôpital. Le petit la Jonchère, qui a donné tant d'argent au roi en quatre volumes, demandait l'aumône. Tels ſont les gens qui enſeignent l'art de s'enrichir par le commerce après avoir fait banqueroute, & ceux qui font le tour du monde ſans ſortir de leur cabinet, & ceux qui n'ayant jamais poſſédé une charue rempliſſent nos greniers de froment. D'ailleurs la littérature ne ſubſiſte preſque plus que d'infâmes plagiats ou de libelles. Jamais cette profeſſion ſi belle n'a été ni ſi univerſelle ni ſi avilie.

(7) *La fronde etait plaiſante.*

La fronde en efet était fort plaiſante, ſi on ne regarde que ſes ridicules. Le préſident le Cogneux qui chaſſe de chez lui ſon fils le célèbre Bachaumont, conſeiller au parlement, pour avoir opiné en faveur de la cour, & qui fait mettre ſes chevaux dans la rue, Bachaumont qui lui dit : mon père, mes chevaux n'ont pas opiné, & qui de raillerie en raillerie fait boire ſon père à la ſanté du cardinal Mazarin proſcrit par le parlement, le gentilhomme ami du coadjuteur qui vient pour le ſervir dans la guerre civile, & qui trouvant un de ſes camarades chez ce prelat, lui dit : il n'eſt pas juſte que les deux plus grands fous du royaume ſervent ſous le même drapeau, il faut ſe partager, je vai chez le cardinal Mazarin, & qui en efet va de ce pas batre les troupes auxquelles il était venu se joindre, ce même coadjuteur qui prêche & qui fait pleurer des femmes, un de ses convives qui leur dit : mesdames, si vous saviez ce qu'il a gagné avec vous, vous pleureriez bien davantage ce même archevêque qui va au parlement avec un poignard, & le peuple qui crie : c'est son breviaire, & toutes les expéditions de cette guerre méditées au cabaret, & les bons mots, & les chansons qui ne finissaient point ; tout cela serait bon sans doute pour un opéra comique. Mais les fourberies, les pillages, les rapines, les scélératesses, les assassinats, les crimes de toute espèce dont ces plaisanteries étaient accompagnées, formaient un melange hideux des horreurs de la ligue & des farces d'arlequin. Et c'étaient des gens graves, des *patres conscripti*, qui ordonnaient ces abominations & ces ridicules. Le cardinal des Rets dit dans ses mémoires *que le parlement faisait par des arrêts la guerre civile, qu'il aurait condamnée lui-même par les arrêts les plus sanglants.*

L'auteur que je commente avait peint cette guerre de singes dans le siècle de Louis XIV, un de ces magistrats qui, ayant acheté leurs charges quarante ou cinquante mille francs, se croiait en droit de parler orgueilleusement aux lettrés, écrivit à l'auteur que Messieurs pouraient le faire repentir d'avoir dit ces verités, quoique reconnues. Il lui repondit : » Un empereur de la Chine dit un » jour à l'historiographe de l'empire, je suis averti que » vous mettez par écrit mes fautes, tremblez. L'historiographe prit sur le champ des tablettes. Qu'osez vous ecrire là ? Ce que votre majeste vient de me dire. L'empereur se recueillit, & dit : Ecrivez tout, mes fautes seront reparées.

(8) *Lorsque de saint Medard.*

On connaît le fanatisme des convulsions de St. Médard, qui durerent si longtems dans la populace, & qui furent entretenues par le président Dubois, le conseiller Carre, & d'autres énergumenes. La terre a eté mille fois inondée de superstitions plus affreuses : mais jamais il n'y en eut de plus sotte & de plus avilissante. L'histoire des billets de confession & l'expulsion des jésuites succederent bientôt a ces facéties. Observez sur-tout que nous avons une liste de miracles opérés par ces malheureux, signés de plus de cinq cents personnes. Les miracles d'Esculape, ceux de Vespasien, & d'Apollonius de Thiane, n'ont pas ete plus authentiques.

(9) *Que cet horloge existe.*

Si un horloge prouve un horloger, si un palais annonce un architecte, comment en efet l'univers ne démontre-t-il pas une intelligence suprême ? Quelle plante, quel animal, quel élement, quel astre ne porte pas l'empreinte de celui que Platon appellait l'éternel geomètre ? Il me semble que le corps du moindre animal démontre une profondeur & une unite de dessein qui doit a la fois nous ravir en admiration, & atterrer notre esprit. Non-seulement ce chetif insecte est une machine dont tous les ressorts sont faits exactement l'un pour l'autre, non-seulement il est né, mais il vit par un art que nous ne pouvons ni imiter, ni comprendre, mais sa vie a un raport immediat avec la nature entiere, avec tous les elemens, avec tous les astres dont la lumière se fait sentir a lui. Le soleil le reconnoît, & les rayons qui partent de Sirius à quatre cent millions de lieues au delà du soleil, pénètrent dans ses petits yeux, selon toutes les règles de l'optique. S'il n'y a pas là immensité & unité de dessein qui démontrent un fabricateur intelligent, immense, unique, incompréhensible, qu'on nous démontre donc le contraire. Mais c'est ce qu'on n'a jamais fait. Platon, Newton, Loke, ont été frapés également de cette grande vérité, ils étaient theistes dans le sens le plus rigoureux & le plus respectable.

Des objections! on nous en fait sans nombre, des ridicules! on croit nous en donner en nous apellant cause finaliers, mais des preuves contre l'existence d'une intelligence suprême, on n'en a jamais aporté aucune. Spinosa lui-même est forcé de reconnaître cette intelligence, & Virgile avant lui, & après tant d'autres avait dit: *Mens agitat molem.* C'est ce *Mens agitat molem* qui est le fort de la dispute entre les athees & les theistes, comme l'avoue le géomètre Clarke dans son livre de l'existence de Dieu, livre le plus eloigné de notre bavarderie ordinaire, livre le plus profond & le plus serré que nous ayons sur cette matière, livre auprès duquel ceux de Platon ne sont que des mots, & auquel je ne pourais preférer que le naturel & la candeur de Locke.

(10) *Fleuri le confesseur en parle avec franchise.*

Fleuri, celebre par ses excellens discours qui sont d'un sage ecrivain & d'un citoyen zelé, connu aussi par son histoire ecclesiastique qui ressemble trop en plusieurs endroits a la légende dorée.

(11) *Alors que de Maillet, &c.*

Ce consul Maillet fut un de ces charlatans dont on a

dit qu'ils voulaient imiter Dieu, & créer un monde avec la parole. C'eſt lui qui, abuſant de l'hiſtoire de quelques bouleverſemens avérés arrivés dans ce globe, prétend que les mers avaient formé les montagnes, & que les poiſſons avaient été changés en hommes. Auſſi quand on a imprimé ſon livre, on n'a pas manqué de le dédier à Cirano de Bergerac.

(12) *Il m'a fort ennuyé.*

Il y a des morceaux éloquens dans ce livre, mais il faut avouer qu'il eſt difus, & quelquefois declamateur, qu'il ſe contredit, qu'il afirme trop ſouvent ce qui eſt en queſtion, & ſur-tout qu'il eſt fondé ſur de prétendues expériences dont la fauſſeté & le ridicule ſont aujourd'hui reconnues & ſiflées de tout le monde. Tenons-nous en à ce dernier article qui eſt le plus palpable de tous. C'eſt cetre fameuſe tranſmutation qu'un pauvre jéſuite Anglais nommé Néedham crut avoir faite de jus de mouton & de bled pourri en petites anguilles, leſquelles produiſaient bientôt une race innombrable d'anguilles. Nous en avons parlé ailleurs.

On diſait au jéſuite Needham que cela n'était bon que du tems d'Ariſtote, de Gamaliel, de Flavien-Joſeph, & de Philon, où l'on croiait que la génération s'opérait par la coruption, & que le limon de l'Egypte formait des rats. Il répondait que notre Sauveur lui même & ſes apôtres avaient dit pluſieurs fois qu'il faut que le bled pouriſſe & meure pour lever & pour produire, & que par conſéquent ſon bled pourri & ſon jus de mouton faiſaient naître des races d'anguilles infailliblement. On avait beau lui repliquer que Jeſus-Chriſt daignait ſe conformer aux idées fausses & grossières des paysans Galiléens, ainsi qu'il daignait se vêtir a leur mode, parler leur langage, & observer tous leurs rites, mais que sa sagesse incarnée devait bien savoir que rien ne peut naître sans germe, que son systême était aussi dangereux qu'extravagant, que si on pouvait former des anguilles avec du jus de mouton, on ne manquerait pas de former des hommes avec du jus de perdrix, qu'alors on croirait pouvoit se passer de Dieu, & que les athées s'empareraient de la place. Néedham n'en démordait point, & aussi mauvais raisonneur que mauvais chimiste, il persista longtems à se croire créateur d'anguilles, de sorte que par une étrange bizarerie, un jésuite se servait des propres paroles de Jésus-Christ pour établir son opinion ridicule, & les athées se servaient de l'ignorance & de l'opiniâtreté d'un jésuite pour se confirmer dans l'athéisme. On citait partout la découverte de Néedham. Un des plus intrépides athées m'assurait que dans la ménagerie du prince Charles à Bruxelles, il y avait un lapin qui faisait tous les mois des lapreaux à une poule. Enfin l'expérience du jésuite fut reconnue pour ce qu'elle était, & les athées furent obligés de se pourvoir ailleurs.

Spinosa, circonspect & fort honnête homme, nous l'appellons ici Barutc, parce que c'est son véritable nom. On ne lui a donné celui de Benoît que par erreur. Il ne fut jamais batisé. Nous avons fait une note plus longue sur ce sophiste a la suite du petit poeme sur les systêmes.

(13) *Au puissant Langlevieux.*

C'est ce même Langlevieux la Beaumelle, dont il est parlé ainsi dans un recueil de pièces imprimé en 1771.

„ Le sieur la Beaumelle en 1752, vendit à Francfort „ au libraire Esselinger pour dix sept louis d'or, le siè- „ cle de Louis XIV dont il avait fait un libelle di- „ famatoire. Il le chargea de notes dans lesquelles il dit, „ qu'il soupçonne Louis XIV d'avoir fait empoisonner „ le marquis de Louvois son ministre, dont il etait ex- „ cédé, & qu en efet ce ministre craignait que le roi „ ne l empoisonnât. (*Tome III page 269 & 271.*)

„ Que Louis XIV, ayant promis a madame de Main- „ tenon de la déclarer reine, madame la duchesse de „ Bourgogne irritee engagea le prince son époux, pè- „ re du roi régnant, a ne point secourir Lille, assié- „ gée alors par le prince Eugène, & à trahir son roi, „ son ayeul & sa patrie. Il ajoute que l'armée des assié- „ geans jettait dans Lille des billets, dans lesquels il „ était écrit : *Rassurez-vous Français, la Mainteuon ne „ sera pas reine, nous ne leverons pas le siege.*

„ La Beaumelle rapporte la même anecdote dans les „ mémoires qu'il a fait imprimer sous le nom de mada- „ me de Maintenon. (*Tome IV. page 109.*)

„ Qu'on trouva l'acte de celebration de mariage de „ Louis XIV avec madame de Maintenon, dans de vieil- „ les culotes de l'archevêque de Paris· mais qu'un tel „ mariage n'est pas extraordinaire, atendu que Cleopa- „ tre déja vieille enchaîna Auguste. (*Tome III. pag. 75.*)

„ Que le duc de Bourbon, etant premier ministre, „ fit assassiner Vergier, ancien commissaire de marine, „ par un oficier auquel il donna la croix de St. Louis „ pour récompense. (*Tome III. du siecle, pag. 323.*)

„ Que le grand père de l'empereur, aujourd'hui ré- „ gnant, avait, ainsi que sa maison, des empoisonneurs „ a gages. (*Tome II. page 345.*)

Les calomnies absurdes contre le duc d'Orléans, régent du royaume, sont encore plus exécrables, on ne veut pas en souiller le papier. Les enfans de la Voisin, de Cartouche & de Damiens, n'auraient jamais osé écrire ainsi, s'ils avaient su écrire. L'ignorance de ce malheureux égalait sa détestable impudence.

Cette ignorance est poussée jusqu'à dire que la loi, qui veut que le premier prince du sang hérite de la couronne au défaut d'un fils du roi, *n'exista jamais*.

Il assure hardiment que le jour que le duc d'Orléans se fit reconnaître à la cour des pairs, régent du royaume, le parlement suivit constamment l'instabilité de ses pensées, que le premier président de Maisons était prêt à former un parti pour le duc du Maine, quoiqu'il n'y ait jamais eu de premier Président de ce nom.

Toutes ces inepties, écrites du style d'un laquais qui veut faire le bel esprit & l'homme important, furent reçues comme elles le méritaient, on n'y prit pas garde, mais on rechercha le malheureux qui pour un peu d'argent avait vomi tant de calomnies atroces contre toute la famille royale, contre les ministres, les généraux, & les plus honnêtes gens du royaume. Le gouvernement fut assez indulgent pour se contenter de le faire enfermer dans un cachot le 24 Avril 1753.

Après avoir publié ces horreurs, il se signala par un autre libelle intitulé *Mes pensees*, dans lequel il insulta nommément messieurs d'Erlach, de Vatteville, de Diesbach, de Sinner, & d'autres membres du conseil souverain de Berne, qu'il n'avait jamais vus. Il voulut ensuite en faire une nouvelle edition, monsieur le comte d'Erlach en écrivit en France où la Beaumelle était pour lors, on l'exila dans le pays des Cévennes dont il est natif.

Il avait outragé la maison de Saxe dans le même libelle (*pag.* 108.) & s'était enfui de Gotha avec une femme de chambre qui venait de voler sa maîtresse.

Lorsqu'il fut en France, il demanda un certificat à madame la duchesse de Gotha. Cette princesse lui fit expédier celui-ci.

„ On se rappelle très-bien que vous partites d'ici avec „ la gouvernante des enfans d'une dame de Gotha, qui „ s'éclipsa furtivement avec vous après avoir volé sa maî- „ tresse, ce dont le public est pleinement instruit ici, „ mais nous ne disons pas que vous ayez part à ce vol. A „ Gotha ce 24 Juillet 1767. signé Roussault, conseiller „ aulique de son altesse serenissime.

Ce même homme s'est depuis associé avec Fréron, & malgré tant d'horreurs & tant de bassesses, il a surpris la protection d'une personne respectable qui ignorait ses excès ridicules : mais *oportet cognosci malos.*

Nous ajouterons à cette note que Boileau ataqua toujours des personnes dont il n'avait pas le moindre sujet de se plaindre, & que notre auteur s'est toujours borné à repousser les injures & les calomnies des *Rollets* de son tems. Il y avait deux partis à prendre, celui de négliger les impostures atroces que la Beaumelle a vomi pendant vingt ans, & celui de les relever. Nous avons juge le dernier parti plus juste & plus convenable.

C'est rendre un service essentiel à plus de cent familles de faire connaître le vil scélérat qui a osé les outrager.

Les ministres d'Etat, & tous ceux qui sont chargés de maintenir l'ordre public, doivent savoir que ces libelles méprisables sont recherchés dans l'Allemagne, dans l'Angleterre, dans tout le Nord, qu'il y en a de toute espèce, qu'on les lit avidement, comme on y boit pour du vin de Bourgogne les vins faits à Liége, que la faim & la malice produisent tous les jours de ces ouvrages infâmes, ecrits quelquefois avec assez d'artifice, que la curiosité les dévore, qu'ils font pendant un tems une impression dangereuse, que depuis peu l'Europe a été inondée de ces scandales, & que plus la langue française a de cours dans les pays étrangers, plus on doit l'employer contre les malheureux qui en font un si coupable usage, & qui se rendent si indignes de leur patrie.

ODE *

SUR LA MORT

DE SON ALTESSE ROYALE

MADAME LA PRINCESSE

DE

BAREITH.

I.

LOrſqu'en des tourbillons de flamme & de fumée,
Cent tonnerres d'airain precédés des éclairs,
De leurs globes brulans renverſent une armée,
Quand de guerriers mourans les ſillons ſont couverts,
Tous ceux qu'épargna la foudre,
Voyant rouler dans la poudre
Leurs compagnons maſſacrés,
Sourds à la pitié timide,
Marchent d'un pas intrépide
Sur leurs membres déchirés.

---

* Pluſieurs Gens de lettres nous ont recommandé de réimprimer cette Ode, qu'ils regardent comme un des meilleurs ouvrages de nôtre Auteur, & ſur laquelle on a fait des remarques très inſtructives.

II.

Ces féroces humains plus durs, plus inflexibles
Que l'acier qui les couvre au milieu des combats,
S'étonnent à la fin de devenir sensibles,
D'eprouver la pitié qu'ils ne connaissaient pas,
Lorsque la mort en silence
D'un pas terrible s'avance
Vers un objet plein d'attraits;
Quand ces yeux qui dans les ames
Lançaient les plus douces flammes,
Vont s'éteindre pour jamais.

III.

Une famille entière interdite, éplorée,
Se presse en gémissant vers un lit de douleurs,
La victime l'attend, pale défiguree,
Tendant une main faible a ses amis en pleurs;
Tournant en vain la paupiere
Vers un reste de lumiere
Qu'elle gémit de trouver,
Elle présente sa tête,
La faulx redoutable est prête;
Et la mort va la lever.

IV.

Le coup part, tout s'éteint, c'en est fait, il ne reste;
De tant de dons heureux, de tant d'attraits si chers;
De ces sens animés d'une flamme céleste,
Qu'un cadavre glacé, la pature des vers.

Ce ſpectacle lamentable,
Cette perte irréparable,
Vous frappe d'un coup plus fort,
Que cent mille funerailles
De ceux qui dans les batailles
Donnaient & ſouffraient la mort.

V.

O BAREITH! ô vertus! ô graces adorées!
Femme ſans préjugés, ſans vice & ſans erreur,
Qnand la mort t'enleva de ces triſtes contrées,
De ce ſéjour de ſang, de rapine & d'horreur,
Les nations acharnées
De leurs haines forcenées
Suſpendirent les fureurs:
Les diſcordes s'arrêtèrent;
Tous les peuples s'accordèrent
A t honorer de leurs pleurs.

VI.

De la douce vertu tel eſt le ſûr empire,
Telle eſt la digne offrande à tes Mânes ſacrés;
Vous qui n'êtes que grands, vous qu'un flatteur admire,
Vous traitons-nous ainſi lorſque vous expirez?
La mort que Dieu vous envoye,
Eſt le ſeul moment de joye
Qui conſole nos eſprits.
Emportez, ames cruelles,
Ou nos haines éternelles,
Ou nos éternels mepris.

VII.

VII.

Mais toi dont la vertu fut toujours ſecourable,
Toi, dans qui l'héroïſme égala la bonté,
Qui penſais en grand-homme, en philoſophe aimable,
Qui de ton ſexe enfin n'avais que la beauté:
Si ton inſenſible cendre
Chez les morts pouvait entendre
Tous ces cris de notre amour,
Tu dirais dans ta penſée,
Les Dieux m'ont récompenſée,
Quand ils m'ont ôté le jour.

VIII.

C'eſt nous triſtes humains, nous qui ſommes à plaindre,
Dans nos champs deſolés & ſous nos boulevards,
Condamnés à ſouffrir, condamnés à tout craindre
Des ſerpens de l'envie & des fureurs de Mars.
Les peuples foulés gémiſſent,
Les arts, les vertus périſſent,
On aſſaſſine les Rois:
Tandis que l'on oſe encore,
Dans ce ſiècle que j'abhorre,
Parler de mœurs & de loix!

IX.

Hélas! qui déſormais dans une Cour paiſible,
Retiendra ſagement la ſuperſtition,
Le ſanglant Fanatiſme, & l'Athéiſme horrible,
Enchaînés ſous les pieds de la religion?
Qui prendra pour ſon modèle
La loi pure & naturelle

Que Dieu grava dans nos cœurs?
Loi ſainte, aujourd'hui proſcrite
Par la fureur hypocrite
D'ignorans perſécuteurs.

X.

Des tranquilles hauteurs de la philoſophie,
Ta pitié contemplait avec des yeux ſereins
Ces fantômes changeans du ſonge de la vie,
Tant de travaux détruits, tant de projets ſi vains,
Ces factions indociles,
Qui tourmentent dans nos villes
Nos citoyens obſtinés,
Ces intrigues ſi cruelles,
Qui font des cours les plus belles
Un ſéjour d'infortunés.

X I.

Du tems qui fuit toujours tu fis toujours uſage,
O combien tu plaignais l'infâme oiſiveté
De ces eſprits ſans goût, ſans force & ſans courage,
Qui meurent plein de jours, & n'ont point exiſté :
La vie eſt dans la penſée.
Si l'ame n'eſt exercée,
Tout ſon pouvoir ſe détruit,
Ce flambeau ſans nourriture
N'a qu'une lueur obſcure
Plus affreuſe que la nuit.

X I I.

Illuſtres meurtriers, victimes mercenaires,
Qui redoutant la honte & maîtriſant la peur,

L'un par l'autre animés aux combats ſanguinaires,
Fuiriez ſi vous l'oſiez, & mourez par honneur.
Une femme, une princeſſe,
Dans ſa tranquille ſageſſe,
Du ſort dédaignant les coups,
Souffrant ſes maux ſans ſe plaindre,
Voyant la mort ſans la craindre,
Etait plus brave que vous.

XIII.

Mais qui célébrera l'amitié courageuſe,
Première des vertus, paſſion des grands cœurs,
Feu ſacre dont brula ton ame généreuſe,
Qui s'epurait encor au creuſet des malheurs?
Rougiſſez, ames communes,
Dont les diverſes fortunes
Gouvernent les ſentimens,
Frêles vaiſſeaux ſans bouſſole
Qui tournez au gré d'Eòle,
Plus légers que ſes enfans.

XIV.

Cependant elle meurt, & Zoïle reſpire!
Et des lâches Séjans un lâche imitateur,
A la vertu tremblante inſulte avec empire,
Et l'hypocrite en paix ſourit au delateur!
Le troupeau faible des ſages
Diſperſe par les orages,
Va perir ſans ſucceſſeurs,
Leurs noms, leur vertus s'oublient,

Et les enfers multiplient
La race des oppresseurs.

XV.

Tu ne chanteras plus, solitaire Silvandre,
Dans ce palais des arts, où les sons de ta voix
Contre les préjugés osaient se faire entendre,
Et de l'humanité faisaient parler les droits.
Mais dans ta noble retraite,
Ta voix, loin d'être muette,
Redouble ses chants vainqueurs,
Sans flatter les faux critiques,
Sans craindre les fanatiques,
Sans chercher des protecteurs.

XVI.

Vils tyrans des esprits, vous serez mes victimes,
Je vous verrai pleurer à mes pieds abatus,
A la postérite je peindrai tous vos crimes,
De ces mâles crayons dont j'ai peint les vertus.
Craignez ma main rafermie:
A l'oprobre, a l'infamie,
Vos noms seront consacres,
Comme le sont a la gloire
Les enfans de la victoire,
Que ma Muse a celebres,

NOTES

NOTE

De Mr. de Morza.

SUR L'ODE PRÉCÉDENTE.

La Princesse à qui on a élevé ce monument, en méritait un plus beau, & les monstres dont on daigne parler à la fin de cette Ode, méritent une punition plus sévère.

Dans les beaux jours de la littérature, il y avait à la vérité de plats critiques comme aujourd'hui. *Claveret* écrivait contre *Corneille*, *Subligni* & *Visé* attaquaient toutes les piéces de *Racine*, chaque siècle a eu ses Zoïles & ses Garasses. Mais on ne vit jamais que dans nos jours une troupe infâme de délateurs vomir hardiment leurs impostures, & en inventer encor de nouvelles, quand les premières ont été confondues, cabaler insolemment, attaquer jusques dans les tribunaux des gens de lettres, dont ils ne peuvent attaquer la gloire, porter l'audace de la calomnie jusqu'à les accuser de penser en secret tout le contraire de ce qu'ils écrivent en public, & vouloir rendre odieux par leurs imputations le nom respectable de philosophe.

La manie de ces délations a été poussée au point de dire & d'imprimer, que les philosophes sont dangereux dans un état.

Et qui sont ces hardis délateurs? Tantôt c'est un pédant jésuite qui compromet la société dont il est, & qui ose parler de morale, tandis que ses confrères sont accusés & punis d'un parricide. Tantôt c'est le factieux auteur d'une gazette nommée ecclésiastique, qui pour quelques écus par mois a calomnié les *Buffons*. les *Montesquieu*, & jusqu'à un ministre d'état Mr *d'Argenson*, auteur d'un livre excellent sur une partie du droit public. C'est une troupe d'écrivains affamés, qui se vantent de défendre le christianisme à quinze sous par tome, & qui accusent d'irréligion le sage & savant auteur des essais sur Paris, & qui enfin sont forcés de lui demander pardon juridiquement.

C'est surtout le misérable auteur d'un libelle intitulé l'*Oracle des Philosophes*, qui prétend avoir été admis à la table d'un homme qu'il n'a jamais vû, & dans l'antichambre duquel il ne serait pas souffert, qui se vante d'avoir été dans un château, lequel n'a jamais existé, & qui pour prix du bon accueil qu'il dit avoir reçû dans cette seule maison en sa vie, divulgue les secrets qu'il suppose lui avoir été confiés dans cette maison... Ce polisson nommé *Guyon*, se donne ainsi lui même de gayeté de cœur pour un mal honnête homme. N'ayant point d'honneur à perdre, il ne songe qu'à regagner, par le débit d'un mauvais libelle, l'argent qu'il a perdu à l'impression de ses mauvais livres. L'opprobre le couvre, & il ne le sent pas, il ne sent que le dépit honteux de n'avoir pu même vendre son libelle. C'est donc à cet excès de turpitude, qu'on est parvenu dans le métier d'écrivain.

Ces valets de libraires, gens de la lie du peuple, & de la lie des auteurs, les derniers des écrivains inutiles, & par conséquent les derniers des hommes, sont ceux qui ont attaqué le Roi, l'état & l'église dans leur feuilles ſcandaleuſes écrites en faveur des convulſionnaires. Ils fabriquent leurs impoſtures, comme les filous commettent leurs larcins, dans les tenebres de la nuit, changeant continuellement de nom & de demeure, aſſocies à des receleurs, fuyant à tout moment la juſtice, & pour comble d'horreur ſe couvrant du manteau de la religion, & pour comble de ridicule ſe perſuadant qu'ils rendent ſervice.

Ces deux partis, le Janſéniſte & le Moliniſte, ſi fameux long-tems dans Paris, & ſi dedaignés dans l'Europe, fourniſſent des deux côtés les plumes vénales dont le public eſt ſi fatigue, ces champions de la folie, que l'exemple des ſages & les ſoins paternels du ſouverain n'ont pû reprimer, s'acharnent l'un contre l'autre avec toute l'abſurdite de nos ſiècles de barbarie, & tout le rafinement d'un tems également eclaire dans la vertu & dans le crime, & après s'être ainſi déchirés, ils ſe jettent ſur les philoſophes. Ils attaquent la raiſon comme des brigands reunis volent un honnête homme pour partager ſes depouilles.

Quelque parti qu'ait pris un philoſophe il a toujours éte en bute a la calomnie, fille de cette jalouſie ſecrette, dont tant d'hommes ſont animés, & que perſonne n'avoue, enfin, de quoi poura-t on s'etonner depuis que le jeſuite *Hardouin* a traite d'athee les *Paſcals*, les *Nicoles*, les *Arnauds* & les *Mallebranches* ?

Qu'on faſſe ici une reflexion. Les Romains, ce peuple le plus religieux de la terre, nos vainqueurs, nos maîtres, & nos legiſlateurs, ne connurent jamais la fureur abſurde qui nous devore, il n'y a pas dans l'hiſtoire Romaine un ſeul exemple d'un citoyen Romain opprimé pour ſes opinions, & nous, ſortis a peine de la barbarie, nous avons commencé à nous acharner les uns contre les autres, dès que nous avons appris, je ne dis pas à penſer, mais à balbutier les penſées des anciens. Enfin depuis les combats des Réaliſtes & des Nominaux, depuis *Ramus* aſſaſſiné par les écoliers de l'univerſité de Paris pour venger *Ariſtote*, juſqu'à *Galilee* empriſonné, & juſqu'à *Deſcartes* banni d'une ville Batave, il y a de quoi gemir ſur les hommes, & de quoi ſe déterminer à les fuir.

Ces coups ne paraiſſent d'abord tomber que ſur un petit nombre de ſages obſcurs, dédaignés, ou écraſés pendant leur vie, par ceux qui ont acheté des dignités a prix d'or ou a prix d'honneur. Mais il eſt trop certain que ſi vous rétréciſſez le génie, vous abatardiſſez bientôt une nation entiere. Qu'était l'Angleterre avant la reine *Eliſabeth*, dans le tems qu'on employait l'autorité ſur la prononciation de l'*Epſilon*? L'Angleterre était alors la dernière des nations policees en fait d'arts utiles & agréables, ſans aucun bon livre, ſans manufactures, négligeant juſqu'a l'agriculture, & très faible même dans ſa marine: mais dès qu'on laiſſa un libre eſſor au genie, les Anglais eurent des *Spenſer*, des *Shakeſpear*, des *Bacons*, & enfin des *Lokes* & des *Newtons*.

On ſait que tous les arts ſont frères, que chacun d'eux en eclaire un autre, & qu'il en réſulte une lumière univerſelle. C'eſt par ces mutuels ſecours que le génie de l'invention s'eſt communiqué de proche en proche, c'eſt par la qu'enfin la philoſophie a ſecouru la politique, en donnant de nouvelles vues pour les manufactures, pour les finances, pour la conſtruction des vaiſſeaux. C'eſt par la que les Anglais ſont parvenus a mieux cultiver la terre qu'aucune nation, & a s'enrichir par la ſcience de l'agriculture comme par celle de la marine, le même genie entreprenant & persévérant, qui leur fait fabriquer des draps plus forts que les nôtres, leur fait écrire aussi des livres de philosophie plus profonds. La devise du célèbre ministre d'état *Walpole*, *fari quæ sentiat*, est la devise des philosophes Anglais. Ils marchent plus fermes & plus loin que nous dans la même carrière, ils creusent à cent pieds le sol que nous effleurons. Il y a tel livre Français qui nous étonne par sa hardiesse, & qui paraîtrait écrit avec timidité, s'il était confronté avec ce que vingt auteurs Anglais ont écrit sur le même sujet.

Pourquoi l'Italie, la mère des arts, de qui nous avons appris à lire, a-t-elle langui près de deux cents ans dans une décadence déplorable? C'est qu'il n'a pas été permis jusqu'à nos jours à un philosophe Italien d'oser regarder la vérité à travers son télescope, de dire, par exemple, que le soleil est au centre de nôtre monde, & que le bled ne pourrit point dans la terre pour y germer. Les Italiens ont dégénéré jusqu'au tems de *Muratori*, & de ses illustres contemporains. Ces peuples ingénieux ont craint de penser, les Français n'ont osé penser qu'à demi & les Anglais qui ont volé jusqu'au ciel, parce qu'on ne leur a point coupé les aîles, sont devenus les précepteurs des nations. Nous leur devons tout, depuis les loix primitives de la gravitation, depuis le calcul de l'infini, & la connaissance précise de la lumière, si vainement combattues, jusqu'à la nouvelle charrue, & à l'insertion de la petite vérole, combattues encore.

Il faudrait savoir un peu mieux distinguer le dangereux & l'utile, la licence & la sage liberté, abandonner l'école à son ridicule, & respecter la raison. Il a été plus facile aux Erules, aux Vandales, aux Goths, & aux Francs d'empêcher la raison de naître, qu'il ne le serait aujourd'hui de lui ôter sa force quand elle est née. Cette raison épurée, soumise à la religion & à la loi, éclaire enfin ceux qui abusent de l'une & de l'autre, elle pénètrent lentement, mais surement, & au bout d'un demi siècle une nation est surprise de ne plus ressembler à ses barbares ancêtres.

Peuple nourri dans l'oisiveté & dans l'ignorance, peuple si aise à enflammer, & si difficile à instruire, qui courez des farces du cimetière de *St Médard* aux farces de la foire, qui vous passionnez tantôt pour un *Quesnel*, & tantôt pour une actrice de la comédie Italienne, qui élevez une statue en un jour, & le lendemain la couvrez de boue, peuple qui dansez & chantez en murmurant, sachez que vous seriez égorgés sur la tombe du diacre ou sous-diacre *Paris*, & dans vingt autres occasions aussi belles, si les philosophes n'avaient depuis environ soixante ans adouci un peu les mœurs en eclairant les esprits par degrés, sachez que ce sont eux (& eux seuls) qui ont éteint enfin les buchers, & détruit les échafauts où l'on immolait autrefois & le prêtre *Jean Hus*, & le moine *Savonarole*, & le chancelier *Thomas Morus*, & le conseiller *Anne du Bourg*, & le médecin *Michel Servet*, & l'avocat général de Hollande *Barneveldt*, & la maréchale d'*Ancre*, & le pauvre *Morin* qui n'etait qu'un imbecile, & *Vanini* même qui n'etait qu'un fou argumentant contre *Aristote*, & tant d'autres victimes enfin dont les noms seuls feraient un immense volume registre sanglant de la plus infernale superstition, & de la plus abominable demence.

Addition

Addition nouvelle de Mr. de MORZA, sur ce vers de la VIIIe. Strophe.

On assassine les rois.

On se souvient de ceux, qui aux pieds d'une vierge Marie très fêtée en Pologne, & dont il est difficile à un Français de prononcer le nom, firent serment en 1771 d'assassiner leur roi, ils remplirent leur serment autant qu'ils le purent avec le secours de la bonne mère.

Les philosophes qui avaient obtenu du R. P. Malagrida, du R. P. Mathos & du R. P. Alexandre en confession, la permission de tirer des coups de fusil par derrière au roi de Portugal, n'etaient-ils pas aussi de très-savants hommes, & qui savaient leur Lucrece par cœur?

Si Damiens n'étudia pas en philosophie, il est avéré du moins qu'il étudia en théologie, car il répondit dans ses interrogatoire (page 135) *Quel motif l'a determiné, a dit la religion*, & page 405, *qu'il cru faire une œuvre méritoire, que c'etaient tous ces prêtres qu'il entendait qui le disaient dans le palais*

Voila les mêmes reponses qu'on fait tous les assassins de tant de princes en remontant depuis Damiens jusqu'au pieux Aod qui vint enfoncer de la main gauche, un poignard jusqu'au manche, dans le ventre de son roi Eglon de la part du Seigneur.

Et après ces exemples de pauvres philosophes oseraient se plaindre que des petits abbés leur disent des sottises!

LETTRE

LETTRE DE Mr. DE VOLTAIRE AU ROI DE PRUSSE.

A Ferney ce 1er. Fevrier 1773.

SIRE,

JE vous ai remercié de votre porcelaine, *le Roi mon Maître* n'en a pas de plus belle, aussi ne m'en a-t-il point envoyé. Mais je vous remercie bien plus de ce que vous m'ôtez, que je ne suis sensible à ce que vous me donnez. Vous me retranchez tout net neuf années dans vôtre derniere lettre. Jamais nôtre Contrôleur G. des finances n'a fait de si grands changemens. Vôtre Majesté a la bonté de me faire compliment sur mon âge de soixante & dix-ans. Voila comme on trompe toujours les Rois. J'en ai soixante & dix-neuf, s'il vous plaît, & bientôt quatre-vingt. Ainsi je ne verrai point la destruction que je souhaitais si passionément de ces vilains Turcs, qui enferment les femmes & qui ne cultivent point les beaux arts.

Vous ne voulez donc point remplacer Thiriot votre historiographe des caffés. Il s'acquittait parfaitement de cette charge, il savait par cœur le peu de bon vers, &

le grand nombre des mauvais qu'on fesait dans Paris ; c'était un homme bien nécessaire à l'Etat.

Vous n'avez donc plus dans Paris
De courtier de littérature.
Vous renoncés aux beaux-esprits,
A tous les immortels écrits
De l'almanac & du mercure.
L'in-folio ni la brochure
A vos yeux n'ont donc plus de prix :
D'où vous vient tant d'indifference ?
Vous soupçonnez que le bon temps
Est passe pour jamais en France,
Et que notre antique opulence
Aujourd'hui fait place en tout sens
Aux guenilles de l'indigence.
Ah ! Jugez mieux de nos talens,
Et voyez quelle est notre aisance.
Nous sommes & riches & grands,
Mais c'est en fait d'extravagance.
J'ai même très peu d'esperance
Que Monsieur l'Abbé Savatier,
Malgré sa flatteuse eloquence,
Nous tire jamais du bourbier, (*)
Où nous a plongés l'abondance
De nos barbouilleurs de papier.

(*) L'Abbé Sabatier, ou Savatier de Castres, homme qui s'est avise de juger les siècles avec un ci-devant soi-disant Jésuite, & qui a ramasse un tas de calomnies absurdes pour vendre son livre qu'il n'a point vendu.

Le goût s'enfuit, l'ennui nous gêne,
On cherche des plaisirs nouveaux,
Nous étalons pour Melpomène
Quatre ou cinq sortes de treitaux
Aulieu du théâtre d'Athène.
On critique, on critiquera,
On imprime, on imprimera
De beaux écrits sur la musique,
Sur la science économique,
Sur la Finance & la tactique
Et sur les filles d'opéra.
En province une Académie
Enseigne méthodiquement
Et calcule trés savamment
Les moyens d'avoir du genie.
Un auteur va mettre au grand jour
L'utile & la profonde histoire
Des singes qu'on montre a la foire,
Et de ceux qui vont à la Cour.
Peut-être un peu de ridicule
Se joint il à tant d'agrémens;
Mais je connais certaines gens
Qui vers les bords de la Vistule
Ne passent pas si bien leur tems.

DÉCLARATION
DE MONSIEUR
DE VOLTAIRE
SUR LE PROCÈS
ENTRE
Mr. le Comte de MORANGIES *&* les VERRON.

MA famille fut attachée à la famille de Mr. le Comte de Morangies. Mon pere fut longtems son Conseil. Mais sans écouter aucune prévention, & étant absolument sans intérêt, je ne me déterminai à croire M. le Comte de Morangiès entierement innocent dans son étrange procès contre la famille Verron, qu'apres avoir lû toutes les pieces & tous les mémoires contre lui.

Il me parût absurde & impossible qu'un Maréchal de Camp, qu'un pere de famille, dont les affaires à la vérité sont dérangées, mais qui n'a jamais commis aucune action criminelle, eut conçu le projet extravagant & abominable qu'on lui impute. Non, il n'est pas possible qu'un ancien Officier, qui n'a pas l'esprit aliéné & endurci dans la scélératesse, eut imaginé non-seulement de voler cent mille écus à une veuve nonagénaire, mais d'accuser la famille de cette veuve de lui avoir volé à lui-même ces cent mille écus, & de chercher à faire périr cette famille dans les supplices.

Il ne me paraissait pas dans la nature qu'un homme obéré, qu'on prétend avoir été tiré tout d'un coup, par le Sr. Dujonquai, de l'état le plus cruel, & nanti, par lui d'une somme exorbitante de cent mille écus, eut refusé de payer une somme légere à la Courtière qu'on supposait lui avoir procuré un argent si inattendu. M. de Morangies aurait eu l'intérêt le plus pressant à satisfaire cette entremeteuse. Qu'on se représente un homme tourmenté par le besoin d'argent à qui une femme fait tomber tout d'un coup dans les mains cent mille écus comme par enchantement, refusera-t-il dans les premiers transports de sa joye & de sa reconnaissance une rétribution légitime à sa bienfaictrice? Je soutiens que cela n'est pas dans la nature humaine.

S'il avait reçu tant d'argent, & s'il avait formé le dessein coupable de ne point payer son créancier, il n'avait qu'à garder paisiblement la ſomme ; il pouvait attendre ſans inquiétude le tems des payemens, & renvoyer alors le prétendu prêteur à l'aſſemblée de ſes créanciers pour ſe faire payer à ſon rang comme il pourait. Mais il ne ſe ferait pas expoſé à un procès criminel prématuré.

Il était donc de la plus grande vraiſemblance que M. de Morangies n'avait rien reçu, puiſqu'il oſait ſoutenir un proces criminel contre ceux qui prétendaient lui avoir prèté.

D'un autre côté, la manière dont on alléguait qu'on lui avait fait ce prêt, tenait de la fable la plus incroyable. De l'argent qui doit ètre toujours porté en ſecret par Dujonquai, tandis que le lendemain matin le même homme donne au même M. de Morangies de l'argent en public : cent mille écus portés à pied en treize voyages, tandis qu'il était ſi aiſé de les porter en caroſſe ; une courſe de cinq à ſix lieues, lorſqu'il était ſi ſimple de s'épargner cette fatigue inouie ; tout cela eſt tellèment romaneſque, que quand je lus la réfutation de cette avanture dans le plaidoyer de M. Linguet, j'eus peine à me perſuader qu'on eut oſé propoſer ſérieuſement de telles chimères devant la premiere Cour du Royaume, & qu'on eut abuſé à ce point de la patience des Juges.

Ce fut pis encor, j'ose le dire, lorsqu'on remonta à la source des prétendus cent mille écus en or qu'une pauvre veuve, logée a un troisiéme étage, & ayant à peine dequoi soutenir sa famille, avait, dit-on, piêtés par les mains de son petit-fils Dujonquai qui avait couru six lieues à pied chargé de ce fardeau. M. Linguet remarque fort bien que pour prêter cent mille écus il faut les avoir. Le roman de la fortune si longtems inconnue de cette veuve Verron, me parut aussi étonnant que l'histoire des treize voyages. On ne fesait voir aucune preuve, aucune trace des origines de cette fortune secrete, qui formait un si grand contraste avec la pauvreté de la famille. On m'assurait que la Verron était la veuve d'un agioteur obscur & malaisé de la rue Quinquempoix; qui louait à la vérité un corps de logis de 1050 liv. mais qui en relouait une partie, & qu'il mourut insolvable, au point qu'on n'a jamais payé les frais de l'inventaire fait à sa mort, frais encor dûs au successeur de ce même Gillet notaire, chez qui la veuve Verron prétendait avoir fait valoir clandestinement ces prétendus cent mille écus.

On m'avait écrit encor que ce Verron qu'on nous donnait pour un fameux banquier avait fait plusieurs métiers bien éloignés de la finance. Qu'entr'autres il avait été boulanger chez Mr. le Duc de St. Agnan.

Je ne parlais d'aucune de ces anecdotes qui forment pourtant un très-puissant préjugé dans cette cause, parce que c'est à Mr. de Morangies qui est sur les lieux à les vérifier & à en tirer avantage.

Je savais d'ailleurs que la famille Verron vivait très à l'étroit, & subsistait mesquinement d'un petit fond que la veuve faisait valoir en prêtant dit-on sur gages par les mains des courtières. Je le savais par le rapport naïf d'un domestique d'un de mes neveux M. de Florian, ancien Capitaine de cavalerie au régiment de Brionne, qui était alors à Ferney, & qui y est encore. Ce domestique nommé Montreuil nous disait souvent qu'il connaissait ce Dujonquai, qu'il avait mangé plusieurs fois avec lui, que ses sœurs travaillaient l'une en broderie, l'autre en linge, & vendaient leurs ouvrages. Ces discours toujours uniformes d'un ancien laquais sage & de bonnes mœurs me frappèrent. Et enfin j'ai pris le parti de tirer de lui une déclaration autentique par devant notaire.

L'an mille sept cent soixante & treize, le seize Fevrier &c. En présence des temoins, a com-

par u Charles Montreuil, natif de Montreuil ſur mer en Picardie, ci-devant domeſtique à Paris, & actuellement chez M. de Florian ancien capitaine de cavalerie, lequel a declare, qu'il a connu à Paris le Sr. Dujonquai avec lequel il a mangé plusieurs fois, qu'il logeait dans la rue St. Jaques avec ſa grand mere la veuve Verron, laquelle prêtait de petites ſommes ſur gages à deux ſous par mois par vingt ſous. Que la veuve Durand courtiere propoſa pluſieurs fois à lui Montreuil de lui faire prêter par ladite Verron quelques petites ſommes ſur de bons effets. Que ledit Dujonquai avait deux ſœurs qui travaillaient fort bien en linge & en broderie, & qu'elles avaient permiſſion de leur grand-mère de vendre leurs ouvrages à leur profit &c.

Signe NICOD, Notaire.

Contrôlé à GEX le même jour,

LA CHAUX.

Toutes ces probabilités réunies feſaient ſur moi la forte impreſſion qu'elles doivent faire ſur tout eſprit impartial qui n'eſt d'aucune faction, qui aime la vérité, & qui s'indigne contre l'injuſtice. Dans ces circonſtances M. le Comte de Morangies m'écrivit ſouvent, & me fit tout le détail de ſa malheureuſe avanture. Il s'ouvrait à moi avec une confiance ſans bornes ; & dans toutes ſes lettres jamais je n'ai pu remarquer la moindre apparence de contradiction, je voyais toujours un homme pénétré d'horreur ne m'expoſant les artifices employés pour le ſurprendre.

J'étais frappé de la contradiction énorme qui ſe trouve dans le roman des cent mille écus portés en or en treize voyages le vingt-trois Septembre 1771. & la promeſſe de M. de Morangies du vingt-quatre d'accepter les propoſitions du prêteur, dès qu'il aurait reçu l'argent. Ce ſeul trait de lumière me ſemblait devoir déciller tous les yeux. Il eſt impoſſible que M. de Morangies ait reçu l'argent la veille & qu'il ait ſigné le lendemain qu'il ferait ſes billets dès qu'il aurait reçu l'argent.

Il me paraiſſait fort naturel, & il me le paraîtra toujours, que le prétendu preteur ait fait accroire le 24 à M. de Morangies qu'il fallait qu'il lui confiât quatre billets de trois-cent vingt-ſept mille livres y compris les intérêts payables à la veuve Veron. Il perſuada a M. de Morangies qu'il avait en main une compagnie opulente qui avait des affaires avec cette veuve d'un prétendu banquier, & que dans peu de jours il lui apporterait l'argent ſur ſes billets qu'il fallait montrer à cette compagnie. Pour mieux aveugler le Comte de Morangies par cette chimère incroyable, il lui prêta généreusement douze cent francs, dont le Comte avait malheureusement un besoin pressant. Voilà les extrêmités où des Officiers se réduisent tous les jours dans Paris par l'obligation où ils croyent être de soutenir un extérieur d'opulence.

Je sais quel besoin avait M. de Morangies de ces douze cent francs. Il est bien clair qu'il ne serait pas venu les chercher lui-même à un troisième étage s'il avait reçu environ cent mille écus la veille. Tout homme sensé conclura de ce que Mr. de Morangies courut chercher douze cent francs le 24, qu'il n'avait pas touché 300000 livres le 23e. Septembre. Cette faible somme qu'on lui donnait, acheva son malheur.

Le Comte crut qu'il pouvait confier ses billets à cet inconnu, comme on les confie à un Agent de Change. Il ne savait pas que la Verron, qui était alors dans une chambre voisine, était la propre grand-mere de Dujonquai. Ce sont là de ces tours qui sont assez communs dans toutes ces affaires obscures & honteuses. Enfin il fut séduit, & il laissa ses billets exigibles entre les mains de Dujonquai, sans en tirer de reconnaissance. Voila ce qu'il me mandait dans le plus grand détail. Ces démarches, cette conduite avec un inconnu me paraissaient tres peu prudentes;

mais il me paraissait aussi fort vraisemblable qu'un Officier obéré tourmenté de sa situation, fasciné par l'espoir chimérique de posséder bientôt cent mille écus en espèces, eut été séduit par un si grand appas. Je voyais bien que M de Morangies avait fait une très-grande faute de fournir de telles armes contre lui. Je le lui mandais ; à peine en voulait-il convenir ; mais plus la faute était grande, plus je voyais l'art avec lequel on l'avait fait tomber dans ce piège grossier.

Je demande à présent a tous les avocats, a tous les juges, a tous ceux qui connaissent le cœur humain, est-il possible que M. de Morangies que je n'ai jamais vu, ayant en sa possession cent mille écus m'eut écrit des volumes plus gros que toute la procédure pour me persuader qu'il ne les avait pas reçus ' quel besoin avait-il de descendre dans les plus petits détails avec un vieillard mourant qui demeure à cent vingt lieues de lui. Certes s'il avait possédé cet argent, il en aurait joui sans se mettre en peine de mon opinion inutile.

Cette opinion reçut un nouveau degré d'évidence, quand j'appris qu'enfin Dujonquai & sa mère qu'on nomme Romain participante a toute cette affaire avaient enfin tout avoué devant un Commissaire de Police; qu'il avaient reconnu & signé la fausseté de l'histoire des cent mille écus; que tout était avéré. Ils firent cette déclaration étant libres chez ce Commissaire, & pouvant faire une déclaration toute contraire. Donc assurément la force de la vérité leur arrachait cet aveu.

Je n'examine point si cet aveu est revêtu de toutes les formes légales; & si on peut revenir contre une déclaration si autentique. Je m'en tiens à soutenir qu'il est bien difficile qu'une mère & un fils, dans la fortune la plus serrée, abandonnent tout d'un coup d'un commun accord leurs prétentions à une fortune de cent mille écus qui leur appartiendrait légitimement. Je présume qu'il n'y a pas une seule famille dans le Royaume qui se dépouillat ainsi de tout son bien par une déclaration chez un Commissaire Je maintiens que les tortures ne forceraient personne à confesser que son bien n'est point a lui, si les remords & le trouble qu'ils inspirent ne tiraient cette vérité du fond d'une ame coupable.

Dujonquai & sa mere disent longtems après, qu'ils n'ont tout avoué, tout signé chez un Commissaire que parce qu'un Commis de la Police, nommé Desbruyeres leur avait donné précédemment un coup de poing chez un Procureur. C'était précisément cette raison là même, je le répète, qui devait les exciter à soutenir la légitimité de leur cent mille écus chez le Commissaire. C'était là qu'ils devaient demander justice contre ce Commis : c'était-là qu'ils devaient dire : voilà l'homme qui nous a violentés ; qui ne nous a parlé que de cachots, qui nous a battus, qui nous a chargés de fers, pour nous dépouiller de notre bien : nous voilà libres à présent sous les yeux d'un premier Juge. Nous fesons serment devant lui que les cent mille écus nous appartiennent, & que ce Commis a employé la force & la barbarie pour nous en dépouiller. Nous attestons les témoins qui nous ont vu porter notre or qu'on nous ravit. Nous demandons notre bien & vengeance.

Au lieu de prendre ce parti, que la nature dicterait aux hommes les plus faibles & les moins instruits, il se taisent, ils ne citent aucun témoin en leur faveur ; donc ils n'en avaient point trouvez encore. Ils ne se défendent pas, ils conviennent de leur delit, ils signent leur condamnation. Avant même de signer ils avouent tout, non pas d'abord au Commis dont ils prétendent avoir été durement traités, mais à un clerc d'un Inspecteur de Police nommé Colin, & au clerc du Commissaire, ils confeſſent qu'ils ont trompé M. de Morangies. La femme Romain mere de Dujonquai demande pardon à Mr. de Morangies & le conjure de ne la pas perdre Ils font plus. Le lendemain étant en priſon, ils écrivent à leur Conſeil pour redemander les billets qu'ils ont extorqués & pour les remettre entre les mains de la Police. Ils confirment l'aveu de leur délit. La grand-mère Veron vient dans la priſon, & elle ſemble faire le même aveu tacitement à Desbruyeres, en recommandant ſes petits enfans à ſes bons offices. Dujonquai & ſa mère renouvellent encor leur déclaration de la veille.

Voyez combien d'aveus! au Sr. Collin, à un clerc du Commiſſaire, à Desbruyeres, au Commiſſaire, à M de Morangies lui-même dont ils ont imploré la miſéricorde. N'eſt-ce pas la vérité qui a parlé? Et cette vérité ſerait anéantie ſous prétexte qu'un homme réputé coupable, a été menacé & ſaiſi par ſes boutons chez un procureur!

La maniere dont on s'y eſt pris pour tirer cette vérité de leur bouche, peut n'être pas dans la forme ordinaire de la juſtice réglée. Je ſais qu'on objecte que ce Commis de la Police les avait conduits & intimidés chez ce Procureur qui n'était pas fait pour tenir audience; que ce Commis trop zelé & trop vif n'a pas eu cette févérité tranquille & circonfpecte, fi néceffaire à quiconque agit au nom de la juftice. Je veux croire enfin que toute cette affaire a été mal ménagée. Il en réfulte que plus on avait tranfgreffé les regles, plus Dujonquai & fa mere devaient éclater en plaintes, & non pas confeffer leur délit: ils fe font avoués cinq fois coupables, donc on pouvait croire qu'ils l'étaient, donc ils peuvent l'etre encor aux yeux de tout le Public impartial qui prononce fuivant l'équité naturelle, qui n'écoute que les principes du fens commun, & qui ne s'informe pas fi les formalités des loix ont été bien ou mal obfervées.

On pouffe aujourd'hui la chicane jufqu'à prétendre que les déclārations autentiques de Dujonquai & de fa mère, ne peuvent être regardées comme des preuves par écrit, quoi qu'elles foient écrites; que Dujonquai n'eft que témoin quoi qu'il ait toujours été partie principale. Les honnêtes gens n'entendent point ces fubtilités: il leur fuffit que deux accufés ayent avoués cinq fois l'iniquité dont on les charge.

Enfin le proces étant engagé en règle entre Mr. de Morangies & la famille Verron, cette famille vend ſon procès à un nommé Aubourg, (qu'on a cru un prêteur ſur gages, & qui eſt un homme inconnu,) comme on vend une maiſon qui demande des réparations. Le marché fait, la veuve Verron meurt, & quelques heures avant ſa mort, on lui fait faire un teſtament; dans lequel elle contredit tout ce qu'elle & ſa famille avaient ſoutenu auparavant. Elles criaient qu'en perdant ces cent milles écus elles perdaient tout ce que la Verron avait jamais poſſedé. Elle articule dans ce Teſtament qu'elle a donné deux cent mille francs à ſa fille Romain, mère de Dujonquai, à cette même Romain qui à peine a dequoi ſubſiſter: voilà la Verron, qui n'avait preſque rien, & qui meurt riche par ſon teſtament de plus de cinq cent mille livres.

Ce tiſſu étrange de choſes incroyables, qui ſe ſuccedent ſi rapidement forme aujourd'hui un des proces les plus ſinguliers qui ayent jamais occupé les tribunaux: c'eſt alors que preſſé par des amis de M. de Morangies j'écrivis, malgré ma répugnance & mon peu de capacité, dans l'abſence de Mr. Linguet quelques réflexions ſommaires ſur les probabilités en fait de juſtice, ſans y mettre mon nom, ſans nommer meme ni M. de Morangies, ni ſes adverſaires, me tenant dans les bornes du doute, & cherchant la vérité. Mes doutes me conduisirent à reconnaître M. de Morangies très innocent.

Ce petit écrit simple & sans aucun art fit revenir en sa faveur plusieurs esprits prévenus. En ne décidant rien, je les persuadai. Je me gardai bien de prévenir orgueilleusement les décisions de la justice. Au contraire je déclarai, & je dis encor, que j'écrivais pour le Public, juge de l'honneur, & non pour les Magistrats, juges des formes, des procédures, & de l'esprit de la loi.

J'observai; & j'observe de nouveau, qu'on peut gagner son procès dans le fond du cœur de tous ses juges, & le perdre très justement par un défaut de formes. Il en était de même chez les Romains; & c'était une maxime chez eux; qui viole les formes, perd sa cause. Si vous avez payé votre créancier, votre marchand, & que vous ayez oublié d'en tirer quittance, vous êtes condamné justement à payer deux fois; parce que votre dette existante dépose contre vous. Si vous avez eu la dangereuse bonne-foi de laisser entre les mains d'un inconnu des promesses signées de vous, valeur reçue, sans en avoir reçu la valeur, & sans avoir de contre-lettre; vous pouvez être justement condamné à payer ce que vous ne devez pas, faute d'avoir obſervé une formalité néceſſaire.

Si deux témoins ou trompés, ou trompeurs, perſiſtent uniformément à dépoſer contre vous dans la crainte que lui impoſe nôtre loi rigoureuſe d'être punis s'il ſe retractent après le recolement, vous êtes condamné quoi qu'évidemment innocent.

Qu'un piqueur, & un homme à peu près de cette condition, il n'importe, tout eſt égal devant la juſtice, aient vu quelques ſacs étalés ſur une table, & qu'on leur ait dit qu'il y avait cent mille écus, qu'ils l'aient cru, qu'ils le croient d'autant plus qu'on les a traités durement pour l'avoir dit, qu'ils prétendent avoir vu porter cet argent chez vous, qu'une Courtière enfermée autrefois à l'Hôpital les encourage ou non a cette dépoſition, mais qu'on vous repréſente pour cent mille écus de billets ſignés de vous imprudemment le même jour ou le lendemain; vous êtes condamné ſans difficulté avec dépends, dommages & intérêts. La juſtice vous dit, je ne juge pas les cœurs; je juge les piéces du proces.

REPONSE

REPONSE

D'un Avôcat à l'Ecrit intitulé: Preuves démonſtratives en fait de juſtice.

UN Avocat, qui ne ſe nomme pas, & c'eſt un funeſte préjugé contre lui, écrit un libelle diffamatoire contre M. de Morangies & contre moi, ſous ce titre, moins modeſte que le mien: *Preuves démonſtratives* &c. Libelle dans lequel aſſurément rien n'eſt démontré que le deſir cruel de diffamer & de nuire. Il me demande de quel droit j'ai écrit en faveur de M. de Morangies. Je lui réponds, du droit qu'a tout citoyen de défendre un citoyen: du droit que me donne l'étude que j'ai faite des ordonnances de nos Rois, & des loix de ma Patrie: du droit que me donnent des prières auxquelles j'ai cédé; de la conviction intime où j'ai été & où je ſuis juſqu'à ce moment de l'innocence de M. le Comte de Morangies; de mon indignation contre les artifices de la chicanne qui accablent ſi ſouvent l'innocence. Je pouvais, Monſieur, exercer comme vous la noble profeſſion d'Avocat. Je pouvais même être votre Juge, ainſi que le ſont mes parens. Si j'ai préféré les Belles-lettres, ce n'eſt pas à vous, qui les cultivés à me le reprocher.

Oui, Monſieur, je crois M. de Morangies malheureux & innocent, peut-être mal conſeillé d'abord dans cette affaire épineuſe, peut-être inconſidérement ſervi par un commis de Police trop livré à ſon zèle; ayant contre lui la famille entière Verron, & tous ceux qui ont pris le parti de cette famille, & une faction nombreuſe. Mais pourquoi le chargez vous d'injures & d'opprobres avant le jugement? Pourquoi dites-vous d'un Maréchal de Camp, page 51. *qu'il n'eſt qu'un fourbe mal-adroit, & qu'il n'a reçu de la nature que de mediocres diſpoſitions pour être fauſſaire.*

Pourquoi lui dites-vous, page 55. *vous mentez impudemment?*

Et dans la même page, qu'il *ameute toutes les bouches impures qui veulent le ſervir?*

Pourquoi enfin pouſſez vous l'atrocité (page 86.) juſqu'à vous ſervir deux fois du terme de fripon? Il était, dites-vous un *fripon de ſon aveu & du mien.* Quoi! vous qui n'auriez pas eu la hardieſſe de lui manquer de reſpect en ſa préſence, vous lui dites dans un libelle ces odieuſes injures, que vous tremblez de ſigner; & vous faites conſulter ce libelle comme l'ouvrage d'un Avocat! ainſi vous offenſez doublement l'honneur de votre corps en n'oſant pas paraître, & en osant souiller de ces infames opprobres un Mémoire que vous rendez juridique, en l'appuyant d'une consultation !

Vous ne vous contentez pas de cet excès qui fait tant de tort à votre cause; vous joignez ce que la bouffonerie a de plus vil à ce que l'emportement a de plus grossier.

Vous commencez dans une affaire capitale, où il s'agit de l'honneur & de la fortune de deux familles, & peut-être des peines les plus rigoureuses, vous commencez, dis-je, par annoncer que *vous ne dinez point chez Freron*, vous plaisantez sur les Calas & sur Lavaysse: quel sujet de raillerie! Vous prenez Lavaysse pour le gendre de la Beaumelle, sans être le moins du monde au fait des choses mêmes dont vous parlez & que vous voulez tourner en ridicule. Vous prenez des Pirates pour des Corsaires. Vous me faites dire ce que je n'ai jamais dit. Vous raillez indécemment sur l'affaire criminelle la plus sérieuse; vous transformez le sanctuaire de la justice, tantôt en un canton des halles, tantôt en un théâtre de la foire. Ce n'est pas ainsi qu'en a usé Monsieur Vermeil le véritable Avocat de la cause dans laquelle vous vous êtes intrus pour la gater.

Quoi! Monsieur, vous voulez intéresser

pour le Sr. Dujonquai; vous voulez arracher des larmes en faveur d'un homme que vous peignez vertueux & opprimé; & vous le faites parler comme un farceur qui cherche à faire rire la canaille! Ah! Monsieur, souvenez vous qu'il faut avoir le style de son sujet: c'est un devoir qui est bien rarement rempli. Songez qu'Horace n'a point dit: *si vis me flere, ridendum est primum ipsi tibi.*

On vous pardonnerait de déguiser des faits peu favorables, d'essayer de faire valoir les choses les plus frivoles, de répondre par des paralogismes ridicules aux raisons les plus solides; de crier que vous avez prouvé ce que vous n'avez point prouvé, & que vous avez détruit ce qui n'est point détruit. Vous pouvez donner au mensonge l'air de la vérité, & à la vérité les couleurs du mensonge, vous épuiser en vaines déclamations sur des faits qui n'ont aucun rapport au fonds de l'affaire, & courir rapidement sur les faits les plus graves qui déposent contre vous. Cette méthode n'est pas honorable sans doute, elle est tolérée pour le malheur des hommes. Mais j'ose dire que nous retombons dans les siècles de la plus épaisse barbarie, s'il est permis désormais de souiller le barreau par des injures & par des farces. La justice tranquile & sévere, assise ſur le trône de la vérité, veut que tous ceux qui participent en quelque ſorte à ſon miniſtère auguſte tiennent quelque choſe de ſa gravité & de ſa décence.

Vous avez voulu, dans cette cauſe, ſoulever le peuple contre la nobleſſe, & en faire une affaire de parti ; vous avez voulu peindre un Gentil-homme qui ſe plaint d'avoir été ſurpris, comme un tiran appuyé du pouvoir deſpotique pour opprimer de pauvres innocents. Vous vous y êtes bien mal pris. Il ſe trouve par votre Mémoire que c'eſt l'homme de qualité qui eſt opprimé, & que ce ſont les pauvres citoyens qui inſultent. Je vois que dans cette affaire on affecte d'enviſager Mr de Morangies comme un homme puiſſant qui accable du poids de ſa grandeur une famille obſcure. Mr de Morangies eſt bien loin d'etre un homme puiſſant: c'eſt un brave Gentil-homme, un bon oficier comme tant d'autres; & dans de telles affaires c'eſt le peuple qui eſt puiſſant, c'eſt lui qui s'ameute, c'eſt lui qui crie, c'eſt lui qui ſouleve mille praticiens, c'eſt lui qui fait retentir mille voix: les gens de qualité ſe taiſent.

Monſieur de Morangies eſt tres malheureux ſans doute de s'etre humilié juſqu'a recevoir des lettres inſultantes d'une Courtiere & de Dujonquai Il eut mieux vallu cent fois vivre obſcurément dans une de ſes terres juſqu'au payement de ſes dettes: que dis-je? il eut mieux vallu vivre de pain de munition ſur la frontiere dans une garniſon, que d'avoir quelque choſe à diſcuter avec des prêteuſes ſur gages, & de chercher en vain dans Paris de malheureuſes reſſources qui finiſſent toujours par ruiner un homme de qualité.

Mais M. le Comte de Morangies eſt encor plus à plaindre de s'être expoſé à eſſuier de vous des opprobres que votre ſang ne reparerait pas.

Quoiqu'il en ſoit, Monſieur; attendons vous & moi reſpectueuſement le réſultat des interrogatoires & de toute la procédure. Quelque jugement qu'on porte, il ſera juſte; parce qu'il ſera fondé ſur la loi. Un Arrêt nous révélera peut-être ce que ſont devenus ces cent mille écus, donnés autrefois ſecrêtement à la veuve Verron par un banqueroutier, tranſportez ſecrètement à Vitri-le-Brulé par la veuve, reportez ſecrêtement de Vitri dans la rue S. Jaques, & portez a pied ſecretement chez M de Morangies. Je ſouſcris d'avance à l'Arret que le Parlement prononcera. Si M de Morangies eſt déclaré convaincu & coupable, je le crois alors coupable. Si ses adversaires sont déclarés innocents, je les tiens innocents.

Mais je soutiendrai toujours qu'il serait possible que M. de Morangies fut condamné justement par les formes à payer les cent mille écus & les dépends, quoiqu'il ne dût rien dans le fonds; au lieu qu'il est impossible que les Verron soient disculpés, s'ils sont condamnés. D'où vient cette grande différence entre Monsieur de Morangies & ses adversaires? Le voici.

C'est que M. de Morangies a fait malheureusement des billets d'une forme tres légale qui parlent contre lui. Et si le desaveu de Dujonquai & de sa mère a été fait dans une forme illégale, si des témoins intéressés persistent dans leurs témoignages, toutes les apparences sont alors contre Mr. de Morangies, quoi que le fond de l'affaire soit pour lui. Le roman des cent mille écus de la Verron, soutenu par les formes, l'emportera sur la vérité mal conduite; ce qui serait un grand & fatal exemple.

Si au contraire la famille Verron perdait son procès, elle le perdrait probablement, parce qu'on aurait des preuves judiciaires plus claires que le jour, de la nullité des billets de Mr. de Morangies.

Or, il me semble qu'on a beaucoup de preuves morales de la nullité de ces billets. Mais pour les preuves légales, elles dépendent des procédures. Ces preuves morales ont paru victorieuses dans l'esprit du Public impartial. Mais je l'ai déja dit, il faut que la loi conduise les Juges.

Le Chatelet saisi d'abord de cette affaire, semblait n'écouter que les probabilités; le bailliage du palais semble ne consulter que les procédures. Les lumières réunies des Chambres assemblées du Parlement dissiperont tous nos doutes. Ce tribunal, depuis qu'il est formé, n'a pas prononcé un seul Arret dont le Public ait murmuré.

TABLE

TABLE
DES PIECES CONTENUS DANS CE VOLUME.

Fin de la Table.

Errata ou Fautes à corriger.

Pag 21. *lig* 2 d'une infame eſclavage, *corrigés* d'un infâme eſclavage.

32. *lig* 26. a ma foi *cor.* a ma foî

33 *lig* 22. & de ant d'attentats. *cor.* & de tant d'attentats.

34. *lig.dernière*, la fille de Teucer, *cor.* la fille de Teucer.

45. *lig.dern.*, elle eſt entouree, *cor.* elle en eſt entouree

55. *lig.*8. accable la faibleſſe. *cor.* accablent la faibleſſe.

56. *lig.*13. ſe déploier a pour elle. *cor.* ſe deploira pour elle.

65. *lig* 4. dans le ond de ce temple. *cor.* dans le fond de ce Temple.

67. *lig.*16. on ſouille en tout honneur. *cor.* on ſouille en ton honneur

69. *lig.*1. Teucer, Azèmon, Aſtérie, *otez* Aſtérie.

85. *lig* 20 lange, *cor.* langue.

88 *lig.*22. Rouſſel, *cor.* Ruſſell.

95. *lig* 16. ne fait du mal, *cor.* ne fait de mal.

106. *lig.*18. eat Roſt-beef, *cor.* eat Roat beef.

108. *lig* 7. apres ces mots *de la Chine*, mettez un ?

135. *lig* 4. en notre heure, *cor.* a notre heure.

153. *lig.dern.* de toutes leur inſolences, *cor.* de toutes leurs inſolences.

162. *lig.*16. a mis entre notre main, *cor.* a mis en nôtre main.

177. *lig.*3. les damnes-ut ? *cor.* les damnes-tu ?

184. *lig.*10. ils convenait, *cor.* ils convenaient, *idem* 11. prétendait, *cor.* prétendaient.

192. *lig.*10. à Paris, *cor.* dans Paris.

196. *lig.17.* encor mieux servi, *cor.* encor mieux servie.

202. *lig.4.* & demande la vie, *cor.* & demanda la vie.

226. *lig.15.* sur son fils qu, *cor.* sur son fils qui

231. *lig.21.* ce sont la des loix de Dragon, *cor.* ce sont là des loix de Dracon.

248. *lig.1.* cet autre vérité, *lig.* cette autre vérité.

258. *lig 4.* de ces Citoyens, *cor.* de ses Citoyens.

267. *lig.21.* est nom en maitre, *cor.* & non en maitre

268. *lig.11.* ôtez une fois le mot *augmentez.*

278 *lig.penult.* leurs mains immortelle, *cor.* leurs mains immortelles.

283 *lig.10.* après ces mots, *autour d'eux*, mettez un point.

301. *lig.2.* vraiment été bie reçu, *cor.* vraiment été bien reçu.

304. *lig.13.* on n'exige pas, *cor.* on n'érige pas.

309. *lig 7.* Vous auriés, *cor.* Vous aviés.

318. *lig.2.* vôtre signature & plus, *cor.* vôtre signature est plus.

325. *lig.20.* lui ait la guerre, *cor.* lui fait la guerre.

329. *lig.18.* parce qu'il y en a, *cor.* parce qu'il y a

331. *lig.13.* nation extermement, *cor.* nation extrémement.

333 *lig.16.* qu'il coute à l'hôpital, *cor.* qu'il coure à l'hôpital.

337. *lig 9.* Marc Aurelle, *cor.* Marc-Auréle.

354. *lig.9.* Qnand la mort, *cor.* quand la mort.

364. *lig 4.* elle pénétrent, *cor.* elle pénétre.

ibid.14. vous seriés égorgés, *cor.* vous vous seriés égorgés.

377. *lig.penult.* qu'il avaient, *cor.* qu'ils avaient.